하버마스와 교육

한기철 저

학지사

이 책은 서울대학교 교육연구소의 연구비 지원으로 집필되었습니다.

❙서 문❙

현대를 포스트모던 시대라고들 한다. 포스트모더니즘(post-modernism)의 '포스트'를 우리나라에서는 '후기'(後期)나 '탈'(脫)이라고 번역하기도 하고 최근에 들어서는 학자에 따라 '초'(超)라고 번역하기도 한다. 이런 번역어들을 감안하면 포스트모더니즘은 시간적으로는 모더니즘 이후의 이념 혹은 사상을 가리키는 말이요, 그 외미상으로는 모더니즘을 이탈하거나 혹은 그것을 극복하고자 하는 경향을 가리키는 말인 듯하다. 그런데 이 말에서 '포스트'라는 접두어를 어떻게 번역하든지 간에 포스트모더니즘은 모더니즘을 배경으로 하고 있거나 아니면 그것을 토대로 하고 있다는 점은 결코 부정할 수 없다. 물론 포스트모더니즘은 모더니즘의 연장이 아니라, 그것의 단절, 혹은 다소 이해하기 어려운 말이기는 하나, '해체'(解體)로서의 의미를 지니고 있다고 하여야 할 것이나, 그럴 경우에도 여전히 그것은 적어도 모더니즘을 대상으로 하여 이루어진 생각들의 집합이라고 보아야 한다. 말하자면 포스트모더니즘의 의미가 제대로 작동하기 위해서는 모더니즘에 대한 이해가 반드시 필요하다는 것이다.

한국 사회에서의 포스트모더니즘에 대한 여러 다양한 담론들은 이 점에서 한 가지 결격 사유를 지니고 있다. 굳이 우리의 전통 사상 가운데 유사한 요소들을 찾고자 하는 노력들이 없는 것은 아니나, 결국에 포스트모더니즘은 외래 사상이요, 특히 서유럽의 지적인 경향을 배워 온 사람들에 의해서 유포된 사고 패턴이다. 서구에서 포스트모더니즘이 해체하고자 하는 그 대상, 곧 계몽주의적 이념이 우리 전통 사상의 흐름 속에서도 존재했었는지, 그리고 그것을 또 극복하고자 한 이론적 노력들이 우리에게도 있었는지는 별도의 논의를 통하여 밝혀야 할 것이로되, 통상 현재 우리 가운데 등장하는 포스트모더니즘에 관한 담론들이 서유럽의 사상적 전통에서 등장한 것을 우리 사회에 적용한 것들이라고 한다면, 우리는 이 새로운 경향이 도대체 어떤 배경에서, 무엇을 대상으로 하여 형성된 것인지에 대해 철저하게 이해하고 있어야 한다. 그러나 아쉽게도 우리 학계에서 그런 노력들은 그리 심각하게, 체계적으로 수행되어 오지 않았다. 우리 사회에서 포스트모더니즘은 모더니즘에 대한 비판으로 수행되어 온 것이 아니라, 그 자체 독립적인 한 가지 사상적 유행으로 이식되어 유지되어 왔다고 할 수 있다. 그러나 이는 포스트모더니즘을 이해하는 데에 하나의 결정적인 결함으로 작용할 수 있다. 포스트모더니즘이 비판하고 해체하고자 하는 모더니즘의 특성들을 본격적으로 경험해 본 적이 없는 우리는 모더니즘의 어떤 점을 왜 비판하고 해체하여야 하는지를 절감할 길이 없으며, 그 점에서 우리에게 포스트모더니즘은 자칫 하나의 문화적 사치를 넘어서지 못할 가능성이 있다.

독일 철학자 위르겐 하버마스(Jürgen Habermas)는 포스트모더니즘이 지배하고 있는 오늘날에 여전히 모더니즘의 정신을 토대로 하여 우리 삶이 지향하여야 할 모습을 규정짓고자 하는 흔치 않은 사상가들 가운데 한 사람이다. 하버마스에 따르면, 모더니즘은 그 생명이 다하여 이제는 그 경직된 흔적만을 남겨 놓은, 그 점에서 해체하여야 할 대상이 아니라, 아직 우리 사회에서 실현되어야 할, 여전히 가능성으로서 존재하고 있는 이념 체계이다. 포스트모더니즘이 모더니즘에 대한 성실한 비판이 되려면 모더니즘의 부분적 왜곡에 집착하여 그것을 해체하려고만 할 것이 아니라, 여전히 실현을 기다리고 있는 그것의 가능성들을 재해석해 냄으로써 그것이 지닌 가치를 적극적으로 드러내는 것이 현대를 사는 우리들의 임무라고 하버마스는 주장한다. 계몽주의적 이성은 근대성을 비판한 몇몇 이론가들에 의해 편협되게 해석된 부분이 없지 않으며, 하버마스는 이들이 놓친 그것의 규범적 측면을 '생활세계'라는 개념을 토대로 재구성하고자 한다.

이 책은 하버마스의 후기 이론에 해당하는 의사소통적 행위 이론과 그것의 핵심을 이루고 있는 의사소통적 합리성 개념을 교육철학적 관점에서 조명하기 위하여 쓴 책이다. 필자는 이 책에서 우선 근대 서양사회의 합리화 과정에 대한 베버(Max Weber)의 사회학적 분석에 의해서 본격적으로 개념화된 합리성의 도구적 측면에 대한 논의를 검토하고, 베버의 시각을 이른바 '계몽적 합리성의 언어적 재건'에 표현된 하버마스의 관점에서 비판한다. 베버의 논의에 대한 하버마스의 비판은, 근대 서양사회의 합리화 과정에 대한 베버의 설명은 사회 구성원들의 일상적 생활세계, 그리고 그 안에서 이루어지는 의사소통적 행위에 대한 충분한 논의 없이, 합리화라는 현상을 오직 제도적인 수준에서만 분석하고 있다는 점, 그리고 그 결과 합리성의 개념을 지나치게 협소하게 해석하고 있다는 점에 주목한다.

이러한 관점을 토대로 필자는 하버마스의 의사소통적 합리성의 개념을 교육활동을 조직하고 그 활동들의 교육적 가치를 평가하는 기준으로 삼을 수 있다는 점을 제안하고자 한다. 교과를 매개로 이루어지는 교사와 학생 간의 상호작용은 해당 지식과 관련된 타당성을 주장하는 의사소통적 행위들로 이루어지며, 그들 상호작용의 성공 여부는 교사와 학생이 각각 상대방이 제기하는 이러한 '타당성 주장'을 수용하는 과정에서 어느 정도의 합리성을 발휘하는가에 달려 있다. 의사소통적 합리성의 개념은 이 점에서 교사와 학생의 상호작용이 얼마나 교육적인가를 판가름하게 하는 규범적 토대를 제공한다. 교사와 학생 간의 의사소통 행위가 교육적인 행위가 되기 위해서는, 그 과정에서 목적으로 삼는 바가 현재 가르치고 배우는 지식에 대한 상호 간의 이해에 있어야 하며, 또한 그러한 이해는, 해당 지식에 대한 이해를 수단으로 하여 달성하고자 하는 그 어떤 외적 목표가 아닌, 그 지식의 진위를 결정짓는 내적 기준에 의해 이루어져야 한다는 것이다.

이 책은 영문으로 쓰인 필자의 박사학위 논문을 완역한 것이다. 원래의 논문이 완성된 지가 벌써 5년이나 지났고, 애초 영문으로 쓰인 것을 다시 우리말의 쓰임에 맞게 고쳐 써야 한다는 점 등 때문에 원래 글이 필자 자신의 것이었음에도 불구하고 그것을 번역하는 일이 그리 쉽지 않았다. 그리고 그 점에서 이 책의 집필 과정은 '번역은 또 하나의 창작'이라고 하는 말의 의미를 실감하는 과정이었다고 감히 말하고 싶다.

이 책의 집필은 서울대학교 교육연구소의 연구비 지원으로 이루어진 것이다. 필자는 여러모로 이 연구소에 빚을 진 사람이다. 필자가 유학을 마치고 갓 돌아왔을 때에 서울대학교 교육연구소는 필자의 학문적 미숙함과 서투른 실무적 감각에도 불구하고 기꺼이 성장의 기회를 마련해 준 소중한 터전이었다. 특히 이 책의 출판을 제안해 주신 나일주 전 소장님과 그 일을 실제 가능하도록 독려를 아끼지 않으신 조용환 전 소장님께 깊이 감사드린다.

마지막으로 결코 대중적일 수 없는 내용을 한 권의 책으로 출판하는 일이 가능하게 해 주신 학지사의 김진환 사장님과 실무적인 수준에서 도움을 아끼지 않으신 유명원 대리님, 그리고 정영석 차장님을 비롯하여 읽기 쉽지 않은 글월을 상대로 노고를 아끼지 않으신 편집진에 감사드린다.

2008년 7월

경인교육대학교

인천캠퍼스 연구실에서

한기철 謹識

| 차 례 |

제1장

근대 사회의 합리화 논의와 교육

* * *

합리성 개념에 대한 최근의 교육학적 논의들은 적어도 두 가지 생각을 공통적으로 가정하고 있는 듯하다. 하나는 합리성의 이념은 어떤 방식으로든 교육의 개념과 관련되어 있고 그러한 관련을 토대로 그것은 교육의 실제를 조직하는 데에 개념적 정당성을 제공한다는 생각이다. 교육과 합리성 간의 그 같은 관계는 교육은 본질적으로 인간이 삶을 살고 있는 세계에 관한 진리를 탐색하는 활동이며, 이성(理性)이야말로 이 일을 진행하는 데에 관건으로 작용한다는 생각을 기반으로 하고 있다. 다른 하나는 그러나 그런 관계에도 불구하고 합리성은 언제인가부터 그 맡은 바 임무를 수행하는 데에 실패하기 시작했으며, 그 결과 우리의 교육적 실천 활동에 심각한 손해를 끼쳐 오고 있다는 생각이다. 최근 들어 적지 않은 수의 비판가들은 합리성이 특히 지배라든가 억압이라든가 차별, 혹은 전체주의 등의, 우리가 통상 우리의 교육적 노력으로 극복하고자 하는 아이디어들과 오히려 관련됨으로써, 과연 그것이 할 수 있는 일은 어떤 일인가에 대해 심각한 회의를 불러일으키게 하고 있다는 점을 지적하고 있다.

그러나 합리성 개념과 관련하여 최근 진행되고 있는 교육학적 논의들의 두드러진 특징 가운데 한 가지는 위의 두 가지 가정을 토대로 하여 합리성 개념의 성격을 재규정하려고 한다는 점이다. 이들 노력들은 한편으로 합리성이라는 아이디어 속에 여전히 깃들어 있는 희망을 전적으로 포기하지 않으면서도 다른 한편으로 그것이 노정(露呈)하고 있는 한계를 무시하지 않음으로써, 위의 상반되는 두 가지 가정 사이에서 균형 잡힌 입장을 취하고자 한다. 이 책에서 필자가 의도하는 바 가운데 하나는 한편으로는 서양 근대의 역사 속에서 지탄의 대상이 되어 온 합리성의 도구적(道具的) 측면과, 다른 한편으로 독일 철학자 위르겐 하버마스(Jürgen Habermas)의 관점을 토대로 그것을 언어적으로 재구성하는 작업을 통해서 재확인된 그것의 규범적(規範的) 성격을 함께 고려함으로써, 이와 같은 이론적 경향에 참여하는 것이라고 할 수 있다.

따라서 이 책에서 개진하고자 하는 필자의 주장은 다음의 두 관점을 토대로 하고 있다고 할 수 있다. 첫째, 합리성은 본질적으로 교육적인 개념이다. 합리성이 교육적인 개념이라는 점은 합리성은 교육의 여러 측면을 설명하는 개념적 도구를 제공한다는 점과 합리성의 의미는 교육적 맥락에서 규정되어야 한다는 점을 함께 의미한다. 이 첫 번째 관점은 합리성 개념이 서양의 이론적 역사를 통해서 항상 인류의 교육적 노력들과 함께해 왔다는 점을 상기할 때 그리 새로운 관점은 아니다. 대체로 말해서, 합리성과 교육 사이의 연결고리는 교육은 본질적으로 인간의 지적, 도덕적 능력의 성장에 관한 것이며, 이때 성장이라는 것은 인간의 마음이 무지(無知)의 상태에서 지식의 상태로 전개되는 과정, 곧 합리성을 획득해 나가는 과정이라는 점에서 찾을 수 있다. 플라톤적 철인왕(哲人王)이 궁극적으로 도달할 것으로 기대되었던 경지가 바로 이러한 의미에서의 합리성이었으며, 중세 신학자들이 그들이 따라야 할 신성한 진리를 탐색하는 데에 있어서 관조(觀照)의 원리로 삼은 것도 바로 이러한 의미에서의 합리성이었다. 뿐만 아니라 특히 근대 계몽주의 사상가들에게 있어서 합리성은 천년을 넘어 인간 삶을 지배해 온 종교적 세계관이 붕괴되고 그 특권을 근대적 세계관에 넘겨주게 된 역사적 시점에서, 인류 역사의 발전에 대한 청사진을 새롭게 구성하는 과정에서 참고하지 않으면 안 되는 새로운 경전으로 작용하였다. 필자의 관점에는 다소 이와 같은 합리성에 대한 유토피아적 시각이 가미되어 있으며, 더불어 이와 같은 유토피아적인 시각은 교육에 대하여 철학적으로 사고하는 사람들이라면 결코 피해 갈 수 없는 요소라는 믿음 또한 반영되어 있다.

이 책이 토대로 하고 있는 또 하나의 관점은, 우리가 '합리성'이라고 지칭하는 것은, 그것을 엄격히 이론적인 맥락에 한정해서 쓴다고 할 때에도, 특정한 한 가지 대상을 가리키는 개념이 결코 될 수 없다는 점이다. 나아가, 이 관점에는 합리성을 교육적 개념으로 해석하고자 할 때 그 자체 수정을 가하지 않은 상태에서 교육의 의미를 온전히 규정할 수 있는 절대적 개념으로서의 합리성 또한 존재하지 않는다는 생각이 내포되어 있다. 필자가 보기에, 합리성에 대한 비판적 논의들 중 어떤 것들은 합리성의 의미를 사전(事前)에 특정한 방식으로 규정해 두고 단지 그것이 왜 교육적 개념으로 부적당한지에 관해 논의하는 방식으로 진행된다. 아닌 게 아니라, 이 책에서의 연구 또한 교육의 의미를 합리성에 비추어 규정하는 과정을 그 중요한 부분으로 삼고 있다. 그러나 이는 어디까지나 합리성을 교육적 개념으로 해석하는 것이며, 접근의 방식에 있어서 전혀 다른 형태로 진행될 것이다. 말하자면 이 연구는 합리성에 관한 모종의 '종결된' 개념을 이미 확보한 후에 그것에 교육의 의미를 종속시키는 방식이 아니라, 합리성이 어떤 의미에서 교육적인 개념으로 간주될 수 있는지, 그것을 교육적인 맥락에서 어떻게 수정하고 적용함으로써 교육적 개념으로 재해석할 수 있는지를 논의하는 방식으로 진행될 것이라는 것이다.

합리성에 대한 비판적 논의들에 등장하는 합리성 개념이 계몽주의적(啓蒙主義的) 이성과 관련되거나 혹은 그것과 동일시되고 있다는 점은 대단히 흥미로운 점이다. 왜냐하면, 계몽주의적 이성이 본래 의도했던 바는 우리가 우리의 교육적 노력들을 통해서 성취하고자 했던 바로 그것, 곧 무지와 온갖 종류의 미신과 그릇된 세계관으로부터의 해방이라는 이상이었기 때문이다. 어찌 보면 계몽주의적 이성에 대한 이와 같은 비판은 단순히 흥미로운 차원을 넘어서 당혹감을 불러일으키기까지 한다. 번스타인(Richard Bernstein)이 지적하고 있듯이 오늘날 많은 비판가들이 지배, 억압, 탄압, 가부장제, 불모(不毛), 폭력, 전체주의, 심지어는 테러리즘과 연관 지어 논의하고 있는 이념이 불과 얼마 전까지는 오히려 그것과 정반대되는 의미, 곧 자율성, 자유, 정의, 평등, 행복, 평화 등의 의미로 사용되었던 바로 그 이념이라는 것이다.[1]

---

1 Richard Bernstein, "The Rage Against Reason," in *Construction and Constraint: The Shaping of Scientific Rationality*, ed. Ernan McMullin (Notre Dame: Indiana University Press, 1988), 191.

이 책에서 필자의 논의는 바로 이와 같은 문제의식에서 출발한다. 좀 더 구체적으로 말하면, 필자의 일차적인 관심은 합리성을 적지 않은 기간 동안 '괴롭혀' 왔던, 그리고 필자가 보기에 그것의 가장 핵심적인 문제로 간주되고 있는 그것의 '도구적 측면'을 해부하는 데에 있다는 것이다. 베버(Max Weber)의 논의에서 '수단–목적 합리성'(means–ends rationality) 혹은 '목적합리성'(purposive rationality) 등의 용어와 종종 혼용되고 있는 이 형태의 합리성이 교육적인 개념으로서, 특히 우리의 교육적인 관점이 도덕적, 윤리적 논의와 같이 규범적인 논의의 형태로 이루어질 때, 적절하지 않다는 점은 비교적 명백해 보인다. 시걸(Harvey Siegel)에 의하면, 수단–목적 합리성(means–ends conception of rationality)은 도덕성과 신중함(prudence)을 구분해서 사용하는 일을 무의미하게 만들었을 뿐만 아니라[2] '도덕적 이성'의 가능성마저 없애버렸으며, 그럼으로써 이성 혹은 합리성의 의미를 오직 효율성의 기준에서만 규정하게 하는 결과를 초래했다.[3] 또한 매킨타이어(Alasdair MacIntyre)가 주장하고 있듯이, 이와 같은 형태의 도구적 합리성 혹은 '관료주의적 합리성'은 이른바 정의주의(情意主義 emotivism)로 대표되는 윤리적 상대주의로의 귀결을 피할 수 없게 된다. 하버마스 또한 그의 근대성 비판의 많은 부분을 바로 이와 같은 합리성의 도구화 현상에 할애하고 있다.

여기서는 두 가지를 지적할 필요가 있다. 첫째, 도구적 합리성과 관련된 그와 같은 비판적 논의는 반드시 합리성의 도구적 측면 그 자체가 개념적 문제를 발생시킨다는 결론으로 이어질 필요는 없다.

---

2 Harvey Siegel, *Educating Reason: Rationality, Critical Thinking and Education* (New York: Routledge, 1988), 129.

3 Ibid., 131.

이 문제는 하버마스의 '생활세계'(lifeworld)와 '체제'(system) 간의 구분과 이 두 개념의 관련을 논의할 때 다루어지겠지만, 현 시점에서 지적할 수 있는 점은 문제는 이성을 기술적으로 활용하는 것 자체에 있는 것이 아니라, 그와 같은 도구화된 합리성이 생활세계 전체를 '식민지화'하는 것, 오로지 그것에 의해서 모든 가치가 결정되는 현상에 있다는 것이다. 둘째는, 도구적 합리성의 개념은 베버에 의해서 발전된 것이 사실이지만, 도구적 합리성 개념을 극복하는 이론적 논의의 과정이 출발점으로 삼아야 할 것 또한 그의 논의에서 찾아야 한다는 점이다.

따라서 이러한 문제들에 관한 기본적인 질문은 합리성은 어떤 과정을 통해서 왜 도구화되었으며, 계몽주의적 합리성의 개념은 어떤 과정을 통해서 왜 그와 같이 극단적으로 편협한 의미에서의 기술적(技術的) 지식의 형태로 이해되게 되었는가 하는 것이다. 이 책의 제2장에서 논의되고 있는 바와 같이, 이 질문에 관련된 논의를 가장 광범위하게 진행하고 있는 사람은 베버이다. 신마르크스주의 비판이론가들과, 넓게는 오늘날의 포스트모더니스트(postmodernist)들이 사용하고 있는 '도구적 합리성' 혹은 합리성의 '물화'(reification) 개념은 합리성에 대한 베버의 사회학적 논의, 혹은 매킨타이어의 용어로 '관료주의적 합리성'에 그 연원(淵源)이 있다. 합리성에 대한 베버의 이해와 관련하여 이 책 전체를 통해서 특히 유의하여야 할 점은, 매킨타이어의 분석과는 사뭇 다르게, 합리성은 여전히 계몽주의적 이상이 원래 추구했던 해방적 가능성을 담고 있다는 점이다. 물론 사회과학자로서의 베버는 명시적으로 이와 같은 입장을 표명하지 못하였겠지만, 필자가 파악하고 있는 바로는, 특히 우리가 근대사회의 합리화 과정을 일종의 역설적인 과정으로 이해한다면, 합리성에 관한 베버의 개념화 그 자체 속에 그 규범적 근거를 재정립시키고자 하는 의도가 들어 있으며, 바로 이 점에서 그것은 교육적 개념으로서의 중요성을 확보하고 있다. 그러나 문제는 이와 같은 의도를 어떻게 하면 역설적이지 않은 방식으로 개념화할 수 있는가 하는 것이다.

합리화에 관한 베버의 논의가 남긴 패러독스로부터 벗어나기 위하여 하버마스가 취한 방식은 합리성의 개념을 의사소통의 맥락에서 재해석하는 새로운 방법론적 관점을 채택하는 것이다. 근대 사회의 합리화 과정을 한편으로 목적합리적 행위의 확산과 다른 한편으로 그것과 함께 의사소통적 행위 영역이 목적합리적 행위의 하위체제로 변환되는 과정과 동일시하는 대신, 하버마스가 근대 사회의 합리화 과정을 이해한 방식은 행위자 각자의 실질적인 행위에 논리적으로 가정되어 있는 공통된 배경지식으로서의 생활세계(生活世界)를 바탕으로 한 '상호 이해를 지향하는 행위'(action oriented to reaching understanding)의 관점을 채택하는 형태를 띠게 된다.[4] 이와 같은, 이른바 '언어적 회귀'(言語的 回歸 linguistic turn)의 의미야발로 필사가 이 채에서 논의 전반을 통해서 탐색하고자 하는 핵심적인 주제이다. 근대적 합리성에 대한 회의적 시각을 비판하는 하버마스의 논의와 아직 '종결되지 않은' 근대적 기획(企劃)을 재개하려는 그의 노력은 모두 이 개념에서 출발하기 때문이다. 본문에서 보다 본격적으로 다루기에 앞서서, 아래에서는 합리성의 재건을 위한 하버마스의 논의를 그의 의사소통적 행위 이론의 맥락 속에서 간략히 살펴보

---

4 Jürgen Habermas, *The Theory of Communicative Action, Volume 1: Reason and the Rationalization of Society*, trans. Thomas McCarthy (Boston: Beacon Press, 1984), 339.

고, 그것을 토대로 근대 사회의 합리화 과정에 함의된 패러독스를 그가 어떤 변화된 시각으로 바라보는지를 살펴보겠다.

하버마스의 『의사소통적 행위 이론』(*The Theory of Communicative Action*)의 서장에서 매카시(Thomas McCarthy)가 지적하고 있는 바와 같이, 의사소통적 행위 이론을 구성하는 데 있어서 하버마스가 지니고 있었던 전반적인 의도는 "합리성의 개념을 더 이상 근대철학과 사회이론에 함의된 주관적이고 개인적인 전제(前提)들에 한정시키거나 그것들에 묶어 두지 않겠다"[5]는 것이었다. 하버마스는 근대성의 긍정적인 면과 부정적인 면을 동시에 설명해 낼 수 있는 사회적, 문화적 근대화의 과정에 대한 체계적인 이론을 제시하고 있는데, 그 이론의 가장 핵심적인 요소는 "의식의 철학으로부터 언어의 철학으로의, 그리고 주관적 이성과 합리성의 개념으로부터 의사소통적 이성과 합리성의 개념으로의 패러다임 전환"[6]이라고 할 수 있다. 그렇다면, 하버마스는 '의식의 철학'(philosophy of consciousness)과 '주관의 철학'(philosophy of subject)이 할 수 없는 것은 무엇이라고 말하고 있는가?

근대 초기의 철학적 사고는 데카르트(René Descartes)식의 고립된 사색인(思索人)의 패러다임에 의해 지배되고 있었다. 이 패러다임에 의하면, 외부 세계로부터 고립된 채로 수행되는 사유만이 지식과 도덕성에 대한 적절하고도 근원적인 비판을 가능하게 한다. 데카르트의 방법에서 발견되는 그와 같은 방법론적 유아론(唯我論)은 18세기 말 칸트(Immanuel Kant)의 철학과 그보다 2세기 앞서서 등장한 경험

5 McCarthy, introduction to *The Theory of Communicative Action*, viii.

6 Maurizio Passerin d'Entréves, introduction to *Habermas and the Unfinished Project of Modernity*, ed., Maurizio Passerin d'Entréves and Seyla Benhabib (Cambridge: The MIT Press, 1997), 1.

론자들과 합리론자들의 철학에서도 발견된다. 그런데 이와 같은 고립자적(孤立者的) 접근법에는 한 가지 문제가 있다. 이 방법에는 우리의 사고와 행위에 관련된 한 가지 근본적인 문제, 곧 주체를 객체와 분리하고, 이성을 감각 혹은 욕구와, 마음을 신체와, 자아를 타자와 분리하는 이원론적 이해의 방식이 내포되어 있다는 것이다.[7] 하버마스는, 데카르트의 패러다임에 뿌리를 둔 그와 같은 원자론적 접근법에서는 주체는 필연적으로 객관적 세계로부터 분리될 수밖에 없으며, 이 과정에서 불가피하게 표상과 행위라는 두 가지 종류의 관계가 성립된다고 주장한다. 결과적으로 이 모델과 연합되어 있는 합리성은 주체로 하여금 가변적인 환경에 관한 지식을 획득하는 일을 가능하게 하고 그 환경에 자신을 적응시키고 그 환경을 조작하는 데에 효율적으로 활용되는 '인지적-도구적' 합리성의 형태를 띠게 된다.[8] "근대적 주체 속에 갇혀 있는 이성은 단지 도구적으로 작동되는 능력으로 표현되고 있을 뿐인데, 이는 근대 세계에서 이성이 지닌 힘과 능력을 적극적으로 이해하는 방식(헤겔)으로부터 이제 그것을 소극적으로 이해하는 방식(베버)으로 이행하였음을 의미한다."[9] 여기서 중요한 것은 하버마스는 이 맥락에서 어떤 방식으로 그의 의사소통적 합리성을 논의하고 있으며, 그의 의사소통적 합리성은 베버를 포함한 초기 비판이론가들과 현대의 포스트모더니스트들에 의해서 노출된 근대성의 딜레마를 어떤 방식으로 극복하고 있는가 하는 것이다.

하버마스의 주장에 따르면, "데카르트의 패러다임은 의사소통적

---

7 McCarthy, introduction to *The Theory of Communicative Action*, ix.

8 Ibid., xi.

9 David M. Rasmussen, *Reading Habermas* (Cambridge: Basil Blackwell, 1990), 5.

행위에 내재되어 있는 간주관적(間主觀的 intersubjective), 대화적(對話的 dialogical) 특성을 파악하는 길을 원천적으로 봉쇄하고 있다."[10] 이 점을 이해하는 것이 특히 중요한 것은 여기에 근대성을 회의적(懷疑的)이지 않은 방식으로 접근케 하는 대안적인 합리성의 개념에 도달하는 실마리가 있기 때문이다. 우리는 합리성의 개념을 옹호하기 위해서 더 이상 주관의 철학에 전적으로 의존할 필요가 없게 되었다. 이성의 의미를 주관을 중심으로 이해하는 관점은 이성 그 자체의 의미를 제대로 설명해 주지 못한다. 라스뮤센(David Rasmussen)의 설명에 의하면, 하버마스는 이성을 통한 자유의 획득이 있는 곳에 지식은 더 한층 억압을 가져다 줄 것이라는 베버의 예언은 틀린 진단이라고 주장한다. 왜냐하면, 그와 같은 베버의 진단은 **이성 그 자체와는 구분되는, 주관을 중심으로** 해석된 이성의 개념을 기반으로 이루어진 것이기 때문이다. "주관 중심의 이성(subject-centered reason)은 그것의 도구적인 변형에 의해 희생될지 모르지만, 이성 그 자체 혹은 다른 형태의 이성, 곧 의사소통적(意思疏通的) 이성은 그렇지 않다"[11]는 것이다. 이 즈음에서 다시, 우리의 질문은 이러한 대안적인 의미의 합리성은 어떻게 가능하며, 그것은 베버가 '목적합리성'이라는 이름으로 개념화한 그것과 어떻게 다른가 하는 것이다. 의사소통적 행위는 합리성의 이념이 적용되는 장이 될 수 있는가? 그렇다면 그것은 어떻게 그러한가?

의사소통적 행위는 다른 형태의 사회적 혹은 비사회적 행위, 곧 '성공'을 추구하는 행위나 목적의 효율적인 달성을 지향하는 행위와는 구분되어야 하는 사회적 상호작용 양식이다. 성공을 추구하는

10 Bernstein, introduction to *Habermas and Modernity*, 14.
11 Rasmussen, *Reading Habermas*, 5.

행위나 목적의 효율적인 달성을 지향하는 행위는 베버가 개념화하고자 했던 그런 형태의 행위이다. 이런 형태의 행위를 베버가 '목적합리성'(purposive rationality)이라는 이름으로 개념화하고 있다는 점은 잘 알려져 있다. 행위자가 목적합리적으로 행위한다고 할 때 그 행위자는 자신의 행위의 성공 여부를 그것이 목적합리성의 기준을 어느 정도 성공적으로 충족시키느냐에 의해 사정(査定)한다. 이와 달리 의사소통적 행위는 한 행위가 목적으로 하는 바가 대화자 상호 간의 이해를 이끌어 내는 것, 그들 간에 공유하고 있는 지식을 토대로 서로 간에 신뢰의 관계를 형성하고 서로를 이해하는 관계를 형성하는 것을 목적으로 할 때를 가리킨다.[12]

여기서 주의해야 할 가장 기본적인 점은 이와 같은 의사소통 행위는 의사소통을 수행하는 대화자 쌍방 간에, 현재 진행되는 대화 과정을 통하여 특정 주제에 관하여 각자가 그것의 타당성을 주장하고 있으며 그 타당성이 상대방에 의해서 승인되거나 혹은 부인될 것이라는 점을 가정하고 있다는 점이다. 이 과정에서 대화 당사자들이 서로에게 제기하고 있는 것을 하버마스는 '타당성 주장'(validity claim)이라고 명명한다. 하버마스에 의하면, 의사소통 행위를 수행하는 사람이면 그 누구든지 그 의사소통에 참여하는 사람들 모두가 이해할 수 있는 (혹은 알아들을 수 있는) 주장을 제기하고 있다는 점에서 보편적인 주장을 하고 있다고 보아야 한다. 물론 많은 경우, 실제적으로는, 의사소통 과정에 발생하는 갈등과 의견의 불일치는 어느 한편에서 제기된 주장의 타당성과 별반 상관이 없는 여타의 전략과 기술에 의해서 해결될 수 있다.

12 Bernstein, introduction to *Habermas and Modernity*, 18.

바로 이 대목에서 등장하는 개념이 하버마스가 '보다 좋은 주장의 힘'(force of the better argument)이라고 명명하는 아이디어이다. 이 개념을 통해서 하버마스는 의사소통의 과정에서 참여자 간에 의견의 불일치와 갈등이 발생할 때 그 어떤 다른 기준에 의해서가 아닌, 각각의 주장 중에 어떤 것이 '좋은' 주장인가, 혹은 어느 쪽이 보다 타당한 주장인가 하는 기준만으로 그들 간의 의견의 불일치와 갈등을 해소하는, 일종의 이상적(理想的)인 상황을 설정하고 있다. 바로 이 점이 하버마스의 의사소통적 합리성을 규범적 토대 위에 개념화할 수 있는 근거가 된다. 그러므로 이제 관건이 되는 것은 이와 같은 '이상적인 담화의 조건'(ideal speech situation)이 의미하는 바는 무엇이며, 의사소통의 과정에서 발생하는 갈등과 불일치를 '보다 좋은 주장의 힘'에 의해 해결한다는 말이 무슨 말인지 하는 것이다.

목적합리성과 구분되는 개념으로서의 하버마스의 의사소통적 합리성에는 근대 서양사회의 '합리화 과정'은 베버가 기술한 방식과 다른 방식으로 기술될 수 있다는 점이 함의되어 있다. '합리화'(rationalization)라는 말은 사회적인 맥락에서 이루어지는 행위의 합리성 혹은 합당성(reasonableness)이 증대하는 과정을 가리킨다.[13] 한편으로 사회적 행위와 그 행위의 체계가 경험적으로 확인할 수 있는 기술적 효율성과 수단들 간의 선택의 일관성이라는 면에서 합리화되어 가는 과정이 있다면, 다른 한편으로, 이와는 근본적으로 다른 형태의 합리화 과정, 곧 의사소통적 행위의 합리화 과정이 있다. 후자의 합리화 과정이 의미하는 바는 다음과 같다.

---

13 Ibid., 20.

합리화의 과정은 알게 모르게 의사소통의 구조 그 자체를 규제하고 있던, 그리고 대화자 상호 간의 인격적인 의사소통에 의해서 갈등을 해소하고자 하는 의식적인 노력들을 방해하고 있던 그 어떤 권력 관계를 제거해 가는 과정을 의미한다. 합리화는 그와 같이 체계적으로 왜곡된 의사소통의 상황, 곧 대화자 쌍방 간에 행위를 계속해 나가는 데 필요한 합의가—특히 의도적인 표현의 진실성과 그 배경으로 작용하고 있는 규범의 정당성에 관련된 합의가—오직 외형상으로만 유지되고 있는 그러한 상황을 극복하는 과정을 의미한다.[14]

합리성은 두 가지 형태로 존재하며 따라서 근대 서양 사회의 합리화 과정 또한 단선적인 과정이 아니라는 하버마스의 분석은 이른바 '합리화의 패러독스'를 재고찰하는 일에 근거를 제공한다. 베버가 합리화의 과정을 목적합리성의 관점에서만 분석하고 그에 따라 합리화의 과정이 '체제'(systems)의 측면에서만 파악되었던 데에 비해, 하버마스는 이러한 '체제'의 측면에서의 합리화 과정을 또 하나의 합리화의 측면, 곧 그가 '생활세계'(lifeworld)의 합리화 과정이라고 부른 것과 연합시킨다. 베버의 이론에서 합리화의 패러독스는 "한편으로는 마법에서 풀려난 의식의 인지적 구조가 사회적 상호작용과 문화적 담론의 세속적 체계로 제도화되고 난 후, 다른 한편에서는 자율적이고 합리적인 개인을 형성하고 있던 사회적 기반이 서서히 허물어져 가는 과정"[15]을 가리키는 말이었다. 그러나 여기서 베버는 체제의 합리화와 함께 개별 인간의 삶이 어떻게 스스로를

---

14 Ibid., 21.

15 Albrecht Wellmer, "Reason, Utopia, and the Dialectic of Enlightenment," in *Habermas and Modernity*, ed. Richard J. Bernstein (Cambridge: The MIT Press, 1985), 43.

합리화시켜 나가는지는 보지 못하였다. 그에 비해 하버마스는 체제와 생활세계 간의 구분을 개념화하고 그것을 통해서 베버 이론의 이러한 난점을 재구성한다. 이제 합리화의 패러독스는 다음과 같이 재개념화된다. 즉, "생활세계의 합리화는 애당초에는 사회체제의 합리화와 분화의 전제조건이요 출발점이었으나, 이후 후자가 생활세계에 붙박여 있던 규범적 논리로부터 갈수록 자율성을 획득하게 되며 결국에 체제의 논리가 거꾸로 생활세계를 도구화하고 그것을 파괴해 나가는 과정이 도래하게 된다"[16]는 것이다.

이와 같은 재구성이 함의하는 가장 중요한 점은 이제 합리화의 패러독스는 더 이상 패러독스로 남지 않아도 된다는 점이다.[17] 베버 이론에서 해결 불가능한 상태로 꼬여 있던 합리화의 과정은 그 자체 반드시 역사적 필연성일 필요가 없게 된 것이다. 베버에 있어서 근대인들 간의 사회적 관계가 비인격화되고 그들의 삶이 기계화되고 부자유롭고 무의미하게 된 것은, 근대 사회의 합리화 과정에 내재된 내적 논리 때문이었다. 그러나 이제 하버마스에 의하면, 그러한 과정은 단지 선택적 합리화의 결과일 뿐이다. 그것이 우리의 선택에 의해서 만들어진 것이라는 점은 이제 그와는 다른 선택에 의해 대안적인 가능성을 형성할 수 있다는 것을 의미한다. 합리화의 논제는 결코 역사적 필연성에 관한 논제가 아니다. 그것은 가능성에 관한 논제인 것이다. 사실은 다른 형태의 행위와 다른 형태의 합리성과 다른 형태의 합리화 과정이 있을 수 있으며, 이것들을 통해서 우리는 체제의 합리화와 분화의 역동을 초래한 원인을 분석하고 근대성

16 Ibid., 56.

17 Bernstein, introduction to *Habermas and Modernity*, 23; Wellmer, "Reason, Utopia, and the Dialectic of Enlightenment," 56.

이 몰고 온 병적 현상을 진단할 수 있다는 것이다. 그리고 보다 중요한 것은 하버마스의 이론적 관점을 통해서 우리는, 생활세계 내의 의사소통적 합리성을 증진시킬 필요를 개념적으로 부각시키고, 합당한 만큼의 체제적 합리화와 생활세계의 의사소통적 합리화 사이에 적절한 균형을 이룸으로써, 다가오는 미래의 번영을 조명할 수 있다는 점이다.[18]

교육이 관련되는 시점은 바로 이 시점이다. 하버마스의 의사소통적 합리성 이론이 교육이론으로 해석될 수 있는 것은 그것이 가능성에 관한 이론이기 때문이다. 의사소통적 합리성의 논제에 반영된 그의 관점은 현대 사회에서 우리가 겪고 있는 여러 다양한 실천적 문제들의 원인은 어디에 있고 그것들을 해결하기 위해서 우리는 무엇을 하여야 하는지에 대한 포괄적인 안목을 제공하고 있다는 점에서 지극히 교육적인 이론이라고 할 수 있다는 것이다. 이 책의 목적은 이와 같은 맥락 속에서 하버마스의 의사소통적 합리성 이론은 정확하게 어떤 점에서 교육적인 이론으로 해석될 수 있는지를 탐구하는 데 있나.

이 책에 등장하는 여러 개념들 가운데 핵심적인 개념 중 하나는 베버의 '합리화의 패러독스'(paradox of rationalization)라는 개념이다. 필자는 이 개념을 통해서 이후에 하버마스의 비판적 논의의 주된 대상이 되는, 근대 서양사회의 합리화 과정에 대한 베버의 논의를 이해하고자 한다. 이 책 제2장의 초두에서 필자는 이른바 관료주의적 합리성에 대한 매킨타이어의 비판을 언급하고 그것을 매개로 그 개념이 지닌 기본적인 문제점들을 논의한다. 이후 베버가 개념

18 Bernstein, introduction to *Habermas and Modernity*, 24.

화한 상이한 형태의 합리성에 관해 설명하고, 특히 가치합리성과 목적합리성 간의 구분, 그리고 양자 간의 패러독스적 관계에 대해 논의한다. 제2장의 마지막 절에서는 '가치'의 문제가 어떤 방식으로 베버의 합리성 개념의 맥락 내에서 논의될 수 있는지를 탐색한다.

제3장은 합리화의 패러독스라는 논제에 나타난 베버의 관점에 대한 하버마스의 비판적 논의와, 합리성을 의사소통적인 맥락에서 재구성하려는 그의 시도에 관한 내용들로 구성된다. 베버에 대한 하버마스 비판의 주요 논점은 베버가 합리화의 '패러독스적인' 성격으로 파악한 것들은 반드시 패러독스로 간주될 필요는 없다는 점이다. 왜냐하면, 사회의 합리화는 제도적 국면에서만 이루어지는 것이 아니기 때문이다. 합리성의 성격을 제도적 맥락에서 규정하려고 한 베버의 시도는, 특히 현대 사회의 경제적, 행정적 체제를 생각할 때, 올바른 접근이라고 할 수 있다. 그러나 베버는 합리화의 과정은 또한 생활세계의 맥락에서도 진행되고 있으며 이 측면 또한 체제의 합리화 과정과 동일한 비중으로 다루어져야 한다는 점을 인지하지 못했다. 제3장에서 다루어질 논의의 많은 부분은 하버마스의 생활세계의 개념과 그것의 맥락 내에서 구성된 합리성, 곧 의사소통적 합리성의 의미를 이해하는 데에 할애된다.

제4장은 이 책의 핵심에 해당한다. 이 장에서 필자는 의사소통적 합리성에 관련된 하버마스의 논의를 교육적인 맥락과의 보다 직접적인 관련 속에서 논의한다. 교실에서 교과교육이 이루어지는 상황은 교사와 학생이 서로 간에 관련된 상황 정의를 공유하고 특정한 경로를 통해 선정된 교과 지식을 이해하는 것을 목적으로 하여 이루어지는 생활세계의 한 측면이다. 교육적인 사태에서 교사와 학생은 교과라는 형태로 조직된 일련의 지식체계를 매개로 하여 부단히 의

사소통적 행위를 수행한다. 사실 가르치고 배우는 활동은 인간이 수행하는 의사소통적 행위들 가운데 가장 전형적인 것이라고 할 수 있다. 필자가 보기에 하버마스가 제시하고 있는 의사소통적 행위의 기준은 그리 큰 수정을 거치지 않고도 그것 그대로 '교육적' 행위의 기준으로 통용될 수 있다. 이 점에서 영(Robert E. Young)의 '이상적인 교육적 담화 상황'에 관련된 논의는 하버마스의 논의가 교육적 상황이라는 특수한 맥락 속에서 지닐 수 있는 의미를 부각시키기 위한 논의라 할 수 있다. 한편, 교육철학자들 중에는 하버마스의 의사소통적 행위 이론을 다소 편협되게 이해하고, 그 결과 그것이 지니는 교육적 의미를 제대로 평가하려 하지 않는 사람들이 있다. 제4장의 마지막 절에서는 이런 관점들 가운 데 하나의 전형을 들어 그것을 다시 필자의 관점에서 비판적으로 논의한다.

제5장에서 다루어질 내용은 의사소통적 합리성의 도덕적 함의(含意)와 관련된다. 도덕성을 합리성 개념과 관련지어 정당화하려는 노력은 서양철학의 역사에서 하나의 전통을 형성하고 있다. 하버마스 또한, 도덕성을 의사소통적 합리성을 토대로, 곧 칸트에 의해 형성된 보편성의 원리와 관련지음으로써 이 전통에 합류하고 있다. 하버마스의 '담론윤리학'(談論倫理學 Discourse Ethics)은 의사소통적 합리성을 도덕이론의 맥락에서 논의한 것으로서, 하버마스는 이 논의를 통해 도덕성을 '실용적'(pragmatic) 관점, '윤리적'(ethical) 관점과 구분되는 '도덕적 관점'(the moral point of view)과의 관련 속에서 개념화하고자 한다. 제5장에서는 하버마스가 그의 '도덕적 관점'의 개념을 다른 두 가지 형태의 실천적 이성과 어떻게 구분하는지, 특히 그의 관점이 신아리스토텔레스주의자(Neo-Aristotelian)들의 도덕성 개념이 지닌 한계를 어떤 점에서 보완해 줄 수 있는지를 논의

한다.

'비판적 사고'(Critical Thinking)의 개념은 최근 들어 특히 북미 지역을 중심으로 합리성과 관련하여 활발하게 논의되고 있는 개념이다. 다소 이해하기 어려운 점은 그와 같은 비판적 사고에 관한 다양한 논의들 중에 그 개념을 하버마스의 의사소통적 합리성 개념과 연관 지어 논의하는 사람들을 거의 찾아보기 힘들다는 점이다. 필자가 보기에, 이것은 부분적으로 비판적 사고에 관한 논의가 전개되어 온 북미 지역에서의 이론적 연구 환경이 주로 분석철학적 전통 속에서 이루어져 왔기 때문인 듯하다. 이 점은 '비판적 사고' 논의의 제1세대라고 할 수 있는 에니스(Robert Ennis)가 비판적 사고를 철두철미하게 인지적 능력의 맥락에서만 다룬 것이라든지, 전통적인 계몽주의적 이성의 개념을 비판적 사고에 관한 논의의 중심에 두고 있는 셰플러(Israel Scheffler)와 시걸의 일련의 논의를 들여다보면 어렵지 않게 추론할 수 있다. 필자가 보기에, 이런 이유 때문에 '비판적 사고'의 개념을 이 책의 일반적 맥락 속에서 논의하는 것은 시기상조인 듯하다. 제6장에서 필자가 의도하는 바는, 비판적 사고의 개념을 의사소통적 합리성과 관련지어 논의하되, 특히 시걸의 논의를 중심으로 비판적 사고의 개념이 어떤 형태로 합리성의 개념과 맞물려 논의되고 있는지에 대한 기본적인 아이디어들을 포괄적으로 고찰하고자 하는 것이다.

제2장

베버의 합리성이 지닌 한계

* * *

합리성에 관하여 논의할 때 우리가 흔히 주목하게 되는 점 가운데 하나는 합리성 개념에 대한 가장 해묵은 비판은 그것이 지닌 이른바 '도구적' 성격을 겨냥한 것이라는 점이다. 여기서 합리성이 도구적인 성격을 지니고 있다는 것은 합리성이 특정한 목적을 성취하는 데에 동원되는 수단의 효율성만을 고려할 뿐, 그러한 수단들의 효율적인 관리를 통하여 성취하고자 하는 목적 그 자체의 가치는 고려하지 않는다는 것을 의미한다. 합리성의 이러한 도구적 측면은 단지 대상이 그 어떤 목적을 성취하는 수단 혹은 도구로서 얼마나 성공적으로 기능하는가 하는 데에만 관여한다는 의미에서 종종 '기능적 합리성'(functional rationality)이라는 이름으로, 혹은 대상의 합리성을 오로지 그것이 주어진 목적을 성취하는 일을 얼마나 성공적으로 수행하는가 하는 것만을 기준으로 판단한다는 점에서 '목적합리성'(purposive-rationality)이라는 이름으로 지칭된다. 합리성의 이와 같은 특성은 그 개념이 도덕적 담론과 같은 규범적인 맥락에서 논의될 때 특히 가혹한 비판의 대상이 되어 왔다.

특히 1980년대 이후 우리나라에서 많이 읽히고 있는 철학자들 가운데 매킨타이어(Alasdair MacIntyre)의 논의는 합리성의 도구적 측면을 규범적 담론의 맥락에서 비판하고 있는 것으로 제법 잘 알려져 있으며, 그 점에서 근대적 합리성의 도구적 측면을 비판적으로 이해하는 데 큰 도움이 된다. 이하 논의에서는 베버(Max Weber)의 이른바 '관료주의적 합리성'(bureaucratic rationality)에 대한 매킨타이어의 비판적 논의를 검토하고, 그 과정에서 베버의 관료주의적 합리성은, 매킨타이어가 지적하고 있는 바와 달리, 반드시 정의주의적(情意主義的) 개념으로 이해될 필요는 없다는 점에 주목할 것이다. 베버가 '목적합리성'이라는 개념으로 분석하고 있는 합리성은 합리성 개념이 하나의 도덕적 개념으로 성립하는 데에 심각한 결함을 제공하고 있다는 점은 부인할 수 없지만, 그렇다고 해서 이 개념을 인간이 수행하는 온갖 형태의 규범적 행위를 단지 임의적인 사적(私的) 기호(嗜好) 위에 성립되도록 하는 것으로 간주할 필요는 없다는 것이다. 목적합리성 혹은 그것의 제도화된 형태로서의 관료주의적 합리성이 지닌 본질적인 문제는, 오히려 이와 정반대로, 그것이 사람들의 사회적, 문화적 삶의 구석구석을 하나의 거대한 단일 가치 체제로 지배하게 되었다는 점에 있다. 아래 논의에서는 베버의 저작에서 합리성의 개념이 어떤 방식으로 그와 같이 개념화되게 되었는지를 이른바 '합리화의 패러독스'(paradox of rationalization)라는 논제의 맥락에서 분석하고, 이후 '합리성에 대한 언어적 이해'를 통해 하버마스가 이 논제를 어떻게 비판하고 있는지를 검토할 것이다.[1]

정의주의와 관료주의적 합리성

대체로 보아 도덕적인 담론에 참여하는 사람들은 결국에 하나의 공통적인 질문에 도달하게 되는 것을 볼 수 있다. 그 질문은 서로 갈등하는 도덕적 주장들이 발생하게 되는 것은 무엇 때문이며, 그 갈등은 어떤 방식으로 해결될 수 있는가 하는 것이다. 자신의 저작 *After Virtue*의 초두에서 매킨타이어도 현대의 도덕적 담론이 처한 문제를 유사한 방식으로 기술하고 있다. 오늘날 이루어지고 있는 도덕적 언설들은 그 대부분이 발언자들 간에 서로 의견이 상이하다는 점을 표현하고 있으며, 이러한 도덕적 갈등들은 성격상 도저히 화해가 불가능한 것들이라는 특징을 갖고 있다.[2] 간략하게나마 이에 관한 매킨타이어의 논점들을 검토하는 일에서부터 논의를 시작하고자 한다.

현대 사회에서 우리가 겪고 있는 도덕적 논쟁과 갈등 상황을 매킨타이어는 세 가지 경우를 들어 설명한다.[3] 그 첫 번째는 전쟁의 정당화 가능성에 관한 논쟁이다. 여기 갑(甲)이라는 이름을 가진 사람이 있다고 하자. 그의 주장에 따르면, 오늘날에는 그 어떤 형태의 전쟁도 정당화될 수 없다. 왜냐하면, 만약 전쟁이 정당화될 수 있으려

---

1 이 책 전체를 통해서 필자가 베버를 이해하는 방식은 대체로 그의 저작 *The Theory of Communicative Action*의 첫 번째 권에 나타난 하버마스의 베버 해석을 기반으로 하고 있다. 따라서 적어도 이 책 안에서 베버에 관한 필자의 해석은 하버마스의 그것과 크게 다르지 않다고 할 수 있다. 이 점은 이 책의 제3장에서 다루어질 베버의 사회적 합리화 논제에 대한 하버마스의 논의에도 적용된다.

2 Alasdair MacIntyre, *After Virtue* (Notre Dame: University of Notre Dame Press, 1984), 6.

3 Ibid., 6-11.

면 그 전쟁을 통해서 성취하려는 선의 정도가 그 전쟁을 수행함으로써 발생하게 될 악의 정도보다 많아야 한다는 점과 함께 전투원과 비전투원 사이를 분명하게 구분 지을 수 있어야 한다는 점이 보장되어야 하지만, 현대의 전쟁에서 이 두 가지 사실을 보장하는 일은 불가능하기 때문이다. 그러나 을(乙)은 갑의 이러한 주장에 동의하지 않는다. 을의 주장에 따르면, 만약 평화를 원한다면 우리는 전쟁에 대비하여야 한다. 평화를 이루는 유일한 길은 잠재적인 침략자를 방지하는 것뿐이기 때문이다. 우리는 만약의 경우에 전쟁을 치를 가능성도 결코 배제하여서는 안 된다는 것이다. 마지막으로, 병(丙)이라는 이름을 가진 사람은 을보다 훨씬 강한 어조로 전쟁을 옹호한다. 비록 강대국들 간에 발발하는 전쟁은 오로지 파괴적일 뿐이지만, 특히 제3세계 국가들에서와 같이, 억압에 시달리고 있는 집단들을 해방시키기 위한 전쟁은 필요하며 이 점에서 그와 같은 전쟁은 약소국을 착취하고 지배하려는 세력들을 제거하는 수단으로 정당화될 수 있다.

매킨타이어가 들고 있는 도덕적 논쟁의 두 번째 예는 낙태에 관한 논쟁이다. 첫 번째 주장은 비단 임산부만이 아니라 만인은 자신의 신체에 관하여 스스로 결정을 내릴 권리를 가지므로 낙태는 도덕적으로 용납되어야 할 뿐만 아니라 법적으로 허용되어야 한다는 주장이다. 그러나 두 번째 주장은 낙태를 법으로 금지할 것을 요구한다. 나의 어머니가 나를 임신하고 있었을 때 낙태를 했었어야 한다는 점을 나는 결코 주장할 수 없으며, 따라서 나 또한 다른 사람들에게 동일한 행위를 요구할 수 없기 때문이다. 그리고 세 번째 주장은 태아 또한 신생아와 비교했을 때 성장의 단계상 다소 이른 시기에 있다는 점에서 다를 뿐 하나의 생명체라고 할 수 있기 때문에 낙태는 도덕적으로 잘못된 행위일 뿐 아니라 법적으로도 금지되어야 마땅하다는 주장이다. 태아를 죽이는 일은 죄 없는 한 인간을 죽이는 일과 본질적으로 다를 바 없는 행위라는 것이다.

세 번째 논쟁은 자유와 기회균등에 관한 논쟁이다. 예컨대, 기회균등의 관점에서 볼 때, 모든 사립학교와 사설 의료기관은 폐지되어야 한다. 왜냐하면, 정의는 만인으로 하여금 교육과 의료 혜택에서 균등한 기회를 누릴 수 있을 것을 요청하고 있기 때문이다. 그러나 자유의 관점에서 보면, 사설 의료기관과 사립학교의 존재는 보호받아야 한다. 의사는 자신이 원하는 바대로 의료행위를 수행할 권리가 있으며 환자 또한 자신이 원하는 의사로부터 치료받을 수 있는 권리가 있기 때문이다. 마찬가지로 교사는 자신의 선택에 따라서 가르칠 수 있어야 하며 학부모 또한 그들이 원하는 곳에서 자식을 교육시킬 권리가 있다는 것이다.

매킨타이어는 세 가지 점에서 이들 논쟁들 간에 공통점이 존재하고 있음을 지적한다. 첫째, 과학철학의 용어를 빌려 표현하면, 경쟁하는 주장들 간에는 '개념적 불가공약성'이 존재한다. 이들 상이한 주장들은 각 경우들을 별도로 두고 보면 각기 자체의 전제로부터 논리적으로 타당한 방식으로 도출된 것들이다. 그 전제들 간에 하나를 다른 하나와 비교하여 어느 한 쪽의 주장이 다른 쪽보다 더 중요하다고 할 수 있는 상위의 토대는 존재하지 않는다는 것이다. 이들 주장이 각 경우에 전제로부터 타당한 논리적 절차에 따라 도출된 결론과 일치하는지의 여부는 분석할 수 있지만, 그 이상을 따지는 일은 불가능하다. 하나의 전제를 다른 전제와 비교하여 그중 어느 것이 더 중요하거나 덜 중요하다고 말할 수 있으려면 두 전제 혹은 그 이상의 전제들에 공통적으로 적용할 수 있는 근거가 존재하여야 하지만, 우리는 그런 종류의 공통된 근거를 더 이상 지니고 있지 않다.

이들 주장들 간에 존재하는 두 번째 공통된 특성은 각각의 주장이 모두 비인격적인(impersonal) 합리적 주장으로 간주되고 있다는 점이다. 이를테면, 내가 '낙태는 도덕적으로 잘못된 행위이다'라고 주장하고 다른 사람들이 나의 이러한 주장을 받아들일 것을 요구하는 것은 내가 그들과 모종의 개인적인 관계에 있기 때문이 아니다. 내 주장이 지닌 권위는 내가 지니고 있을 법한 개인적인 품성에서 나오는 것이 아니다. 다른 사람들에게 내 주장의 정당성을 믿도록 요구하는 것은 나와 그 사람들 간에 그 어떤 개인적인 감정이 존재하고 있기 때문이라거나 혹은 내가 그 사람들에게 일종의 정신적 지도자로 추앙받고 있기 때문이 결코 아니다. 그들이 나의 주장을 받아들이도록 기대하는 이유, 혹은 보다 일반적으로 그 어떤 주장의 정당성은, 그 주장을 누가 하였는가 하는 것, 심지어는 누군가가 그러한 주장을 실지로 하였다고 하는 사실과 무관하게 성립한다.

셋째, 각각의 주장이 채택하고 있는 전제들은 그 나름으로 다양한 역사적 배경을 지니고 있는 것들이다. 매킨타이어가 열거하고 있는 바를 그대로 인용하자면, 첫 번째 논쟁에서의 전제들은 순서대로 덕성(virtue)에 관한 아리스토텔레스의 설명, 비스마르크(Bismarck)와 클라우제비츠(Clausewitz)에서부터 마키아벨리(Machiavelli)에 이르는 계보학, 그리고 마르크스(Marx)와 피히테(Fichte)의 해방의 개념을 토대로 하고 있다. 두 번째 논쟁에서는 로크(Locke)에서 비롯된 권리의 개념과 칸트의 보편성 개념, 토미즘(Thomism)이 서로 경쟁하고 있으며, 마지막으로 세 번째 논쟁에서는 그린(T. H. Green)과

루소(Rousseau)의 영향을 받은 관점이 아담 스미스(Adam Smith)로부터 영향을 받은 관점과 경쟁하고 있다. 이들 예에서 볼 수 있듯이 서로 갈등하는 도덕적 관점들 간의 경쟁 관계는 사실은 그 뿌리가 대단히 깊다고 할 수 있다.

오늘날 목격할 수 있는 여러 다양한 도덕적 논쟁들과 그것들이 결코 종결될 수 없다는 점을 들어 보임으로써 매킨타이어가 의도하고 있는 바는 지금과 같은 상황은 도덕성의 언어가 질서 정연했던 상태에서 무질서의 상태로 이행해 왔기 때문이라는 점을 보여 주기 위한 것이라고 할 수 있으며, 더불어 그러한 무질서의 상황이 어떤 역사적 과정을 통해서 형성되었는지를 보여 줌으로써 일종의 '진정한 역사적 담론'의 회복을 제안하는 데 있다. 문제는 그의 이러한 노력에 심각한 도전으로 작용하는 관점이 있으니, 이는 도덕적 논쟁을 합리적으로 해결하는 일은 결코 가능하지 않으며 그것은 도덕적 주장이라는 것 자체의 성격이 원래 그러한 것이기 때문이라는 주장이다. 이른바 '정의주의'(情意主義 emotivism)라고 불리는 철학이론이 이와 같은 관점의 중심에 자리 잡고 있는데, 매킨타이어에 의하면 정의주의라는 것은 "모든 규범적 판단, 보다 구체적으로는 모든 도덕적 판단들은 그것들이 규범적이거나 평가적인 성격을 띠고 있는 한, 주체의 기호(嗜好), 태도나 감정의 표현 이외에 아무것도 아니라는 주장이다."[4] 정의주의에 따르면 평가적인 판단은 어떤 종류라 하더라도 합리적인 방식으로 정당화될 수 없다. 도덕적 판단은 그 어떤 형태라 하더라도 우리의 감정이 표현된 것에 불과하다. 도덕적 판단을 합리적으로 정당화할 수 없다는 말은 곧 상이한 도덕

4 Ibid., 11-2.

적 판단들 간에 갈등이 생겼을 때, 그리고 그들 갈등을 해소하여야 할 필요가 발생하였을 때, 우리가 기댈 수 있는 합리적 기준은 존재하지 않는다는 말이다.

정의주의와 관련된 매킨타이어의 논의에서 우리는 한 가지 흥미로운—필자가 이 장에서 논의의 출발점으로 삼으려고 하는—관점을 발견할 수 있는데, 그것은 매킨타이어가 그러한 정의주의적 주장을 베버의 관료주의적 합리성 개념과 연결 짓고 있다는 점이다. 두 아이디어 간의 연결점은 관료주의적 합리성 역시 정의주의와 마찬가지로 상이한 가치들 간의 갈등을 합리적으로 해결하는 일과 별반 상관이 없다는 점이다. 관료주의적 합리성은 주어진 목적을 달성하는 데에 가장 효율적으로 작용할 수 있는 수단이 무엇인가를 결정하는 일에는 관여하지만, 두 개 이상의 목적이 상충할 때 그 가운데 어느 것이 가장 가치 있는 것인가의 문제는 결정 지어 줄 수 없다. 목적에 관한 질문은 가치에 관한 질문이며, 가치에 관한 질문에 관하여 관료주의적 합리성은 침묵을 지킨다. 경쟁하는 가치들 간에 발생하는 갈등은 합리적으로 해결될 수 없다는 것이다.[5] 그러므로, 매킨타이어에 따르면, 베버는 정의주의자이며 관료주의적 권위에 대한 그의 묘사 또한 정의주의적 묘사라고 할 수 있다.

정의주의와 관료주의적 합리성의 공통적인 특성 가운데 하나는 양자 모두에 매킨타이어의 용어로 '조작적인(manipulative) 인간관계와 비조작적인(non-manipulative) 인간관계' 간의 구분이 적용되지 않는다는 점이다. 이 점을 설명하기 위하여 매킨타이어는 도덕성에 관한 칸트의 아이디어, 곧 그의 저 유명한 두 번째 정언명령을

5 Ibid., 26.

언급한다. 칸트의 두 번째 정언명령은 인간관계가 도덕적인 관계가 되려면 개별 행위 주체는 타인을 단지 자신의 목적을 성취하는 데에 필요한 수단으로 활용하여서는 절대 안 된다는 명제이다. 매킨타이어는 칸트의 이 아이디어로부터 도덕성을 근거로 한 인간관계와 그렇지 않은 인간관계 간의 구분을 도출해 낸다. 타인을 목적으로서 대한다는 말은 타인을 상대로 그 어떤 행위를 할 때 그에게 행위의 이유를 명백히 밝혀 설득한다는 말이며, 반면에 타인을 수단으로서 대한다는 말은 그를 단지 나의 목적을 성취하는 일에 수단으로 삼고자 한다는 말이다. 매킨타이어에 의하면, 정의주의자들의 이론체계 속에는 이와 같은 구분이 들어 있지 않다. 칸트의 두 번째 정언명령에 따를 때에는, 내가 타인의 행위방식을 바꾸고자 할 경우에라도 그것은 반드시 객관적인 타당성을 지닌 규준에 따라야 하며, 행위자는 그 규준에 따라 자기의 행위를 합리적으로 결정하는 자율성을 지닌 존재로 간주된다. 그러나 정의주의를 주장하는 사람들에게는 모든 규범적 주장은 행위자 자신의 감정이나 태도를 표현한 것에 지나지 않으므로 비인격적인 혹은 객관적인 규준이라는 것은 존재하지 않는다. 따라서 타인이 이러저러한 방식으로 행위하기를 원한다면 그와 같은 객관적인 규준을 제시할 것이 아니라, 행위 당사자의 감정이나 태도를 나의 그것과 동일한 형태로 변화시켜야 한다.

베버가 권위(authority)를 권력(power)과 구분하고 전자에 목적성과 확신을 부여한 것은 사실이지만, 매킨타이어가 보기에 "효율성을 추구하는 일만을 최고의 기준으로 삼는 관료주의적 권위 이외에 더 이상 그 어떤 형태의 권위도 객관적 기준을 통해서 정당화될 수 없으므로"[6] 이 구분은 거의 유명무실해질 수밖에 없다. 베버에 있어서 그가 애초 의도했던 바와는 사뭇 대조적으로 권위는 권력과 거의 구분되지 않으며, 이 이유 때문에 서로 경쟁하는 가치에 기반을 둔 경쟁하는 목적들 간의 갈등을 합리적인 방식으로 해소할 수 있는 길은 없게 되었다. 합리성의 정도를 판단하는 기준들은 하나의 통일된 기준으로 수렴되었으나, 바로 이 때문에 그러한 통일된 기준이 적용되지 않는 행위영역들에서는 합리적인 것과 비합리적인 것 사이를 구분 짓는 일이 불가능해졌다. 달리 말하면, 합리성이 적용되는 영역이 극히 축소되었다는 것이다. 두 가지 이상의 상충하는 가치들 간에 어떤 것이 더 가치 있는 것인가를 결정하는 일에 관료주의적 합리성은 아무런 기준도 제시해 주지 못하므로, 관료주의적 합리성이 지배하고 있는 사회에서는 서로 경쟁하는 가치들 간에 어떤 것을 선택하여야 하는가의 문제가 그야말로 단순한 선택의 문제에 불과하게 되었다는 것이다. 이 말은 곧 그 어떤 특정한 가치를 선택하는 일은 합리적인 의사결정과 무관한 일이 되었다는 말과 같다. 합리성은 더 이상 가치를 선택하는 일에 개입하지 않는다는 것이다. 그러므로 모든 선택은 선택을 행하는 사람의 정조나 감정에 따라 주관적으로 이루어질 수밖에 없다. 매킨타이어는 바로 이 이유 때문에 베버를 정의주의자들과 같은 범주 속에 분류하고자 하는 것이다. 관료주의적 합리성을 정의주의와 연결 지음으로써 매킨타이어가 보이고자 한 것은 관료주의적 합리성의 바로 이러한 부정적 특성이 정의주의와 동일한 맥락 속에서 분석될 수 있다는 점이라고 할 수 있다.

그러나 관료주의적 합리성에 대한 매킨타이어의 이와 같은 주장

6 Ibid.

에는 그다지 명료하지 않은 부분이 없지 않다. 첫째, 매킨타이어가 정의주의를 관료주의적 합리성과 연결 짓는 기본적인 연결 고리는 두 가지 이상의 경쟁하는 가치가 서로 충돌할 때 그것을 중재할 합리적이고도 객관적인 규준을 두 개념 모두가 가지고 있지 않다는 점이었다. 그러나 두 개념을 이와 같은 방식으로 연관 짓는 것은 적절해 보이지 않는다. 왜냐하면, 그 의미가 적용되는 범위에서는 지극히 제한적일지 모르나 관료주의적 합리성 또한 그 자체로 하나의 객관적인 규준으로 작동할 수 있기 때문이다. 판단을 행하는 사람의 정서 상태 혹은 태도가 어떠한지와 무관하게 관료주의적 합리성을 기준으로 판단하는 사람은 하나의 객관적 판단 기준을 지니고 있으며 그 기준에 따라서 특정한 행위과정을 평가한다고 보아야 한다.

한 가지 명백해 보이는 사실은 매킨타이어가 비조작적인 관계와 조작적인 관계 간의 구분을 통해서 부각시키고자 한 점은 도덕성은 비인격적인(impersonal) 규준에 대한 인식과 불가분의 관계에 있다는 점, 도덕성은 결코 개인적인 그 무엇이 아니라 개인 바깥에 존재하는, 그리하여 도덕적이기를 원하는 인간이라면 누구든지 자신의 행위 기준으로 받아들이지 않으면 안 되는 그러한 기준에 관한 것이라는 점이라는 것이다. 그러므로 도덕적인 판단은 단순히 개인의 호오(好惡)를 표현하는 것이 아니라, 말하자면 특정한 행동이나 사태를 그러한 외적 기준과 비교하여 전자가 후자를 얼마나 충실하게 따르는지를 판단하는 일이 된다. 관료주의적 합리성은 바로 이와 같은 조건에 정확하게 들어맞는 하나의 기준이라고 할 수 있다. 관료주의에 대한 그의 저작들에서 베버는 관료주의적 조직과 그 구성요소들이 지녀야 할 바로 이와 같은 '비인격적 특성'에 대해서 거듭 강조하고 있다. 예컨대, "관료주의가 '비인간화' 되면(dehumanized) 될수록, 공식적인 업무 영역에서 사랑, 증오 등을 포함한 모든 종류의 순수하게 개인적이고 비합리적인 정서적 요소들을 제거하는 데 성공하면 할수록 관료주의의 고유한 특성들은 완벽해질 것이다."[7] 관료주의는 사람들이 업무를 "순수하게 객관적인 판단에 따라 수행할 것을 요구"하거니와, 여기서 "업무를 객관적인 판단에 따라서 수행한다는 말은 업무를 계산이 가능한 규칙에 따라서, 그리고 개별 인격체에 대한 고려를 철저히 배제한 상태에서 수행한다는 것을 의미한다."[8]

가치에 관한 질문이 지니는 한계에 대한 매킨타이어의 설명도 그의 주장들을 다소 모호하게 하는 요인으로 작용하고 있다. '목적에 관한 질문은 가치에 관한 질문'이라는 그의 주장에는 별 오류가 없는 듯하나, 관료주의적 합리성이 가치에 관한 질문들에 대하여 침묵을 지킨다는 주장에는 의문의 여지가 없지 않다. 관료주의적 합리성이 추구하는 효율성 또한 하나의 가치이며, 이 점에서 관료주의적 합리성은 매킨타이어의 주장과 달리 오히려 목적에 관한 질문에 적극적으로 개입한다고 보아야 한다. 관료주의적 합리성의 근본적인 문제는 그것이 가치에 관한 질문에 간여하지 않는다는 점에 있다기보다는, 오히려 가치에 관한 모든 질문들을 하나의 질문, 곧 효율성에 관한 질문으로 환원하고 그 결과 효율성의 가치를 모든 다른 가치들을 지배하는 위치에 둔다는 점에 있다. 관료주의적 합리성은 가치에 관한 의사결정에 무관한 그 어떤 것이 아니다. 이와 정반대

7 Max Weber, *From Max Weber: Essays in Sociology*, trans. H.H. Gerth and C. Wright Mills (New York: Oxford University Press, 1946), 215–6.

8 Ibid., 215.

로 그것은, 대단히 적극적인 방법으로, 어떤 종류의 가치가 가장 중요한 가치로 작용하여야 하는지를 주장하는 이념이라고 보아야 한다. 근대성에 대한 베버의 염려 또한 관료주의가 가치에 관한 논의를 수행할 수 없다는 점에 있었던 것이 아니라, 자체의 고유한 가치체계에 의해 조정되어야 할 다양한 사회적, 문화적 상황들에 관료주의의 가치가 부적절하게 혹은 과도하게 개입하게 된다는 점에 있었다.

관료주의적 합리성에 관한 매킨타이어의 관점에서 또 한 가지 주의를 기울여야 할 점은 베버를 정의주의자로 규정하는 그의 시각이다. 상충하는 가치들 간에 어느 것을 선택하여야 할지를 결정하는 일에 관료주의적 합리성이 간여할 수 없다는 점을 받아들인다 하더라도, 그리고 그와 같은 형태의 합리성이 베버에 의하여 개념화되었다는 점을 이해한다고 하더라도, 이 관점이 베버를 정의주의자로 규정하는 주장으로 연결되어야 하는지는 그다지 명백하지 않다. 매킨타이어 자신이 이 용어들을 사용하는 방식을 보아도 알 수 있듯이, 정의주의와 정의주의자라는 용어는 관료주의적 합리성이라는 용어 그 자체를 설명하는 말로서, 그리고 실재의 기술적(記述的) 측면을 분석하는 일을 하는 사람을 가리키는 말로서 쓰이고 있지 않다. '정의주의'—그리고 도덕성을 언급하는 다른 철학적 개념들과 마찬가지로—는 대상에 대한 평가적 언설, 특히 우리의 도덕적 판단에 관한 일련의 규범적 개념 체계라고 보아야 한다. 만약 매킨타이어의 주장대로 베버가 정의주의자라고 한다면, '관료주의'라는 그의 개념도 그 어떤 대상에 대한 우리의 평가적 언설의 특성을 규범적인 형태로 표현하는 말이며, 그 점에서 도덕성이라고 하는 '당위'의 체계를 그 나름의 방식으로 규정짓는 말이라고 하여야 할 것이다. 우리의 평가적 행위들—예컨대, 관료주의적 합리성에 따른 관리자의 행위 양식—의 일반적 성격에 대해 베버 또한 모종의 생각을 지니고 있었다고 할 수 있다. 그러나 베버가 그러한 행위 양식으로부터 도덕성이 따라야 할 이상을 찾았을 것이라거나, 나아가 우리의 도덕적 판단들은 관료주의적 합리성의 규칙을 따라야 한다고 주장하였을 것이라고 결코 볼 수 없다. 사실은 오히려 이와 정반대라고 보아야 한다. 베버는 관료주의적 합리성과 그것에 의해 지배되는 근대 사회를 대단히 비관적으로 바라보았으며, 이 점은 베버 또한 매킨타이어가 그리고 있는 바와는 상당히 다른 철학적 관점을 지니고 있었을 것이라는 점을 추측할 수 있게 한다.

합리화의 패러독스[9]

Educating Reason: Rationality, Critical Thinking and Education[10]의 후기에서 시걸(Harvey Siegel)은 관료주의적 합리성에 대해 매킨타이어가 비판한 것과 비슷한 방식으로 합리성의 문제를 지적하고 있다. 시걸에 의하면, 우리가 통상 '합리적 인간형'이라고 하면 주어진 목적에 가장 적합한 수단을 동원하는 사람을 가리키거나 주관적인 기호(嗜好)를 최대한의 수준에서 추구하는 사람을 가리킨다. 이

---

9 'paradox'는 대체로 '역설'(逆說)로 번역되지만 우리말 '역설'의 용법이 반드시 영어 'paradox'의 그것과 일치한다고는 할 수 없다. 이 책에서는 'paradox'를 영어 발음 그대로 '패러독스'라고 적고, 다만 경우에 따라서 그것의 형용사형을 쓸 필요가 있을 때에는 '역설적'이라는 용어를 사용하기로 하겠다.

10 Harvey Siegel, *Educating Reason: Rationality, Critical Thinking and Education* (New York: Routledge, 1988).

와 같은 의미에서의 합리적 인간은 사전에 자신이 설정한 목적을 가장 효율적으로 달성하거나 혹은 자신의 기호나 여타의 유용성을 최대화시키는 방향으로 자신의 행위를 조직한다. 자신이 결정한 바 행위의 합리성은 그것이 주어진 목적을 얼마나 효율적으로 달성하게 하는가의 기준에 따라 평가된다.

그러나 시걸이 보기에 이와 같은 형태의 합리성 개념은 적어도 다음과 같은 세 가지 문제점을 지니고 있다. 첫째, 이러한 의미에서의 합리적 결정은 도덕적 규제와 상관없이 이루어진다. 말하자면 이 의미에서의 합리성은 도덕성과 상관이 없으므로 결과적으로 도덕적이지는 않지만 합리적이기는 한 경우가 전혀 불가능하지 않게 된다. 둘째, 수단-목적의 관련을 기반으로 규정된 합리성은 목적 자체의 성격은 문제 삼지 않는다. 목적은 이미 주어진 것으로 간주하고 합리성의 기준은 그것을 성취하는 수단들에만 적용된다. 이 개념으로는 우리가 성취하고자 하는 목적 그 자체가 얼마나 합리적인가 하는 판단은 내릴 수 없다는 것이다. 그러나 시걸에 따르면 목적 그 자체가 합리적인가 하는 질문도 충분히 정당한 질문으로 간주되어야 한다. 마지막으로, 수단-목적 간의 관계를 기반으로 한 합리성 개념은 타산성 혹은 효율성을 유일한 판단의 기준으로 삼음으로써 그 밖의 다른 이유를 고려의 대상에서 제외할 위험이 있다. 이 점은 특히 중요한데, 왜냐하면 합리성은 목적을 성취하는 데 동원되는 수단의 효율성에만 적용되는 규범이 아니며, 오히려 효율성보다 더 중요하고 더 포괄적인 이유들이 있어서 경우에 따라서는 그것들이 합리성을 판단하는 데 더 중요한 기준으로 적용될 수 있다는 것을 의미하기 때문이다. 요컨대, 시걸의 결론은 "합리성 개념의 성격에 대한 논의와 그 개념을 둘러싼 철학적 문제들에 대한 논의들을 발전시키기 위해서는 우리는 합리성의 의미를 수단-목적의 관계를 토대로 한 것보다 더 나은 방식으로 설명할 필요가 있다"는 것이다.[11]

아닌 게 아니라 이러한 의미에서의 합리성이야말로 하버마스가 자신의 초기 저작들에서부터 다룬 하나의 핵심적인 쟁점이다. 수단-목적 관계에 의해 규정된 합리성 개념은 번스타인(Richard Bernstein)이 '실증주의적 경향'(positivistic temper)[12]이라고 명명하고 있는 바의 이론적 역사에 그 뿌리를 두고 있다. 이 이론적 경향은 혹은 이른바 '근대성의 질병'을 발생시킨 원인으로, 혹은 '이성의 왜곡된 실현'이 있게 한 원인으로 지적되고 있는 경향으로, 하버마스의 비판적 탐색의 핵심에 자리 잡고 있는 전통이다. 하버마스에 의하면 '실증주의'가 합리성에 미친 영향은 다음과 같이 기술될 수 있다.

> 합리성은 실증주의적 경향에 의해 그 범위가 축소되었다. 이 관점에 따르면 이성은 우리로 하여금 자연 현상과 심지어 사회 현상에 대해서까지도 설명하는 일이 가능하게 해 주었다. 이성에 의해 우리는 행위과정의 규칙성을 발견할 수 있게 되었고, 그에 따라 그것의 경험적 결과를 예측하고 통제할 수 있게 되었다. 이성은 특정한 목적을 달성하기 위해 동원될 수 있는 수단들 중에 어떤 것이 가장 비용이 덜 드는지를 판가름할 수 있게 하고 그 점에서 그러한 판단이 얼마나 합리적인지를 평가할 수 있게 해 준다.[13]

그러나 앞에서도 언급하였듯이, 이런 방식으로 규정된 이성은 그러한 합리적인 수단들을 동원하여 성취하고자 하는 목적 그 자체를

---

11 Ibid., 131.

12 Richard J. Bernstein, "Introduction" in *Habermas and Modernity*, ed. Richard J. Bernstein (Cambridge: The MIT Press, 1985), 4.

13 Ibid., 5.

정당화하는 데에는 아무런 역할도 할 수 없다. 물론 '비판적'이라는 말을 오로지 과학적 활동의 범주 내로 한정하고, 따라서 비판적 사고의 의미 또한 이미 주어진 특정한 목적을 성취하기 위한 수단들 가운데 어떤 것이 가장 경제적인가를 사정하는 일에만 적용되는 것으로 이해할 수도 있을 것이다. 그러나 번스타인의 지적대로 이런 의미에서의 합리성은 "사회 현상이 이루어지는 과정들에 대한 깊이 있는 설명을 통하여, 다양한 형태의 은폐된 지배와 억압을 발견하고 그것들로부터 스스로를 해방시키는 그런 의미에서의 비판적 사고를 수행할 수 있는 기회를 제공해 주지 못한다."[14]

이와 같이 한정되고 그 의미가 축소된 형태의 합리성을 비판하기 위한 장을 마련하고 여기에 비판적인 이론가들을 초대한 사람은 베버이다. 그 접근방식의 다양함에도 불구하고 오늘날 이루어지고 있는 근대적 이성 혹은 합리성에 대한 비판적 논의들은 다소간은 근대 사회의 합리화 과정에 대한 베버의 비판적 논의에 빚을 지고 있으며, 그러한 합리화 과정이 가져온 근대 사회의 어두운 측면에 대한 그의 고통스러운 시각을 공유하고 있다. 도구적 이성에 관한 프랑크푸르트 비판이론가들의 비판적 논의, 루카치(Georg Lukács)의 물화(物化 reification) 이론, 그리고 니이체(Nietzsche)와 하이데거(Heidegger)로부터 계승된 오늘날의 포스트모더니스트들의 합리성 비판들 간의 공통점은 이들 비판적 논의들 모두가 베버의 합리화 비판의 영향을 받았다는 점이다. 문제는 베버의 근대성 비판이 그

---

14 Ibid., 5. 합리성의 기술적(技術的) 측면과 현대 사회에서 발견되는 그것의 억압 과정에 관해서는 Jacques Ellul, *The Technological Society*, trans. John Wilkinson (New York: Vintage, 1964), 혹은 Jacques Ellul, *Propaganda: The Formation of Men's Attitudes*, trans. Konrad Kellen and Jean Lerner (New York: Vintage, 1973) 참조.

와 같은 치유 불가능한 비관적인 시각에서, 비판적 정신과 해방이라는 원래의 이상을 회복할 가능성이 전혀 없는 상태로밖에는 이해될 수 없는가 하는 점이다. 아래 논의에서 다룰 문제는 바로 이 점, 곧 베버의 합리성 비판의 기본적 아이디어가 지닌 구조를 검토하고, 합리성 개념을 교육적 이상으로 해석하는 데에 그것이 어떤 기여를 할 수 있는가에 관한 것이다.

모르긴 해도 베버의 합리화 논의에서 가장 중요한 개념적 요소는 베버 해설가들이 종종 '합리화의 패러독스'라고 명명하는 논제일 것이다. 우리 논의에서도 이 논제는 대단히 중요한데, 그것은 비단 계몽주의적 이성이 어떤 과정을 거쳐서 그 의미의 범위가 그렇게 축소되게 되었는지를 이 논제를 통해서 파악할 수 있다는 점뿐만 아니라, 그러한 한정된 의미에도 불구하고 또한 이성은 여전히 유토피아적인 가능성을 지니고 있다는 점을 이 논제를 통해서 분석해 낼 수 있기 때문이다. 달리 말하면, 베버의 논의에서 합리성은 처절한 비판의 대상이 되고 있기는 하지만, 다분히 아이러니컬하게도, 합리성은 또한 베버에게 그와 같은 비판 자체가 가능하게 하는 근거를 제공하고 있다는 것이다. 합리성의 이러한 두 측면 간의 관계를 우리는 어떻게 이해하여야 할 것인가? 이 관계를 패러독스로 이해하는 것은 양자 간의 관계를 어떻게 파악한다는 것인가?

합리성의 패러독스, 곧 합리성은 그 속에 두 가지 상반된 의미를 내포하고 있다는 논제는 합리성을 바라보는 베버의 두 가지 상반된 태도, 곧 한편으로 사회과학자의 입장과 다른 한편으로 철학자의 입장이 베버의 관점 속에 혼재하고 있다는 것을 의미한다. 베버가 지니고 있었던 이 두 가지 상이한 태도는 각각, 한편으로는 합리성의 과학적 혹은 분석적 측면과, 다른 한편으로는 그것의 철학적 혹은 규범적 측면과 대응한다. 벨머(Albrecht Wellmer)는 이 점을 다음과 같이 설명하고 있다.

> 베버의 논의에서 '합리성'과 '합리화'라는 개념은 단지 분석적인 혹은 기술적인 개념으로서 베버가 근대 사회의 유래와 구조를 분석하는 데에만 사용한 개념이 아니다. 이 개념은 근대 사회의 그러한 특성들을 보다 포괄적이고 역동적인 이성의 개념, 계몽주의 철학 속에 여전히 살아 있는 그런 이성의 개념과 연결되는 규범적 의미를 담고 있는 개념으로 사용되고 있다는 점에서 일종의 패러독스를 발생시킨다.[15]

이 장에서 '합리화의 패러독스'라는 논제를 통하여 논의하고자 하는 바는 대체로 다음 두 가지로 요약될 수 있다. 하나는 합리성의 이러한 두 측면이 각각 의미하는 바는 무엇인가, 보다 중요하게는, 두 측면이 서로 역설적인(paradoxical) 방식으로 연관된다는 말은 무슨 뜻인가 하는 것을 다소 체계적인 방식으로 포착하고자 하는 것이고, 다른 하나는 이 두 측면 간의 관계를 그것과 다른 방식으로 이해할 여지는 없는가 하는 것을 탐색하는 것이다.

브루베이커(Rogers Brubaker)에 의하면, 베버가 논의한 합리성이 지니는 다면적 특성은 우리 인간의 사회적 삶이 이루어지는 여러 다양한 영역들에서 다양한 방향으로 다양한 역사적 배경 위에서 이루어지는 합리화의 상이한 특성들을 반영하고 있는 것이기는 하지만, 그럼에도 불구하고 이들 상이한 형태의 합리화들을 관통하는 공통적인 특성을 추출해 내는 일이 불가능한 것은 아니다.[16] 브루베이커가 열거하고 있는 베버 합리성의 네 가지 공통적인 특성들 가

15 Albrecht Wellmer, "Reason, Utopia, and Enlightenment," in *Habermas and Modernity*, 41.

운데 첫 번째는 지식과의 관련성이다. "합리적으로 행위한다는 말은… 지식을 토대로 행위한다는 말과 같다."[17] 물론 합리성의 이 측면은 베버가 논의하고 있는 합리성에만 해당하는 측면이 아니다. 왜냐하면, 지식을 토대로 하고 있다는 의미에서의 '합리적 행위'는 반드시 서양 근대 사회에서만 이루어진 행위 양식이 아니기 때문이다. 플라톤적인 의미에서 고대 그리스인들은 합리적으로 행위하기 위해서 '완벽한 지식'을 소유하고 있었어야 했으며,[18] 중세 신학자들 또한 그들의 기독교적 신념 체계를 합리적으로 정당화하기 위해서 고도로 조직화된 지식 체계를 소유하고 있었어야 했다. 그러나 서양 근대사회의 합리성은 이들 고전적인 합리성과 달리, 합리성의 조건이 되는 '지식'의 종류가 경험과학과 그것을 응용한 테크놀로지를 의미한다는 점에서 이전과는 다른 양상을 띤다. 결과적으로 서양 근대 사회에서는 합리성의 의미가 과학적 지식과의 관련에서만 성립되며, 베버의 용어로 '목적합리성'의 형태로만 작용한다는 점에서 그 의미의 범위가 상당히 축소되는 결과가 초래되었다. 이 점은 형식적 합리성과 실질적 합리성의 관계를 다루는 대목에서 다시 논의하도록 하겠다.

브루베이커가 지적하고 있는 베버 합리성의 두 번째 측면은 비인격성(非人格性 impersonality)이다. 합리화된 서양 근대 사회는 특히 사회적 질서가 경제적, 정치적 영역에서 '객관화' 혹은 '비인격화'된 권위구조 혹은 권력구조의 형태를 띤다. 이들 영역에서 인간관계는

---

16 Rogers Brubaker, *The Limits of Rationality: An Essay on the Social and Moral Thought of Max Weber* (London: George Allen & Unwin, 1984), 30.

17 Ibid.

18 Charles T. Hagen, "Rationality in Plato's *Republic*," *Philosophy Research Archives* XI (1986): 615.

순수하게 객관적인 방식—'주관적인' 혹은 '개인적인' 방식과 대조적인 의미에서—으로 이루어진다. 경제 영역에서는 시장거래 방식이 가장 합리적인 상호작용으로 간주되는데 이는 그것이 순수하게 자본과 시장지배라는 비인격적 요소에 의해서 이루어지기 때문이다. 정치 영역에서 합리적 권위는 그 어떤 성스러운 전통이라든가 개인이 지닌 카리스마 등에 의한 개인적 성품에 의해서가 아니라 법률에 의해 승인된 권위를 의미한다.

베버가 말하는 합리성의 세 번째 특성은 그것이 새롭고 광범위한 형태의 통제를 수반한다는 점이다. 합리성을 지닌다는 말은 곧 인간과 자연을 효율적으로 통제할 능력이 있다는 말과 같으며, 이러한 '합리적 통제'는 바로 근대 자연과학의 발달을 통해 가능하게 되었다. 하나의 사건이 이루어지는 과정을 기술적으로 통제할 수 있기 위해서는 그 과정의 결과를 미리 예측하는 일이 관건인데, 바로 이 일을 경험과학이 해 준다는 것이다. '보다 더 합리적이다'라는 말은 이제 일이 이루어지는 과정을 경험적 지식을 토대로 보다 더 효율적으로 통제하여 일이 애초 계획했던 것과 다른 방향으로 틀어지는 일이 없도록 한다는 것을 뜻하게 되었다. 이와 더불어 기술적 통제라는 의미에서의 합리화는 제도적 차원에서 자본주의, 형식화된 법률, 관료주의적 행정체제와 같은 형태로 이루어졌다.

브루베이커가 말하고 있는 베버 합리성의 네 번째 특성은 그것의 형식성이다. 근대 서양사회에서 발견되는 합리성의 지배적인 형태는 '실질적 합리성'과 대조되는 의미에서의 형식적 합리성이다. 많은 사람들이 그것을 베버 합리성의 양면적인 성격과 연결 짓고 있다는 점에서 합리성의 이 측면은 특별한 중요성을 지니며, 또한 그 점에서 합리성의 패러독스라는 논제의 의미를 이해하는 일 또한 합리성의 이 측면을 분석하는 일에서 시작하여야 한다.

인간 행위를 합리적인 것과 비합리적인 것으로 구분하는 경향은 오늘날 여러 영역에서 일반화된 경향인 듯하다. 브루베이커는 행위가 수행되는 과정을 네 가지로 구분하고 있는 베버의 방식을 인용하면서 합리적인 행위와 비합리적인 행위를 서로 구분한다. 브루베이커의 방식에 의하면, 두 가지 종류의 행위—'전통적인' 행위와 '감정적인' 행위—는 비합리적인 행위로 분류된다. '전통적인' 행위가 비합리적인 행위의 유형으로 분류되는 것은 그 행위가 오랜 습관에 의해 이루어지기 때문이며, '감정적인' 행위가 비합리적인 행위로 분류되는 것은 그것이 말 그대로 느낌에 따라 수행되기 때문이다. 전통적 행위와 감정적 행위의 주체는 행위를 수행할 때 그것에 대해서 반성적으로 혹은 의식적으로 사고하는 경험을 갖지 않는다. 행위가 합리적으로 수행되려면 행위 주체가 자신이 행하려고 하는 바에 대해서 의식적으로 반성해 보는 과정이 개입되지 않으면 안 된다. 다른 편의 행위 유형—가치합리적 행위와 목적합리적 행위—이 합리적 행위의 유형으로 분류되는 것은 바로 이 때문이다.

행위 수행자가 행위를 수행하는 중에 끊임없이 자신의 행위가 특정한 가치와 부합하는지를 반성적으로 따져 볼 때 그의 행위는 가치합리적 행위가 된다. 만약 행위 수행자가 현재 수행하고 있는 행위가 그 어떤 목적을 달성하기 위한 것인지 아닌지를 지속적으로 되돌아 보면서 행위를 수행할 때 그의 행위는 목적합리적 행위가 된다. 브루베이커는 이 두 유형의 행위를 다음과 같은 예를 통해서 설명하고 있다.

> 한 장기이식 전문의는 최근에 신장이식 수술을 받은 한 환자에게서 그의 신체 조직이 이식된 신장의 조직을 거부하고 있다는 증세를 발견하였다. 이 의사가 보기에 이식된 신장은 한 주가 경과하기 이전에 다시 제거되어야 하며 환자는 원래대로 투석기에 의존할 수밖에 없게 되었다. 비록 즉각적인 임상적 위험은 없다고 하더라도 환자는 수술의 후유증으로 몹시 괴로워하고 있다. 만약 그가 받은 신장이식 수술이 실패하였다는 말을 의사로부터 듣게 되면 환자의 후유증은 더욱 심해질 것이며, 결국에는 그것으로 인하여 치명적인 결과를 초래할 수도 있을 것이다.[19]

브루베이커에 의하면 위와 같은 상황에서 의사가 취할 수 있는 합리적인 처방은 다음과 같은 두 가지 유형으로 나뉠 수 있다. 한편으로 만약 의사가 환자에게 그가 지금 어떤 상태에 있는지를 그대로 알려 준다면, 다시 말해 '어떤 상황에서건 인간에게는 진실을 알 권리가 있다'는 가치가 명령하는 바에 따라 작금의 진실을 말해 준다면, 비록 그의 이러한 행위가 환자에게 가지고 올 해로운 결과에 대해서는 그만큼의 주의를 기울이지 않았다고 하더라도 이 의사의 행위는 가치합리적인 행위가 된다. 그러나 다른 한편으로, 만약 환자가 처한 상황을 곧이곧대로 밝힐 때에 초래될 수 있는 치명적 결과를 예견하고, 그 예견되는 결과를 방지하기 위하여 환자에게 거짓말을 했다고 하면 비록 '항상 정직하라'는 규범적 명령은 어겼다고 할지라도 이 의사의 행위는 목적합리적인 행위가 된다. 두 경우에 의사의 행위는 모두 의식적이고 신중한 판단에 의해서 이루어졌다는 점에서, 비록 그 이유의 상이함에도 불구하고, 모두 합리적인 행위라고 할 수 있다.

---

19 Brubaker, *The Limits of Rationality*, 52.

한 행위의 합리성 여부가 목적합리성의 기준에 의해서 평가될 경우, 여기에는 반드시 그 행위가 이루어지기 전에 특정한 목적이 사전에 주어지고 행위는 그 목적을 달성하기 위한 수단으로 간주된다. 이 경우 그 행위의 합리성 혹은 비합리성은 사전에 정해진 목적(혹은 결과)을 달성(혹은 생산)하는 데 그것이 얼마나 효과적으로 작용하는가 하는 기준에 의해 결정된다. 수단으로서의 해당 행위가 목적을 달성하는 데 얼마나 효과적으로 작용할 수 있는가 하는 예측은 수단-목적 간의 관련에 대한 경험적 탐구가 지금까지 이루어 놓은 과학적 지식이 가능하게 해 준다. 그러므로 한 행위는 그와 관련된 과학적 지식이 그것에 실지로 해당하는 목적을 달성케 하는 사실적인 효능이 있다고 판단해 줄 경우 합리적인 행위가 될 것이요, 그렇지 않다면 비합리적인 행위가 될 것이다. 가치합리성이 지니고 있지 못한 특성은 목적합리성이 가지는 바로 이러한 두 가지 특성, 곧 목적합리성은 한 행위가 그것의 바깥에서 혹은 그것이 발생하기 이전에 부과된 목적을 달성하는 데 얼마나 성공적인 수단으로 작용할 것인가를 판단해 준다는 점과, 그것은 항상 수단-목적의 관계를 논리적으로 가정한다는 점이다. 그렇다면, 한 행위가 가치합리성의 기준에서 보아 합리적인지 혹은 비합리적인지는 어떻게 결정되는가?

목적합리성의 기준에 따른 합리성과 비합리성의 판단은 사실적인 판단이다. 수단-목적의 관련은 본질적으로 사실의 세계에 성립된 관련이며, 이러한 수단-목적의 관련을 판별해 주는 지식, 곧 경험과학적 지식은 전적으로 사실적인 세계에만 관여한다. 이 점에서 볼 때, 목적합리적인 사람은 자신이 처해 있는 사실적 상황을 자신이 지니고 있는 경험과학적 지식을 토대로 파악하고, 자신의 행위를 통해서 그 어떤 사실적 목적을 달성하는 일을 추구하고 있는 사람이라고 말할 수 있다. 이와 같은 방식의 기술이 가치합리적 행위에도 그대로 적용되는가?

폴리(Richard Foley)에 따르면, 합리성은 본질적으로 목적지향적인 성격을 지니고 있고, 따라서 한 개인의 행위나 신념이 합리적이라거나 혹은 비합리적이라는 주장은 그 밑바탕에 그는 자신이 추구하고 있는 목적을 얼마나 효율적인 방식으로 추구하고 있는가 하는 질문을 포함하고 있다.[20] 합리성의 이러한 일반적인 성격에 비추어 볼 때, 가치합리성 또한 목적지향적이라고 할 수 있는가?

가치합리성도 역시 목적지향적인 특성을 지니고 있다는 주장이 완전히 잘못된 주장이라고는 할 수 없다. 아닌 게 아니라, 아무런 목적도 없이 무언가를 행하고 있다는 말은 무의미하다. 의식을 지닌 행위 주체가 수행하는 행위라면 그 어떤 목적을 지향하는 행위일 수밖에 없다. 앞에 든 장기이식 수술 전문의의 예에서, 두 방식 중 어느 방식을 택하든지 간에 외과의사는 각 경우에 해당하는 목적을 추구하고 있다고 보아야 한다. 가치합리성을 따를 때 그 의사가 추구하는 목적은 특정한 신념—'항상 진실을 말하라'는 신념—을 실천하는 것이 된다. 그러나 이 경우에 의사의 가치합리적인 행위가 '목적지향적'이라는 말에는 그 말을 목적합리적인 행위에 적용했을 때와는, 그리 명백하지는 않지만, 완전히 일치하지 않는 점이 있다. 목적합리적인 행위 방식을 택했을 때 의사의 '선의의 거짓말'은 그것을 통해서 달성하려고 했던 목적—치명적인 결과의 방지—을 실

20 Richard Foley, "Some Different Conceptions of Rationality," in *Construction and Constraint: The Shaping of Scientific Rationality*, ed. Ernan McMullin (Notre Dame: Indiana University Press, 1988), 126.

지로 달성했을 때, 혹은 적어도 그것을 달성할 것이라는 보장이 있을 때에라야 비로소 합리적인 행위로 간주될 수 있다. 따라서 거짓말을 하는 것과 치명적인 결과를 방지하는 것은 의미상 별개의 것이라고 할 수 있다. '거짓말 하는 것'—수단—과 '치명적 결과의 방지'—목적—는 단지 사실적으로 상호 관련될 수 있을 뿐이라는 것이다. 여기서 목적은 그 의미 속에 수단을 내포하고 있지 않으며, 수단 또한 개념적으로는 목적과 아무런 관련이 없다.

그러나 이 장기이식 전문의의 가치합리적인 행위, 곧 환자에게 진실을 말하는 행위가 지니는 가치는 그 자체 속에 행위가 수행되어야 하는 방식을 포함하고 있다. 의사는 다만 그 가치가 명령하는 바가 무엇인지를 알기만 하면 되는 것이다. 이 경우 합리적으로 행위하기 위해서 의사가 별도로 알아야 할 외적 지식은 없다. 의사에게 필요한 것은 그 가치의 실천적 의미를 이해하고 그것을 실제 행위로 옮기는 일이다. 여기서의 목적, 곧 '항상 진실만을 말하라는 가치를 실현하는 일'은 '진실을 말하는' 행위가 종료되고 난 뒤에 성취되는 것이 아니라 행위가 수행되고 있는 중에 성취되는 그 어떤 것이다. 이 점에서 가치합리적 행위와 그것이 성취하려고 하는 목적—가치의 실현—은 수단-목적의 관계로 연결되지 않는다. 행위는 그 자체가 곧 가치의 실천적 형태이며, 전자는 후자를 위한 수단 혹은 도구라고 말할 수 없다.

목적합리성과 가치합리성 간의 구분이 형식적 합리성(formal rationality)과 실질적 합리성(substantive rationality) 간의 구분과 연결되는 것은 바로 이 대목에서이다. 목적합리적 행위는 그것이 달성하고자 하는 목적이 무엇인가에 대해서는 관심을 갖지 않는다. 목적합리성이 관여하는 것은 경험적 사실들을 귀납적인 방법을 통해서 형식화한 규칙, 법칙, 규정 등을 현재의 행위가 얼마나 충실히 따르고 있는가 하는 점일 뿐이다. 그리고 이 경우 행위가 목적합리성을 지니도록 해 주는 규칙, 법칙, 규정들은 사실적 세계에만 관여하며, 목적합리적 행위가 달성하고자 하는 목적 또한 사실적인 목적에 한정된다.

앞에서 모든 의식적인 행위는 그 어떤 가치를 추구할 수밖에 없다고 하였으므로, 목적합리적 행위 또한 그것을 수단으로 해서 특정한 목적을 달성하고자 하는 동안 그 어떤 가치를 추구한다고 하여야 할 것이다. 그러나 목적합리적 행위가 실현하는 가치는 가치합리적 행위의 그것과는 크게 다르며 독특한 가치이다. 대단히 형식적인 방식으로 성립되었다는 점에서 그것은 형식적인 가치이며, 이 말은 곧 행위가 달성하려고 하는 목적의 실질적인 내용에 상관없이 그것의 합리성이 성립한다는 것을 의미한다. 목적합리적인 행위는 그것이 목적합리적인 행위인 한 모두 동일한 가치를 지닌다. 예컨대, 화폐 시장의 규칙을 따르는 행위는 관료주의적 조직의 규정에 따라 이루어지는 행위와 동일한 가치를 가지게 된다. 두 행위는 목적합리성을 가지게 된다는 점에서 동일하다는 것이다. 목적합리성을 형식적인 가치라고 하는 것은 바로 이 때문이다.

다른 한편으로, 행위가 가치합리성을 지니려면 그것이 특정한 가치를 실현하는 행위여야 한다. 이 경우 그 행위는 말하자면 가치의 실현태이므로 그것이 실현한 가치의 내용과 별도로 그 행위의 합리성을 언급하는 것은 불가능하다. 행위가 가치합리성을 가지느냐 아니냐 하는 판단은 행위와 가치 간의 논리적 관계에 관한 판단과 같다. 가치합리성이 '실질적 합리성'과 같은 의미를 갖게 되는 것은 바로 이 때문이다. 실질적인 합리성, 곧 행위와 가치 간의 일관성은 "행위가 그 어떤 형태를 띠도록 명령한다."[21] 따라서 행위의 가치합리성 여부를 결정하게 하는 가치 체계는 통상 특정한 유형의 행위방식을 의미한다. 칼버그(Stephan Kalberg)가 열거하고 있는 것처럼, 우정은 행위자로 하여금 가치합리성을 추구하도록 하며, 그와 마찬가지로 공산주의, 봉건주의, 쾌락주의, 평등주의, 칼뱅주의, 사회주의, 불교, 힌두교, 르네상스식 인생관, '아름다움'에 관한 모든 심미적 개념들 등도 행위하는 인간으로 하여금 각각에 해당하는 가치를 추구하게 한다.[22] 요컨대, 가치합리적 행위는 모두가 그 속에 특정한 가치 체계를 함의하고 있으며 이 점에서 실질적 합리성을 지닌다.

이 두 유형의 합리성을 서로 구분하려고 했던 베버의 의도가 이 구분을 통해서 근대 서양사회의 합리성이 지니고 있는 양면적 특성을 설명하는 데 있었음은 의심의 여지가 없다. 베버가 보기에 근대 서양사회의 병적인 현상들은 합리성 그 자체의 특성으로부터 유래한 것이다. 형식적 합리성과 실질적 합리성 간의 구분을 통해 베버가 주장하고자 한 바는 이 두 형태의 합리성이 항상 함께 이루어지는 것은 아니며, 특히 자신이 비판의 대상으로 삼았던 것과 같은 사회에서는 양자 간에 심각한 괴리가 존재한다는 사실이었다. 좀 더 구체적으로 말하면, 자본주의 정신과 청교도 윤리가 서로에게 등을 돌린 후로, 형식적 합리성이 사람들의 생활 구석구석을 지배하는 제일의 요소로 등장하게 되었으며 이 점에서 전체 사회를 고도로 합리적인 사회로 만들었다면, 그것과 동일한 정도로 사람들의 삶은 이

21 Stephan Kalberg, "Max Weber's Types of Rationality: Cornerstones for the Analysis of Rationalization Processes in History," *American Journal of Sociology* 85 no. 5 (1980): 1155.

22 Ibid.

형식적 합리성에 의해서 회복할 수 없을 정도의 비합리성을 지니게 되었다는 것이다. 형식적 합리성의 관점에서 보아 고도로 합리적인 생활이 실질적 합리성의 측면에서는 그와 정반대로 심각하게 비합리적인 생활을 초래하게 된 것이다.

> 경제적 생산의 영역에서 합리화는 … 자본주의라는 '철의 감옥'을 창조하였고 이 '가공할 만한 우주적 체계'는 사람들의 삶을 바깥으로부터 '도저히 저항할 수 없는 힘으로' 옥죄기 시작했다. 행성의 영역에서 합리화는 비인간화를 초래했다. 그것은 모든 공식적인 업무에서 사랑, 증오 등과 같이 계산의 대상이 될 수 없는 일체의 순수하게 개인적이고 비합리적이며 정서적인 요소들을 제거하도록 하였다. … 사고의 영역에서, … 근대과학의 등장은 세계를 '마술의 힘'으로부터 벗어나게 해 주었지만, 다른 한편으로 사람들의 삶과 세계가 일관된 종합적인 의미를 지녀야 한다는 요구와 이러한 의미를 과학적으로 결정하기 불가능하다는 점에 대한 점증하는 인식 간의 긴장을 발생시키게 되었다.[23]

거듭 말하지만, 베버는 그와 같은 근대 서양사회의 현상을 형식적 합리성과 실질적 합리성 간의 긴장이라는 논제로, 그리고 결국에는 후자에 대한 전자의 승리로 파악한다. 형식적 합리성에 대한 요구는 사람들의 의식을 실질적 합리성으로부터 멀어지도록, 곧 행위를 목적합리성이라고 불리는 단일의 가치 체계 이외에 그 어떤 가치 체계와도 결부시키지 못하도록 한다.

형식적 합리성과 실질적 합리성 간의 긴장은 적어도 두 가지 관점—소극적인 관점과 적극적인 관점—에서 이해될 수 있다. 소극적인 관점에서 보면, 형식적 합리성은 가치의 실질적인 내용과 관련

---

23 Brubaker, *The Limits of Rationality*, 3.

하여 중립적인 성격을 띠는 것으로 이해될 수 있다. 형식적 합리성은 그 어떤 실질적인 목적이든지 간에 그것을 효율적으로 달성하는 데 동원되는 중립적인 수단으로 이해될 수 있다는 것이다. 베버의 논의 맥락에서 '목적'이라는 말은 전적으로 사실적인 의미를 지니는 말이므로—따라서 그것은 달성하고자 하는 목적의 가치와 상관없이 쓰이는 말이므로—유목적성의 관점에서 성립된 합리성은 반드시 실천적 가치와의 논리적 일관성에 의해 성립된 합리성과 일치하지 않는다. 유목적성의 측면에서 보면 어떤 가치를 실현하는 행위이든 그것은 합리적일 수 있다. 형식적 합리성은 행위의 옳고 그름을 따지지 않으며, 그 점에서 가치중립적이다.

다른 한편으로 적극적인 관점에서 보면, 형식적 합리성은 그 자체로 하나의 실질적 가치로 간주될 수 있다. 형식적 합리성의 이러한 적극적인 측면은 그것의 가치중립적인 측면보다 베버의 합리화 논제를 이해하는 데 훨씬 중요하다. 언뜻 보기에 그것의 가치중립적인 특성으로 인해 형식적 합리성은 오로지 도구적 행위의 효율성을 평가하는 일에만 관여하고 그것이 추구하는 목적의 가치에 관해서는 관여하지 않는 것으로 보일 수 있다. 그러나 만약 이와 같은 '실질적 중립성'만 고려된다고 하면, 그것의 또 다른 측면, 곧 그것의 '실질적 비합리성'에 대한 설명이 불가능하게 될 것이다. 가치에 대해서 무관심하다고 해서 반드시 실질적으로 비합리적이라고 할 수는 없기 때문이다. 실질적으로 비합리적이라는 말은 특정한 내용의 관점에서 볼 때 비합리적이라는 것을 뜻한다. 형식적으로 합리적이라는 점만으로는 실질적으로 비합리적이라는 점을 주장할 수 없다. 그러므로 형식적 합리성은 오직 그 자체로 하나의 실질적 가치로 간주될 때 비로소 실질적 비합리성으로 연결된다. 근대 서양사회에 독특한 사회적 질서—시장 경제와 관료주의적 행정—가 실질적으로 비합리적인 이유는 그것들이 고도로 형식적인 합리성을 추구한다는 점 때문이라기보다는, 그것들이 하나의 강력한 새 가치를 형성하고 그것으로 전통적인 가치들을 대체하게 되었기 때문이다.

형식적 합리성과 실질적 합리성 간의 적대적인 관계를 일종의 긴장관계로 이해하고 있는 브루베이커의 관점이 올바른 관점이라는 시각도 위의 설명들과 관련된다. 위의 두 가지 합리성 간의 긴장관계는 한편으로 계산 가능성, 효율성, 비인격성과 다른 한편으로 동포애, 평등, 관용 간의 긴장관계로 간주될 수 있다.[24] 그것은 달리 말하면 새로운 가치와 오래 된 가치 간의 긴장관계라 할 수 있다. 형식적 합리성과 실질적 합리성 간의 긴장과 갈등, 적대적 관계는 두 가지 합리성이 각기 다른 가치를 표현하고 있고 서로를 허용하고 있지 않기 때문에 발생한다. 이는 마치 기독교적 신념 체계가 무신론이라든가 다신론을 인정하지 않는 것이나, 혹은 특정한 문화와 정신적 역사를 소유한 문화 집단이 상이한 문화 집단들과 갈등을 일으키는 것과 같다.

합리화의 패러독스라는 논제는 바로 이와 같은 관점에서 재검토될 수 있다. 비록 번스타인이나 벨머 같은 이론가들은 그것을 가리켜 패러독스라고 하고 있지만, 이 논제를 서술하고 있는 수사학적 복잡성을 단순화시켜 결국에는 두 개의 경쟁하는 가치 체계 간의 갈등으로 개념화하는 일이 전혀 불가능한 것은 아니라는 것이다. 이 논제의 복잡성은 언뜻 보기에 단일한 의미를 내포하고 있는 듯

24 Ibid., 41.

보이지만 사실은 서로 완전히 다른 두 개의 실질적인 가치를 담고 있는 '합리성'이라는 개념의 애매성에서 비롯된 것이다. 한편으로 합리성은 번스타인이 콩도르세(Condorcet)의 유토피아적인 예언을 통해서 부각시키고자 한 계몽주의적 이상과 본질적으로 연계되어 있다.[25] 그것은 자연이 부여한, 이 대지 위에 존재하는 그 어떤 것에도 종속되지 않는 인간 능력의 완성을 위한 도구이며, 인류의 미래 조건을 향한 꿈과 희망이다. 이 이념을 통하여 국가들 간에 혹은 한 국가 내에 존재하는 모든 형태의 사악한 불평등은 타파될 것이다. 콩도르세는 합리성이 가져다 줄 이상적 세계를 다음과 같이 기술하고 있다.

> 스스로가 지닌 이성 이외에 다른 어떤 것에도 의지하지 않는 자유로운 인간의 머리 위로 태양은 솟아오를 것이다. 폭군과 노예, 성직자들과 그들의 멍청하거나 혹은 위선적인 도구들은 다만 역사책이나 무대 위에서만 존재할 것이다. 우리는 다만 그들에게 희생된 사람들과 그들의 위선에 속아 넘어간 사람들을 연민과 동정의 눈길로 바라볼 것이다. 그들이 저지른 월권에 대해서 우리는 한시도 경계를 멈추지 않을 것이며, 만에 하나 폭정과 미신이 우리 사이에서 다시 고개를 들었을 때 우리는 우리의 이성으로 그것들을 인지하고 제거할 것이다.[26]

그러나 다른 한편으로, 동일한 '합리성'이 이번에는 그러한 유토피아적인 이상과 완전히 다른, 심지어는 그것과 정반대되는 가치를 가리키기도 한다. 합리성의 이러한 새로운 측면이 담고 있는 새로

25 Richard Bernstein, "The Rage against Reason," in *Construction and Constraint: The Shaping of Scientific Rationality*, ed. Ernan McMullin (Notre Dame: Indiana University Press, 1988), 191–4.

26 Ibid.

운 가치는 베버에 의해서 개념화된다. 콩도르세의 계몽—계몽주의—이 신화와 미신과 환상과 편견을 타파하는 것을 이상으로 삼는 것이었다면, 베버는 계몽주의 자체의 신화적인 사고 유형을 폭로하고 격파하고자 한다. '합리성'은 베버에게 있어서는 진보와 전혀 무관한 개념이 되었을 뿐 아니라, 자유라든가 공화주의적 민주주의와도 별 상관이 없게 되었다. 오히려 이와 반대로, "자본주의의 발달에 따라 나타나는 근대성의 가장 기본적인 특징들은 자유와 민주주의에 엄청난 위협을 가져다주게 되었다."[27]

근대 서양사회의 문화를 대표하는 가치 체계는 여러 다양한 이름으로 지칭된다. 특정한 가치의 실질적인 내용과 무관하게 성립하는 것이라는 점에서 형식적 합리성이라고도 불리며, 그것의 가치는 오직 그 어떤 사실적 목적의 성취와의 관련하에서만 성립되는 것이라는 점에서 목적합리성 혹은 수단-목적 합리성이라고도 불리며, 합리성의 여부를 객관적으로 성립된 과학적 지식을 기준으로 판단한다는 점에서 객관적 합리성이라고도 불린다. 그런데 이 여러 다양한 이름들을 꿰뚫는 공통적인 속성은 이 개념이 적용되는 실천적인 영역의 범위가 대단히 축소되었다는 점이다. 이제 합리성이라고 불리는 가치는 기술적으로 계산이 가능하며 과학적인 지식에 의해 경험적으로 평가가 가능한 영역에만 적용되게 되었다. 이 말은 곧 그와 같은 방식으로 계산되거나 평가될 수 없는 영역들에는 '합리성'의 기준을 적용할 수 없게 되었으며, 따라서 여러 형태의 비합리적인 조작의 대상이 될 가능성이 있게 되었다는 것을 의미한다. 형식적 합리성과 목적합리성의 의미는 앞에서 이미 논의하였으므로 아

27 Ibid., 196.

래에서는 위의 세 번째 측면, 곧 그것의 '객관적' 특성에 초점을 맞추어 논의를 진행하겠다.

목적합리성을 기술적(技術的 technical) 합리성이라고 지칭하는 추세는 오늘날 큰 이견 없이 받아들여지고 있다. 베버는 특히 바로 이와 같은 기술적 계산 가능성의 측면에 대해 특별한 관심을 가지고 있는데, 이는 새 합리성이 근대성의 발달과 더불어 형성된 지식 유형과 강력하게 결합되어 있다는 점을 발견하였기 때문이다. 목적합리성은 기본적으로 명확하고 고정된 목적이 주어졌을 때 그것을 달성하기 위해서 어떤 수단들을 선택할 것인가 하는 것에 관한 것이며, 이 문제는 베버의 용어로 기술적인 문제에 해당한다. 주어진 목적을 달성하기 위해 어떤 수단들을 선택하여야 하는가, 곧 어떤 기술을 동원하여야 하는가 하는 문제는 과학적 지식에 의해서 결정된다. 이 점에서 과학적 합리성, 기술적 합리성, 객관적 합리성은 모두 동일한 의미를 지닌다고 할 수 있다. 과학적 합리성을 지닌다는 말은 주어진 목적을 달성하는 데에 가장 효과적으로 작용할 만한 수단들을 선택하는 기술을 가지고 있다는 말과 같으며, 그와 같은 기술은 이전에 성립되어 이미 객관적 증명의 과정을 거친 과학적 지식에 의해서 객관성을 보장받는다. 이제 문제는 그러한 기술적 탁월성이 우리 인간의 일반적 삶의 영역에서도 여전히 탁월성을 발휘할 수 있는가 하는 것이다.

과학적 합리성의 한계는 사람들의 삶이 과학적 합리성으로만 영위되는 것은 아니라는 점 때문에 발생한다. 사람들의 실제 삶의 문제들이 과학적 지식에 의해 분명해지기도 하고 또한 해결되기도 하는 것은 틀림없는 사실이다. 이는 과학적 지식의 발달 그 자체가 사람들에게 가져다 준 혜택이기도 하고, 혹은 베버가 세계의 탈신비화

(脫神秘化 disenchantment)라는 말로 설명한 바와 같이 우리 삶의 영역이 오직 과학적 지식만이 적용되는 영역으로서 별도의 영역을 이루었기 때문이기도 하다. 그러나 문제는 사람들의 삶이 그와 같이 간단하고 단선적인가 하는 것이다. 하나의 행위에 여러 개의 상이한 목적들이 복합적으로 결부되어 있는 경우도 있을 것이고, 과학적 지식에 따라 치밀하게 계획한 행위과정이 여러 의도하지 않았던 결과를 빚게 되는 경우도 허다하다. 하나의 행위가 일련의 행위과정을 기술적으로 계획하는 일에 관한 것이라면 우리는 그 행위를 두고 객관적으로 합리적이라거나 비합리적이라고 말할 수 있고, 이 판단은 곧 해당 상황에 관련된 과학적 지식을 근거로 그것의 기술적 합리성 혹은 비합리성을 판단하는 일과 같다. 행위가 이 범위 내에서만 이루어진다면 여기에는 하등 애매한 것이 없다. 아닌 게 아니라 이와 같은 형태의 행위는 특히 18세기 서양사회에서 인류 역사상 다른 시기에서는 결코 찾아 볼 수 없을 정도의 엄청난 발전을 이루었다.

개념적으로 상이한 형태의 합리성들에 관해 지금까지 이루어진 다소 지루하고 복잡한 논의는 모두가 베버의 합리화의 패러독스 논제를 이해하기 위한 것이었다. 이 논의들의 목적은 결국 베버가 합리화 개념에 관한 자신의 논의들을 통해 우리에게 무엇을 밝히고자 하였으며 무엇은 밝히지 못했는지에 대한 대체적인 윤곽을 그려 보고, 그것을 하버마스가 의도한 계몽주의적 합리성 개념의 재개념화 작업과 연결시키는 데 있었다. 지금까지의 논의에서 등장한 개념쌍(槪念雙)들—목적합리성 대 가치합리성, 형식적 합리성 대 실질적 합리성, 객관적 합리성 대 주관적 합리성—은 합리화의 패러독스를 이해하는 데 미시적인 관점을 제공한다. 다시 말하면, 합리화의 패러독스를 합리성을 바라보는 베버의 두 가지 상이한 관점—계몽주의적 이상에 상응하는 규범적 관점과 근대 서양사회를 기술적(記述的)으로 분석하기 위한 도구로서의 관점—이 빚은 결과로 보는 시각을 '거시적 이해'라고 할 수 있다면, 합리화의 패러독스를 미시적인 각도에서, 곧 합리성은 그 자체 속에 두 가지 양립불가능한 의미를 포함하고 있다고 보는 것도 가능하다는 것이다. 따라서 베버 합리성의 양면성은 두 가지 양립불가능한 의미 사이의 갈등에서 유래한 것이며, 패러독스를 발생시킨 두 의미 간의 갈등이 위의 세 가지 개념쌍들에 반영되어 나타나고 있는 것이다.

베버에게 있어서 합리화의 과정은 이른바 '세계의 탈신비화'와 더불어 진행되는 현상이다. 그리고 이러한 세계의 탈신비화는 바로 근대 자연과학의 발달로 인하여 가능한 것으로 파악된다. 그러므로 이 개념을 합리화의 패러독스 논제와 결부시키려면, 합리성의 개념쌍들은 세계가 마법으로부터 이탈하고 난 이후에 비로소 출현하게 되었다고 주장하는 것이 적절하다. 세계가 마법으로부터 벗어나기 이전에는 목적합리성과 가치합리성 간에, 형식적 합리성과 실질적 합리성 간에 배타적인 구분이 성립할 수 없었다. 당시 사람들의 삶은 모든 영역에서 특정한 가치 체계와 강하게 결합되어 영위되었으므로, 그들 가치 체계의 범위를 벗어난 그 어떤 사실적 목적도 '성공적으로 성취'하는 것은 가능하지 않았다. 목적합리성과 가치합리성은 마치 타원의 두 초점처럼, 서로 연결되어 있으되 충돌하지는 않는 상태로 사람들의 삶에 반영되어 있었다. 세계의 탈신비화는 이 두 초점을 연결하고 있던 선이 끊어져 각각이 서로에게서 멀어지게 되었음을 의미한다. 따라서 두 초점 간에 유지되고 있던 균형 또한 무너지게 되었고 이는 곧 그 가운데 하나만이 전체 영역을 지배하게 되었음을 의미한다.

그러나 베버의 논의에서 두 초점 간의 균형의 붕괴가 그렇게도 파괴적이고 광범위하게 진행되었다고 하더라도 합리화에 여전히 역설적인 요소가 남아 있다는 것은 하나의 희망에 해당한다. 하나의 아이디어가 패러독스를 형성하고 있다는 말은 그 아이디어 자체에 그것과는 상반되는 아이디어가 가정되어 있다는 것을 의미한다. 합리화의 과정에 패러독스의 요소가 함의되어 있다는 것은 그 과정에 두 가지 상반되는 역사 전개의 과정이 포함되어 있다는 것을 의미한다. 베버가 합리화를 논의하면서 끊임없이 양면적인 태도를 노출할 수밖에 없었던 것도 합리화 자체에 내재해 있는 바로 이러한 역설적인 속성 때문이었다고 할 수 있다. 베버는 합리성과 합리화의 논제를 분석하는 과정에서 철두철미하게 과학자로서의 태도를 유지하려고 하였으며, 베버의 논의 전체에서 합리성과 합리화 개념은 그 기술적 의미의 범위를 벗어나지 않았다. 그러나 여전히, 그러한 과학적 합리성에 대한 비판의 원천이 되는, 합리성의 유토피아적 이상과, 그것에 내재된 해방과 자유를 향한 힘과 열정에 대한 기대가 그 개념으로부터 완전히 사라진 것은 아니다. 거듭 말하자면, 베버가 근대 서양의 '합리화된' 사회에 대해서 그토록 비관적인 태도를 나타낼 수밖에 없었던 것은 그 자신이 바로 후자와 같은 합리성의 측면을 결코 포기하지 않았기 때문이다. 필자가 주목하고자 하는 것은 베버가 그 자신의 방법론적 한계로 인해 결국에는 해결할 수 없었던 합리성의 패러독스적 요소가 하버마스의 의사소통적 행위 이론에서 어떤 방식으로 재해석되고 있는가 하는 것이다.

가치와 합리성

이 장의 초두에서 필자는 정의주의에 대한 매킨타이어의 비판을 검토하면서 베버의 관료주의적 합리성은 정의주의의 한 형태라는 그의 주장에 대해서 논의하였다. 그 논의 중에 필자는 관료주의적 합리성에 대한 매킨타이어의 관점을 다소간 비판적인 방식으로 분석하였다. 매킨타이어의 지적대로 관료주의적 합리성이 자체의 한계로 말미암아 경쟁하는 가치들 간의 갈등을 해결하는 일은 할 수 없을지 모르나, 여전히 그것은 그 자체로 행위를 수행하는 데에 하나의 객관적인 기준을 제공하며, 그 점에서 '가치의 문제'에 적극적으로 개입하고 있다고 보아야 한다. 관료주의적 합리성을 분석할 때 베버가 지니고 있었던 의도는 한 사람의 도덕철학자가 아닌 경험과학자로서의 그것이었고, 이 개념을 통해서 그가 하고자 한 일은 행위를 이끄는 그 어떤 규범적 기준을 제시하는 것이 아니라 세계를 기술적으로 이해하는 일이었다. 이하에서는 이와 같은 지금까지의 논의를 보충한다는 의미에서 '가치 갈등'이라는 문제에 관한 베버의 관점들을 분석하고자 한다.

관료주의적 합리성에 대한 매킨타이어의 비판은 기본적으로 그것이 가치의 문제를 다룰 수 없다는 점을 지적하기 위한 것이라고 할 수 있다. 관료주의적 합리성은 수단과 목적 간의 인과관계만을 통제할 수 있을 뿐이며, 따라서 외부에서 주어진 특정한 목적을 달성하는 데 어떤 수단들이 가장 효율적으로 작용할 수 있는가를 결정할 수 있을 뿐이다. 주어진 목적들이 지닌 가치가 얼마나 중요한 가치인지, 서로 경쟁하는 가치들 간에 어느 것을 선택하고 어느 것을 버려야 할지에 대해서 그 가치 자체의 중요성만을 기준으로 결정을 내리는 일은 관료주의적 합리성의 임무가 아니다. 관료주의적 합리성을 이와 같이 해석하는 관점은 오늘날 대단히 상식적이고 널리 받아들여지고 있는 관점이기는 하지만, 몇 가지 명백히 해 둘 필요가 있는 점들이 있다. 첫째, 이 문맥에서 '가치'가 정확하게 무엇을 의미하는지가 그다지 분명하지 않다. 왜냐하면, 일련의 인간 행위, 곧 의도적으로 계획되고 실행된 행위가 아무런 가치도 지니지 않는다는 말은 성립할 수 없기 때문이다. '가치에 관해서 이성은 함구(緘口)한다'고 하는 매킨타이어의 주장에서 '가치'는 무엇을 의미하는가? 둘째, 매킨타이어에 따르면 정의주의의 한 형태로서의 관료주의적 합리성은 사람들이 도덕적 선택행위를 수행할 때 그들에게 객관적 기준을 제시해 주지 않고 그들이 느끼는 바에 따라 선택을 행하도록 한다는 점에서 심각한 문제를 안고 있다. 그러나 관료주의적 합리성의 이와 같은 정의주의적 한계를 보다 충분히 이해하기 위해서는 이 문제를 가치가 서로 갈등한다는 말이 의미하는 바가 무엇인지의 문제와 함께 이해하려는 노력이 필요하다.

관료주의적 합리성에 문제가 있는 것은 그것이 '도덕성'을 판단하는 기준과 상관이 없다는 점 때문이다. 달리 말하자면, 관료주의적 합리성이라는 기준이 적용되는 영역은 '도덕적 관심'의 영역과 다른 영역이라는 것이다. 매킨타이어의 논의에서 도덕성은 그것에 관련된 특별한 가치의 영역을 갖고 있다. 관료주의적 합리성이 도덕적 문제를 해결할 수 없는 것은 그것이 그러한 도덕성의 영역에 속하지 않기 때문이다. 그러므로 이 즈음에서 한 가지 분명한 것은 베버가 개념화한 합리성은 매킨타이어가 규정하고 있는 도덕적 가치와 아무런 상관이 없다는 점이다.

앞에서 필자는 인간 행위는 항상 그 어떤 가치를 함의한다고 주장하였다. 그 어떤 행위를 경제적인 행위라고 하는 것은 그 행위가 경제적 가치를 지니고 있기 때문이며, 마찬가지로 종교적 행위는 종교적 가치를 지니고 있기 때문에 종교적 행위로 불리는 것이다. 사람들이 특정한 목적을 가지고 의식적으로 행위를 수행하는 영역은 그 어떤 영역이든지 그러한 특정한 행위와 관련된 가치를 내포하고 있다. 만약 이 설명이 틀리지 않다면, 관료주의적 행위 역시 그 어떤 가치를 지니고 있다고 하여야 한다. 한 행위를 관료주의적 행위라고 하는 것은 그 행위가 이른바 '관료주의적 합리성'을 지니고 있기 때문이다. 우리가 특정한 행위에 붙이는 이름은 그 행위가 실현하는 가치의 이름이다. 종교적 행위가 종교적 가치를 실현하는 행위이듯이 '관료주의적으로 합리적인' 행위는 관료주의적 합리성이라고 불리는 가치를 실현하는 행위이다. 관료주의적 합리성이 그 자체로 하나의 가치를 가리키는 것이라고 한다면, '가치에 대해서 이성은 함구한다'는 말은 무슨 말인가?

매킨타이어의 주장에 의하면 도덕성의 영역, 곧 도덕적 가치의 범위는 실질적인 내용을 토대로 그 성격이 규정된다. 따라서 관료주의적 합리성은 도덕적 가치와 무관하다고 하는 매킨타이어의 주장은 '도덕성'의 개념을 규정하는 그의 독특한 방식으로부터 나온 것이다. 관료주의적 합리성의 '도덕적 무능(無能)'은 형식적 합리성의 한계라는 논제에 반영되어 있다. 관료주의적 합리성은 오직 대상들 간의 형식적 관계만을 다루는 것이므로 도덕적 가치를 다룰 수 없다. 앞에서 논의한 형식적 합리성과 실질적 합리성 간의 역설적 관계를 다시 떠올려 보면, 양자 간의 역설적 관계가 심각하게 고려되면 될수록 도덕성을 성취할 수 있는 가능성은 더욱 희박해진다. 요컨대, 매킨타이어에서 관료주의적 합리성이 실패할 수밖에 없는 이유는 그의 논의에서 도덕적 가치는 모두가 실질적인 가치를 가리키는 말이기 때문이다.

여기서 도덕성에 대한 매킨타이어의 대안적인 설명에 지나치게 의존할 필요는 없겠지만, 관료주의적 합리성으로부터 아무런 도덕적 기준도 찾을 수 없다고 한 그의 주장에는 귀기울여 들을 만한 요소가 없지 않다. 그러나 그렇다고 하더라도 베버를 정의주의자로 간주한 그의 관점에는 문제가 다분하다고 보아야 한다. 왜냐하면, 관료주의적 합리성이 (실질적인) 도덕적 가치를 다룰 수 없다고 주장하는 것과, 일체의 도덕적 행위는 감정적인 기호에 의해서 결정된다고 하는 주장은 별개의 것이기 때문이다. 베버가 서양 근대 사회를 분석하고 설명하는 데 사용한 합리성이라는 개념의 논리적 귀결이 정의주의적 주장의 형태를 불가피하게 띨 수밖에 없을지 모르나, 여기에는 일종의 자연주의적 비약이 존재한다. 어떤 의미에서 보면, 정의주의가 베버 논의의 최종적인 결론이었다면 합리화된 근대 사회의 모습에 대해서 그가 그도록 비관적인 태도를 보이지는 않았을지 모른다. 근대의 합리화된 사회에 대한 베버의 고통스러운 진단은 근대 사회의 고도로 발달된 합리성은 진정한 인간 삶을 영위하기 위하여 필요한 실질적인 가치들을 보장해 주지 못한다는 것이다. 그의 진단은 결코 모든 도덕적 논쟁은 결국에는 서로 뿔뿔이 흩어진 개별 행위 주체들의 정서적 기호(嗜好)로 귀착되어야 한다는 것이 아니었다. 따라서 여기서 주의해야 할 점은 베버가 말하고 있는 '가치 갈등'을 어떻게 해석하느냐 하는 것이다.

인간 삶에 대한 지극히 간단한 상식적인 서술에서 논의를 시작해 보겠다. 그것은 곧 인간은 모두가 삶을 사는 동안에 여러 가지 다양한 가치를 실현하면서 산다는 사실이다. 혹은 그 가치들을 마음속에 품고 있다가 그것들을 하나의 일관된 전체와 결합하고 그렇게 함으로써 자신을 타인과 구분되게 하는 인성을 갖춤으로써, 혹은 다른 활동과 구분되는 가치를 지닌 여러 다양한 활동 영역들에 참여함으로써 사람들은 그러한 가치를 실현한다. 전자는 개인이 가치를 마음속에 담고 있으면서 자신의 행위를 이끌어 나가는 기준으로 삼는 경우이며, 후자는 가치가 개인의 사적인 기호(嗜好)와 상관없이 그의 마음 바깥에 존재하는 경우이다. 따라서 우리는 가치는 두 가지 다른 방식으로, 곧 내적으로 혹은 외적으로, 주관적으로 혹은 객관적으로, 존재한다고 말할 수 있다.

가치는 개인의 마음속에 존재할 때, 다시 말하면 가치는 개인이 그것을 내면화하여 자신의 행위를 이끄는 기준으로 삼았을 때에라야 비로소 한 개인에게 유의미하다고 할 수 있다. 그러나 가치는 또한 개인의 마음 바깥에서 '객관적으로,' 곧 집단적인 의식의 형태로 존재하면서 그것을 받아들인 사람들로 하여금 공통된 방식으로 사고하고 행위하도록 한다. 둘 가운데 어느 쪽이 더 중요한가 하는 질문은 별도로 제기되어야 하겠지만, 가치가 존재하는 이 두 가지 상이한 방식을 구분하는 일은 충분히 의미 있는 일이라 할 수 있다. 가치가 전자의 방식으로만 존재한다면, 개인의 기호와 상관없이 존재하면서 다른 것들과 갈등을 일으키는 상이한 가치 영역들을 식별하는 일이 불가능해진다. 또한 가치가 후자의 방식으로만 존재한다면, 동일한 문화적 배경을 가진 사람들이 서로 다른 방식으로 행위하는 현상이라든가 혹은 기존의 방식과 전혀 다른 방식으로 행위하는 사람들이 등장하는 것을 설명할 길이 없어지게 된다.

베버에 있어서 '가치 갈등' 문제는 가치는, 주관적인 것이든 객관적인 것이든, 피라미드 모양으로 일종의 수직적 위계구조를 이루고 있고 그러한 위계 속에서 하단에 있는 가치들 간의 갈등은 오직 상단에 있는 가치들에 의해서 해결될 수 있다고 가정하기 때문에 발생한다. 그러한 구조 속에서는 가장 상위에 있는 가치가 모든 다른 가치들 간의 갈등을 해결하는 궁극적인 거점이 된다. 합리화되기 이전의 세계에서는 그와 같은 가치의 체계가 존재했었으며, 그러한 가치 체계 내에서 모든 가치 갈등을 중재하는 최고의 가치가 존재했었던 것으로 보인다.

그와 같은 세계에서 합리성은 사람들로 하여금 궁극적인 가치가 무엇인가를 알게 하고, 그것을 거점으로 한 가치의 위계 속에서 어떻게 하면 이 세계의 모든 일들이 일관되게 이루어지도록 할 것인가를 관조하는 데 사용되는 하나의 도구로 작용하였다. 그러나 문제는 이제 합리화된 세계에서는 그와 같은 궁극적인 최고의 가치가 더 이상 존재하지 않게 되었다는 점이다. 합리성은 이제 더 이상 이전에 그것이 담당했던 임무를 수행할 필요가 없게 되었다. 개인이 주관적으로 소유하고 있는 가치들—베버의 용어로 '가치 동향'—간의 갈등은 이제 결코 해결될 수 없게 된 것이다. 서로 갈등하고 있는 가치들을 한 단계 위에서 중재할 수 있는 상위의 가치가 이제 존재하지 않게 된 것이다. 최고의 궁극적인 가치가 존재하지 않는 세계, 따라서 합리성의 임무가 궁극적인 가치를 발견하고 그것에 의해서 하위의 가치들 간의 질서를 규정하는 일과 더 이상 관련이 없게 된 세계에서 가치들 간의 갈등을 상위의 가치를 거점으로 하여 중재함으로써 해결할 수 있는 가능성은 없어졌다. 마찬가지로, 상이한 활동의 영역들—베버의 용어로 '가치 영역'—이 서로 갈등을 빚을 때 그들 가치 영역들을 중재함으로써 갈등을 해소하는 일을 담당할 만한 궁극적인 가치 영역 또한 더 이상 존재하지 않게 되었다. 하나의 객관적인 가치로서의 합리성은, 그러한 가치들 간의 갈등을 중재할 능력을 더 이상 소유하지 않으면서 다른 가치들과 하등 다를 바 없는 가치, 곧 여러 다른 가치들과 동일한 차원에서의 또 하나의 가치에 불과하게 된 것이다.

여기서 주의하여야 할 점은 어느 경우에나 상이한 가치들 간의 갈등을 '해소'한다는 것은 논리적으로 가능하지 않다는 점이다. 상이한 가치는 상이한 기준과 그에 따른 상이한 방식의 행위를 요구하며, 그 어떤 실천적인 상황에서 서로 다른 여러 가치들이 동시에 개입할 때 우리에게는 그들 가운데 어느 하나를 선택하는 것밖에 달리 할 수 있는 일은 없다. 각각의 가치는 상이한 종류의 행위를 요구하며 우리는 상이한 행위를 동시에 수행할 수 없기 때문이다. 하나의 '가치'는 논리적으로 그와 종류가 다른 가치와 동일한 의미를 내포할 수 없다. 원래는 모두가 우리의 실천활동에서 유래하였으나, 가치라는 말은 결국 그러한 실천 활동으로부터 추상된 그 어떤 것이며 그러나 여전히 우리의 행위를 이끄는 기준으로 작용한다. 하나의 실천적 상황에서 여러 상이한 가치가 개입되는 것이 가능한 것은 바로 이 때문이다. 근대인들의 그것처럼 다면적인 삶에서는 가치가 상충하는 상황이 빈번하게 발생하며, 그러한 상황에서 행위 주체가 특정한 가치를 선택하여야 하는 경우가 발생하는 것은 불가피하다. 문제는 그와 같은 상황에서 '선택'은 어떻게 이루어지는가 하는 것이다.

두 개 이상의 가치가 서로 충돌할 때, 그러나 그러한 충돌을 중재할 수 있는 상위의 가치가 존재하지 않을 때, 우리가 할 수 있는 유일한 행동은 둘 중에 하나를 임의적으로 고르거나 혹은 단순히 둘 중에 아무것도 선택하지 않는 것이다. 베버를 정의주의자로 규정할 때 매킨타이어가 관심을 기울인 것이 바로 이 점일 것이다. 아닌 게 아니라, 그 어떤 종류의 행위를 선택하지 않으면 안 될 경우에, 그러나 우리의 선택을 이끄는 그 어떤 객관적 기준도 존재하지 않을 경우에, 우리가 할 수 있는 일은 말 그대로 아무 거나 맘에 드는 쪽을 고르는 것이다. 어찌 보면 의식을 지닌 존재가 행위를 '임의적으로' 수행하는 것은 실제적으로 불가능하다. 어떤 상황에서든 행위를 그 어떤 방향으로 이루어지게 하는 모종의 이유가 있을 수밖에 없다. 그런데 만약 가치가 그러한 이유로 작용하지 않는다면 감정적인 기호(嗜好)만이 선택을 수행케 하는 유일한 자료가 될 뿐이다. 그러나 이 관점에는 베버의 논의 가운데 하나의 핵심적인 요소를 바로 보지 못하고 있다는 단점이 있다.

베버가 개념화한 합리성은 하나의 새로운 형태의 도덕적 기준을 성립시키기 위한 개념이 아니라는 점은 사실이다. 그리고 이것이, 여기서의 합리성이 도덕성의 내용을 구성해 왔던 전통적인 가치들과 별 상관이 없기 때문이라는 점 또한 사실인 것 같다. 그러나 우리의 논의가 이것으로 끝나 버린다면, 말하자면 우리의 논의가 합리성이 도덕성과 무관하다는 점을 소극적으로 확인하는 것으로 끝나 버린다면, 이는 베버의 논의를 반밖에 다루지 않은 것이 된다. 베버 논의에서 '윤리적 비합리성'의 논제는 합리성의 기준이 실질적 가치의 내용에 관한 결정을 내리는 일에 개입할 수 없다는 점만을 지적하기 위한 것이 아니라, 그것으로 인하여 사회 전체의 일반적 형태가 재조직되고 그 구성원들의 집단적 의사결정 방식이 재조정되는 데 그것이 지배적인 영향을 미친다는 점을 부각시키기 위한 논제라 할 수 있다. 실질적 비합리성은 형식적 합리성과 일종의 변증

법적인 관계를 형성하고 있다. 베버의 전반적인 의도는 합리성의 근대적 형태는 도덕성과 관련이 없다는 점을 드러내는 데에 있었다기보다는 오히려 그것의 적극적인 영향, 곧 근대 사회에서 이루어지는 모든 형태의 가치 판단이 한 가지 형태로 이루어지게 되었다는 점, 그리하여 일체의 도덕적 논의는 이제 합리성에 관한 논의와 무관하게 이루어지게 되었다는 점을 폭로하는 데에 있었다고 할 수 있다.

그러므로 베버에 있어서 가치 갈등의 논제는 합리성의 역할은 상이한 가치들 간의 갈등을 해결하는 데 있다는 점을 주장하기 위한 논제가 아니다. 여기서 '갈등'은 도덕성의 내용을 구성하는 것으로 여겨 온 전통적인 가치들 간의 갈등을 가리키는 말이 아니다. 그것은 말하자면 한편으로 전통적으로 도덕성을 구성하는 내용으로 여겨 온 가치들과, 다른 한편으로 근대 서양사회에서 발달된 새로운 형태의 합리성으로 대표되는 형식적 가치 사이의 갈등이라고 보아야 한다. 따라서 여기서의 '선택'은 임의적으로 행해지는 그 어떤 것이 아니다. 양자 간에 어느 것을 선택하여야 할 것인가 하는 문제는, 규범적인 관점에서 보면, 여전히 결정을 기다리는 문제이지만, 베버의 분석적인 진단에 따르면 그것은 이미 결정된 문제라고 보아야 한다. 베버에 있어서 '가치의 실질적인 내용이냐 아니면 목적합리성이냐' 하는 문제는 더 이상 우리에게 허용된 선택의 문제가 아니다. 그가 비록 여전히 계몽주의적 이상의 자취를 간직하고 있고, 두 입장 간의 선택가능성은 그에게 희망으로 남아 있지만, 그의 이론적 결론은 이를 결코 허용하지 않고 있다. '선택'은 이미 내려졌다. 목적합리성의 승리가 이미 선포되었으며, 이 승리로 말미암아 목적합리성은 근대인의 행위 구석구석을 지배하는 하나의 거대한 가치 체계로 자리 잡은 것이다. 바로 이것이 베버의 진단이 그토록 고통스러운 진단이었던 이유이다.

이 절 전체를 통해서 논의의 초점은 '합리화의 패러독스'라는 베버의 논제를 이해하는 데 있었다. 주된 질문은 베버의 논의에서 왜 합리화는 역설적인 것으로 기술되고 있으며 그러한 역설적인 관계를 형성하는 요소들은 무엇인가 하는 것이었다. 필자가 보기에 이 논제의 의미는 그것을 통해서 계몽주의의 신화를 해체하고 그럼으로써 계몽주의의 참모습을 비판적으로 진단하는 것뿐만 아니라, 이후 발달된 합리성 개념에 대하여 비판적인 시각을 갖게 하는 초석을 제공하였다는 데에 있다. 이 논제가 지니는 매력은 합리화 과정은 그 자체가 역설적인 과정이며 합리성은 그 개념 자체 내에 역설적인 요소를 내포하고 있다는 점을 보여 준다는 데에 있다. 그러나 그렇다고 해도 역설적인 특징이 근대 서양사회의 합리성이 지니는 특성의 전부인가 하는 점은 여전히 의문의 대상이다. 합리성의 패러독스는 진정 피할 길이 없는 것인가? 합리성이 패러독스로 파악되는 것은 베버 자신의 방법론적 한계 때문은 아닌가? 베버가 합리성이 지닌 가능성을 포기한 것은 너무 성급했던 것이 아닌가? 베버의 마음속에는 여전히 계몽주의적 열정이 남아 있었으나 다만 그것을 구체화하는 데에 실패한 것은 아닌가? 근대 서양사회가 지닌 문제의 원인이 합리성에 있다면, 그 문제를 해결하려는 노력 또한 합리성 개념 그 자체에서 발견하여야 하는 것은 아닌가? 합리성의 가능성에 대한 희망이 완전히 제거된 것이 아니라면 바로 그곳에서 우리의 교육학적 통찰이 시작되어야 하는 것은 아닌가? 이와 같은 질문들을 바로 다음 장에서 다루기로 하겠다.

제3장

생활세계와 의사소통적 합리성

* * *

합리성이라는 아이디어와 관련하여 필자가 이 책에서 탐구하고 있는 질문들은 최근 들어 교육학적 논의의 장에서 무시되거나 혹은 다소간 의도적으로 배제되어 온 그것의 교육적 중요성을 복구시키고자 하는 의도에서 비롯된 것들이다. 따라서 필자의 관심은 다음과 같은 질문들로 표현될 수 있다. 도대체 합리성에 어떤 문제가 있다는 것인가? 합리성 개념에 심각한 문제가 있다면 그것은 무엇 때문인가? 그리고 합리성의 원래 의미를 발전적으로 재건함으로써 그러한 문제점들을 극복할 수 있는 방안은 없는가? 지금까지의 논의는 주로 첫 두 질문에 관한 것이었다. 합리성의 본질적인 문제는 사람들이 행위를 수행하는 구체적인 실천 상황에서 발생하는 다양한 가치에 관련된 요구들, 그리고 인류가 근대 세계에서 발견되는 여러 병적인 현상들로부터 해방되기 위해서 반드시 해결되지 않으면 안 되는 요구들에 그것이 제대로 대응할 수 없다는 점에 있다. 앞 장에서 필자는 매킨타이어(Alasdair MacIntyre)의 주장, 특히 베버(Max Weber)에 의해 개념화된 관료주의적 합리성이 그러한 규범적 임무를 수행할 수 없다는 점에 대한 그의 비판적 주장들을 논의의 출발점으로 삼았으며, 그의 그러한 비판을 베버의 종교사회학적 논의에서 개념화된 합리화의 패러독스라는 논제와 연결 지어 논의하였다. '합리화의 패러독스'는 요컨대, 합리성은 근대 사회의 합리화 과정 그 자체의 결과로 인해 인간 삶에 일종의 '철의 감옥'으로 작용하게 되었다는 논제이다. 이상적으로 보면 인간의 해방을 지향했던 합리화의 과정이 그와 정반대로 그들에게 속박을 가져다주었으며, 이러한 일종의 이율배반은 다른 게 아닌 합리화 과정 그 자체의 내적 논리로 말미암은 결과였다는 것이다. 그러므로 만약 우리가 여전히 합리화된 사회에서 삶을 영위하려 한다면, 합리성에 의해 강요된 도구화의 논리가 지배하는 사회에서 삶을 사는 것밖에 다른 선택의 여지가 없다는 결론에 도달한다.

이 장의 목적은 위의 세 번째 질문을 탐구하는 데 있다. 합리성의 의미는 진정으로 베버의 합리화의 패러독스와 그것의 논리적 결론으로밖에는 설명될 수 없는 것인가? 우리에게는 그와 같은 합리성의 자기파괴적인 특성밖에 다른 여지는 없는 것인가? 베버가 종국에 해결할 수 없는 것으로 분석한 패러독스는 진정으로 해결 불가능한 것인가? 만약 패러독스라는 것은 원래 해결할 수 없는 그 어떤 것을 의미하므로 패러독스를 '해결'한다는 말이 모순을 내포하고 있다고 하면, 합리화의 문제를 그와 다른 각도에서 파악함으로써 그것을 더 이상 패러독스로 보지 않는 것은 불가능한가? 어찌했든 간에 교육은 사람들을 자유롭게 하는 그 어떤 활동이라는 점에서, 합리성을 베버의 논의에서처럼 하나의 헤어날 길 없는 역설적 과정으로 이해하는 한, 그것은 결코 교육적 개념으로 받아들여질 수 없을 것이다. 합리성의 의미를 재구성함으로써 그와 같은 패러독스를 벗어나 그것이 원래 지향했던 유토피아적 관점을 회복하는 일은 불가능한가?

하버마스(Jürgen Habermas)는 이와 같은 질문들을 탐구하는 데 있어서 특히 주의를 기울여야 할 사람이다. 탈근대(post-modern)의 시대에 활약 중인 다른 이론가들과 달리, 하버마스는 계몽적 합리성 개념에 함의된 이상과 가능성을 일관적으로 옹호해 온 사람들 가운데 한 사람이다. 3장에서 5장까지 논의는 합리성의 그와 같은 특성을 자신의 의사소통적 합리성으로 재건하고자 했던 하버마스의 논의가 어떤 방식으로 진행되고 있는지에 관한 것이다.

베버의 합리화 논제에 대한 하버마스의 비판

하버마스의 후기 이론을 특징짓는 의사소통적 합리성(communicative rationality) 이론은 근대 서양사회에 대한 베버의 회의적 진단과 이를 바탕으로 형성된 그의 사회합리화(societal rationalization) 이론을 비판적으로 검토하고 그 대안을 제시하기 위한 이론이다. 아닌 게 아니라, 『의사소통적 행위 이론』(*The Theory of Communicative Action*) 첫 권에서 하버마스는 베버의 사회합리화 개념을 분석하고 사회변화의 한 측면으로서의 '합리화'를 자신의 의사소통적 행위 이론에 비추어 재구성하는 일에 상당한 지면을 할애하고 있다. 베버의 합리화 논의는 앞 장에서 충분히 언급하였으므로, 여기서 그의 이론을 너무 깊이 다루는 일은 불필요할지 모른다. 그러나 그의 유명한 의사소통적 합리성 개념의 기반을 이루고 있는 근대성에 대한 하버마스의 진단을 이해하는 데에는 하버마스가 베버를 어떤 점에서 비판적으로 보고 있는지를 파악하는 일이 관건이 된다.

베버에 있어서 '합리화'(rationalization)는 전통적 행위 양식과 구분되는 근대적 행위 양식을 설명하기 위한 베버 특유의 사회학적 개념이다. 하버마스는 베버가 합리화 개념을 사용하여 설명하려 했던 그 대상영역을 '사회'(society), '문화'(culture), '인성'(personality)이라는 세 수준으로 나누어 설명하고 있다.[1] 먼저 '사회'의 수준에서 합리화는 형식화된 법률을 통하여 조직된 근대 국가와 자본주의 경제체제의 영역에서 발생한다. '문화'의 수준에서 합리화는 근대에 들어 발전한 과학과 테크놀로지, 예술 그리고 종교의 영역에서 발생하며, '인성'의 수준에서 합리화는 일상생활에서 개인이 보이는 절제된 행위양식의 측면에서 발생한다. 여기서 특히 주의를 기울여야 할 부분은 베버가 말하는 합리화는 첫째 수준에서, 곧 '사회'의 수준에서 발생하는 합리화를 가리킨다는 점이다. 하버마스에 의하면, 베버가 거론한 서구 합리주의의 발현으로서의 합리화는 곧 '사회'의 수준에서 이루어지는 합리화를 가리키며 베버가 시종 분석하려고 했던 대상도 바로 '사회합리화'(societal rationalization)에 한정된다. 서구 합리주의가 다른 두 수준에도 동일한 방식으로 적용되는 것은 사실이나, 베버는 그의 이론을 형성하는 과정에서 그 두 수준에서 발생하는 합리화는 설명의 대상으로 삼지 않았다는 것이다. 베버에 있어서 '합리화' 개념이 종종 '사회합리화'와 혼용되어 쓰이

---

1 Jürgen Habermas, *The Theory of Communicative Action, Volume One: Reason and the Rationalization of Society*, trans. Thomas McCarthy (Boston: Beacon Press, 1984), 158–67.

는 것도 이 이유 때문인 듯하다.

이 문맥에서 필자의 의도는 베버의 이러한 한정된 관심, 곧 합리화 과정을 '사회'의 수준에서, 바꾸어 말해, 제도적인 수준에서만 분석하려고 했던 베버의 노력이 결국에는 합리성 자체의 의미를 축소시키고 그에 따라 그것이 지닌 긍정적인 측면을 부당하게 도외시하는 결과를 초래하였다는 점을 밝히는 데에 있다. 앞으로의 논의에서 하버마스가 '목적합리적 행위의 제도화'라고 이름 붙인 개념이 핵심적으로 거론되는 이유도 여기에 있다.

청교도 윤리가 합리화의 과정에서 어떤 역할을 했는가 하는 점을 논의하는 부분에서 하버마스는 베버가 "16세기에서 18세기 사이에 유럽 사회 전반에 걸쳐 광범위하게 발생한 목적합리적 행위의 제도화 과정에 특별한 관심을 나타내고 있다"[2]는 점을 지적한다. 베버는 특히 목적합리적 행위의 제도화를 촉진한 제도적 장치로서 자본주의 경제와 근대 국가를 거론하고 이들을 사회합리화 과정을 설명하는 데 있어서의 전형으로 지목한다. 곧, 베버가 말하는 '사회합리화' 개념은 특정한 행위양식—목적합리적 행위—이 자본주의 경제 내의 기업이나 정부 조직에서 그 대표적인 행위양식으로 굳어져 가는 과정을 가리킨다고 할 수 있다. 따라서 베버 이론에서 합리성은 기업가나 정부 관료들의 행위양식에서 전형적으로 발견되는 행위의 표준, 곧 목적합리성을 가리킨다고 봐야 할 것이다.

베버의 사회합리화 이론에 대한 하버마스의 비판을 이해하는 데에는 베버가 구분한 합리화 과정의 두 측면을 이해하는 일이 그 단서가 된다. 하버마스에 따르면, 베버는 한편으로 '세계관'이 합리화

---

2 Ibid., 217

되는 과정(rationalization of worldviews)을 분석한다. 세계관의 합리화를 설명하기 위해 베버는 이른바 '탈신비화'(disenchantment)의 과정—신비로움과 마술의 세계로부터의 이탈—을 구조적으로 명료화할 필요가 있었으며 이와 병행하여 인간의 인지적, 규범적, 심미적 문제들이 종교적 세계관으로부터 체계적으로 분리되어 나오는 과정, 그리고 각각이 이제는 자체의 논리에 의해 자율성을 확보해 나가는 과정을 분석할 필요가 있었다. 다른 한편으로 베버는 근대 종교가 합리화되는 과정에서 그와 함께 발전한 근대적 인식의 구조가 제도로 정착되는 과정, 곧 하버마스의 용어로 '문화합리화의 사회합리화로의 이행'(transposition of cultural rationalization into societal rationalization)이라는 주제에 관심이 있었다.[3] 양자 간의 구분을 앞에서 든 세 수준—하버마스는 이 구분법을 파슨스(Talcott Parsons)에게서 빌려왔다고 말하고 있다—에 각각 연결시키면, 전자는 인성과 문화의 수준에서의 합리화에 해당하며 후자는 사회의 수준에서의 합리화에 해당한다. 하버마스는 앞의 두 수준을 구분하지 않고 한데 묶어 '문화합리화'(cultural rationalization)로 명명하고 있는데, 이는 베버의 경우에 양자가 동일하게 의식구조의 합리화에 해당한다는 점에서 구분되지 않기 때문이다. 앞에서 언급했던 것처럼, 베버는 후자의 문화합리화 과정은 근대 과학, 탈전통 사회의 법적, 도덕적 의식구조, 그리고 자율적 예술 영역에서 이루어지는 것이라고 말하고 있다. 그러나 하버마스의 주장에 따르면, 베버가 설명하려고 한 합리화의 과정은 궁극적으로 전자에 해당하는 합리화, 곧 사회의 수준에서 전개되는 합리화 과정이다. 하버마스의 비판은 여기서부터 시작된다.

3 Ibid., 168.

하버마스의 관점을 보다 본격적으로 다루기 전에 베버가 말하는 '세계관의 합리화'는 어떤 과정을 가리키는가, 바꾸어 말해 '탈신비화,' 곧 인간의 인식구조가 신비로움과 마술의 지배로부터 벗어나는 과정은 무엇을 의미하는가를 이해할 필요가 있을 것 같다. 이를테면, 다음과 같은 사회를 상상할 수 있을 것이다. 이 사회는 모든 가치와 판단의 기준, 그리고 세계를 바라보는 관점이 궁극적으로 특정한 한 신념 체계로 환원되는 사회이다. 그리고 이 사회를 구성하는 개개인은 예외 없이 이 신념 체계가 명령하는 대로 행위하고 그들의 삶 구석구석에 그 신념 체계가 반영되어 있다. 실지로 비교적 단일한 신념 체계로 구성된 거대 종교가 사회 전체 구성원들의 삶을 지배했던 사회를 인류 역사에서 찾아보는 일은 그리 어려운 일이 아니다. 이러한 사회에서는 그 사회 구성원 모두가 그들의 종교가 가르치는 대로 세계를 파악했을 것이며 그들의 종교가 명령하는 대로 행위하는 것이 올바른 것으로 간주되었을 것이다. 뿐만 아니라 그들의 예술적 활동과 심미적 표현 방식들조차 그들의 종교적 신념의 영향 아래 있었을 것이다. 기독교나 불교, 혹은 이슬람교 같이 오늘날 '세계종교'라고 일컬어지는 종교들은 그 신념 체계 내에 물리적 세계를 파악하는 관점과 개인의 행위양식을 통제하는 원리를 포함하고 있다. 고대와 중세시대 예술 작품들 중에 상당수, 아니 거의 대부분은 종교적 영감에 따른 것이라고 해도 전혀 틀린 말이 아닐 것이다. 베버에 있어서 '탈신비화'의 과정은 이러한 시대의 마감을 의미한다. 그것은 곧 종교적 신념 체계가 한편으로는 마술적 신비로움과 결별하는 과정과, 다른 한편으로는 더 이상 일상인들의 구체적인 삶을 통째로 지배하지 않게 되는 과정을 동시에 의미한다는 것이다.

하버마스에 의하면, 베버는 이러한 '탈신비화' 과정—세계관의 합리화—이 문화합리화가 전개되는 것을, 바꾸어 말하면 다양한 문화적 가치 영역들이 제각기 자율적인 영역들로 발전하는 것을 가능하게 하였다는 것이다. 종교적 세계관으로부터 분리되어 나온 문화 영역들이 세 유형—근대 과학과 테크놀로지, 예술과 문학, 그리고 법과 도덕성—으로 구분된다는 것은 앞에서도 언급했던 점이다. 첫째로, 근대 과학의 출현과 그에 따른 세계에 대한 과학적 이해가 사람들이 세계를 인식하는 과정을 어떻게 변화시켰는지는 상상하기 어렵지 않다. 이제 개개인은 이 세계가 어떻게 돌아가는지를 파악하기 위해 그들의 종교에 의존할 필요가 없어졌다. 나아가, 때때로 과학적 이해 방식이 종교적 세계관과 충돌을 빚는 일이 허다했지만 차차로 후자는 전자에 의해 대체되어 나가게 된다. 둘째, 베버는 종교로부터 자유로워진 예술 또한 문화합리화의 한 유형으로 보고 있다. 여기서 '자유로워졌다'는 것은 그 자체의 가치를 가지게 되었다는 것을 의미한다. 합리화되기 전에는 예술은 종교적 의식의 일부로, 혹은 교회나 사원을 장식하는 첨가물로 존재했으나 그것들로부터 자유로워진 이후에는 그 자체의 가치를 지니고 그 자체의 논리에 의해 발전하게 된다는 것이다. 셋째, 베버의 합리화 개념은 또한 법과 도덕성이 자율성을 획득해 가는 과정을 가리키기도 한다. 즉, 법률과 도덕의식 또한 종교적 세계관으로부터 분리되어 보편적 형태의 법과 윤리로 발전하게 된다는 것이다.

지금까지의 논의를 요약하면 다음과 같이 기술될 수 있을 것이다. 관습적으로 행해져 오던 마술적, 신비적 사고방식의 극복을 통해 성취된 근대적 의식구조의 종교적-형이상학적 세계관으로부터의 이탈은 문화합리화를 촉진하는 조건을 형성하였다. 이전까지 문화라고 할 수 있을 만한 것은 예외 없이 종교와 밀접한 관련을 맺고 있었다. 그러나 세 영역에서 전개된 합리화, 곧 과학과 테크놀로지, 자율적 예술과 심미적 가치의 영역, 그리고 보편법률과 도덕성의 영역에서 서서히 전개된 합리화는 각각의 영역이 자체의 내적 논리에 따라 제각기 독립적으로 발전하는 계기를 마련하게 되었다.

문화적으로 합리화된 세계 내에서 개인 행위의 실천적 합리성은 여전히 가치합리성(value rationality)과 목적합리성(purposive rationality)을 동시에 만족시키는 방식으로 이루어진다. 베버가 개념적으로 구분한 목적합리성과 가치합리성 간의 구분이 적용되지 않는 것은 아니나, 이 단계에서는 양자가 실제적으로는 분리되지 않는다고 보아야 할 것이다. 다시 말하면, 이 단계에서의 개인의 행위도 도구적 합리성의 원리를 따를 수 있으며 그에 한해서 목적합리적으로 수행되는 것이 사실이나, 결코 아직은 도덕적으로 회의적이기까지 한 것은 아니었다는 것이다. 요컨대, 이 단계에서의 개인의 행위에 반영된 목적합리성은 가치합리성의 테두리 내에서 의미를 지닐 수 있었다. 약간 길지만 하버마스의 주장을 그대로 인용해 보겠다.

> 합리적 삶이라든지 합리적 행위라는 것은 결국 세 측면에서의 합리성을 동시에 추구하는 방식으로 전개되었다. 그리하여 한 측면에서의 합리성의 제고는 다른 측면에서의 합리성의 제고를 전제로 하거나 북돋우는 양상을 띠게 된다. 다시 말하면, 이 시기의 합리적 삶은 1) 도구적 합리성의 관점에서 효율적인 수단을 고안함으로써 문제를 기술적으로 해결하고, 2) 선택의 합리성이라는 관점에서 행위의 방향을 선택할 때 일관성을 유지하며, 3) 규범적 합리성의 관점에서 특정한 윤리적 규칙을 바탕으로 문제를 도덕적으로 해결하는 삶, 이 세 가지를 동시에 의미한다.[4]

베버에 있어서 '합리화의 패러독스'는 이러한 합리성의 균형을 상실한 데서 시작된다. 베버는 이 과정을 합리화의 두 번째 측면, 곧 '문화합리화의 사회합리화로의 이행'이라는 개념으로 설명하고 있으나, 하버마스의 주장에 따르면, 이와 관련된 베버의 설명이야말로 일관적이지 못할 뿐더러 모호하기 짝이 없다.

필자가 보기에 사회합리화의 과정은 두 단계로 이루어진다. 첫째 단계는 행위의 목적합리적 성향이 자본주의 경제와 근대 국가를 통해 제도화되는 단계이다. 이 첫 번째 단계는 베버가 개념화한 '세속내적 금욕'을 통해서, 곧 중세 수도원 내에서 형성된 금욕적 생활양식이 일반인들의 생활양식으로 자리 잡는 과정을 통해서 가능하게 된다. 하버마스에 의하면, 베버는 이 과정을 청교도의 직업문화, 곧 소명윤리의 발생을 통해서 설명하고 있다.

둘째 단계는 자본주의 경제와 근대 국가를 통해 제도화된 목적합리적 행위 성향이 원래 그것을 가능하게 했던 종교적 토대와의 고리를 끊고 그 자체로 발전하는 단계이다. 애당초 자본주의 경제와 근대 국가의 출현을 가능하게 했던 것은 청교도 직업윤리였지만 이들 제도적 장치들이 발전하면 할수록 후자는 원래 그것이 지니고 있었던 가치합리적 통제력을 상실하게 된다는 것이다. 하버마스가 말하고 있는 것처럼, 청교도 윤리는 자본주의를 그 궤도에 올려 놓기는 했으나 그러고 난 후 스스로를 유지할 수 있는 기반을 더 이상 지탱할 수 없게 되었다. 청교도 윤리 속에 내재해 있던 가치합리성은 아이러니컬하게도, 그 동반자의 운명과 달리, 그것이 배태한 사회 속에서 제도화의 길을 걸을 수 없게 된 것이다. 그리하여 이후 가치합리성은

4 Ibid., 173-4.

"도덕성 개념을 오로지 경험주의적으로 재해석함으로써 출현하게 된 공리주의에 자리를 내주게 되었으며 이 새로운 가치 체계는 더 이상 기존 도덕적 가치와의 내적 관계를 고려하지 않는 순수한 목적합리성을 토대로 새로운 형태의 '도덕성'을 형성하게 된다."[5]

베버의 사회합리화 이론에 관해 하버마스가 주장하는 점은 그것이 베버 자신의 문화합리화 개념을 제대로 반영하지 못하고 있다는 점이다. 사회합리화 개념에 뭔가 생략된 점이 없는가, 그 생략된 점은 베버의 사회합리화 이론 전체가 일관성을 유지하기 위해 결코 생략되어서는 안 되는 그 무엇이 아닌가 하는 것이다. 앞에서 논의하였듯이, 문화합리화 과정은 근대적 의식구조가 세계관이 합리화되는 보편적-역사적 과정, 다시 말하면 종교적-형이상학적 세계관이 '탈신비화'의 과정을 거치면서 재형성되는 과정이었다. 앞에서 분석한 바대로, 이전에는 종교적 세계관과 통합되어 있던 가치 영역들이 문화합리화 과정을 통해서 그것과 분리되어 독자적으로 발전하게 되었다. 만약 이 과정이 사회합리화 과정으로 고스란히 전이된다고 하면, 바꾸어 말해 사회합리화가 온전히 문화합리화를 토대로 하여 이루어졌다고 하면, 전통적 사고방식에서 분리되어 나온 가치 영역들 또한 동일한 정도로 고려되어야 마땅하다. 하버마스가 지적하려고 하는 점은 베버에 있어서 이 둘 사이에 불연속성이 존재한다는 것이다. 문화합리화는 사회합리화가 어떻게 시작되었는가를 설명하기 위한 개념이나, 베버는 이 작업을 제대로 이루어 내지 못했다는 것이다.

하버마스에 의하면, 문화합리화에서 시작한 베버의 근대 사회 분

---

5 Ibid., 228.

석은 이후 사회합리화로 일관되게 진행되지 않았다. 그 대신, "베버는 기업가의 활동이 지닌 목적합리성이 자본주의 경제로 제도화되었다는 사실에서 출발하여 이것을 설명하는 일이 자본주의적 근대성을 설명하는 데 단서를 제공할 것이라고 믿어 마지않았다."[6] 이미 언급한 대로, 이 부분은 초기 청교도들의 사회적 노동에 투여된 세속내적 금욕이라는 개념을 통해 설명되었다. 하버마스의 주장은, 이 과정에서 자본주의 경제의 기능적 요구조건을 충족시킬 만한 새로운 형태의 사회통합이 이루어졌고 베버는 이 특수한 형태의 합리화 과정을 사회 그 자체의 합리화 과정과 일대일 대응시키는 오류를 범했다는 것이다. 결론적으로 말하면 베버는 문화합리화에서 사회합리화로 이행하는 과정에서 합리화의 의미 자체를 부당하게 축소하는 결과를 초래하고 만 것이다.

한편으로, 베버는 자본주의를 발생시킨 혁신적인 사건으로 청교도 윤리의 형성과 근대 법률체계의 성립을 개념화하였다. 이 둘을 통해서 원리에 바탕을 둔 합리적 도덕의식은 개인의 인성과 제도 속으로 성공적으로 편입될 수 있었다. 이는 목적합리적 행위 성향이 가치합리성의 통제를 지속적으로 받고 있다는 것을 의미했다. 지금까지 보인 대로, 베버에 있어서 행위의 합리성 개념은 목적합리적 측면과 가치합리적 측면의 조화에서 출발한다. 그럼에도 불구하고, 다른 한편으로, 베버는 사회합리화를 명백히 목적합리성의 관점에서만 파악하고 있다. 베버는 그가 애당초 문화적 전통에 관한 자신의 분석작업의 토대로 삼았던 보다 포괄적인 합리성 개념을 제도의 수준에는 적용시키지 않은 것이다. 단지 인지적-도구적 측면에서 파악된 합리성 개념만이 고려의 대상이 되었던 것이다. 경제적, 정치적 하부 구조의 수준에서 오직 목적합리적 측면만이 부각되고 가치합리적 행위의 측면은 이들 구

6 Ibid., 221.

조를 형성하는 데 전혀 영향력이 없는 것으로 파악되고 있는 것이다.[7]

하버마스가 궁극적으로 의도하는 바는 베버의 이러한 협소한 시각에서 배제되었던 합리성의 측면, 곧 근대성의 잠재적 가능성으로 여전히 남아 있는, 그러나 아직 실현되지 못한 합리성의 규범적 측면을 복구하는 데에 있다고 할 수 있다.

생활세계의 개념

베버를 논의하는 동안 줄곧 하버마스는 사회합리화 과정을 분석하는 데 있어서 베버가 보인 협소한 시각을 비판하고 있다. 베버는 사회합리화를 자본주의 경제와 근대 국가에서 목적합리적 행위가 제도화되는 과정으로 설명하고 있지만, 하버마스에 의하면 전통적 종교의 굴레로부터 자유로워진 문화적 가치 영역들이 제도화된 것은 비단 인지적-도구적 지식의 경우에만 국한된 것은 아니다. 자본주의 경제와 근대 국가 체제를 통해서 인지적 요소들이 제도화된 것과 꼭 마찬가지로 여타의 지식들, 곧 심미적 요소와 도덕적 요소 또한 제도화의 길을 걸었다는 것이다. 심미적-자기표현적 요소는 이른바 예술 산업의 영역에서 제도화되었으며, 도덕적-실천적 요소는 법률교육기관과 법 체제, 그리고 합법화된 공적 생활영역 등에서 제도화되었다. 여기서 중요한 점은, "이들 영역에서 이루어진 그러한 제도화의 과정과 형식화된 합리성의 발전과 더불어, 오직 쌍방 간의

7 Ibid., 254.

이해를 지향하는 행위의 관점에서만 파악이 가능한 일상생활 영역에서의 합리화, 곧 베버가 놓친 생활세계의 합리화 과정 또한 동일한 정도로 진행되었다"[8]는 점이다. 하버마스의 관심은 베버가 분석한 합리화가 아닌 '또 다른 영역에서의 합리화,' 곧 언어 사용의 주체로서의 개인과 개인 간의 상호작용을 통해서 이루어지는 합리화 과정, 그리하여 제도의 측면에서 진행되는 합리화 과정에 규범적 방향성을 제공하는 생활세계의 합리화 과정을 조명하는 데 있었다. 아래에서 논의할 점은 이와 같은 '또 다른 영역에서의 합리화' 과정이 하버마스에 의해서 어떤 방식으로 정의되고 있는가에 관한 것이다.

『의사소통적 행위 이론』(*The Theory of Communicative Action*) 초두에서 하버마스는 합리성의 성격을 두 가지 관점에서 파악하고 있다.[9] 무엇보다 먼저, 합리성은 인간의 지식과 관련된 개념이다. 합리성을 거론할 때 우리는 예외 없이 그것을 지식의 활용이라는 인간의 의식적인 노력과 결부시킨다. 둘째, 인간이 지식을 합리적으로 활용하는 맥락은 성격상 두 가지로 구분된다. 곧, 우리는 지식을 우리의 합목적적 행위(teleological action)를 통해 모종의 실제적인 목적을 달성하는 도구로 활용하거나 혹은 타인과의 의사소통을 목적으로 사용한다. 전자의 경우, 행위 주체의 목적지향적인 행위에 있어서의 합리성은, 관찰자에 의해서, 행위 주체의 지향한 바 목적이 얼마나 성공적으로 달성되었는가의 기준에 의해 판별된다. 그리고 후자의 경우, 화자(話者)의 의사소통적 행위(communicative action)가 지니는 합리성은, 대화 상대방에 의해서, 화자가 자신의 주장을 얼마나 성실하게 제기하는가 하는 기준에 의해 판별된다. 여기서

---

8 Ibid., 340.

9 Ibid., 8-22

한 가지 주의할 점은, 두 경우 모두에 있어서, 곧 그것이 행위 주체의 합목적적 행위를 위해서였든 아니면 담론 주체의 의사소통적 행위를 위해서였든 여기에 활용된 지식은, 전자의 경우는 행위 주체와 관찰자가, 그리고 후자의 경우는 대화자 쌍방이 공유하고 있다는 점에서 공통적으로 객관적 세계에 관한 것이라는 점이다.

우선은 합리성 개념을 기술적(記述的) 지식에 국한해서 위의 두 경우를 부연해 보겠다. 가령, 갑이라는 사람이 특정한 주제에 관한 대화에 참여하여 그에 관한 주장을 펴고 있다고 하자. 그리고 을이라는 사람은 행위의 주체로서 그가 믿고 있는 바, 현재 상황에서 그가 의도하고 있는 결과를 이끌어 내는 데 가장 적절하다고 판단되는 수단을 선택하는 활동을 하고 있다고 하자. 전자의 경우 갑의 목적은 그가 주장하고 있는 바에 관하여 대화에 참여하고 있는 다른 사람들의 이해를 이끌어 내는 데 있으며, 후자의 경우 을의 목적은 그가 달성하고자 하는 바의 목적을 최대한 효율적으로 이루어 내는 데 있다.

그런데 여기서 을의 행위가 얼마나 합리적인가를 판단하는 일은 그다지 어려워 보이지 않는다. 을의 행위가 얼마나 합리적인가는, 그가 지니고 있는 지식이 객관적 세계에 관해 이미 참으로 판명되었다고 한다면, 그것이 외부 세계를 변화시키려는 그의 의도를 실현하는 데 필요한 조건들을 얼마나 성공적으로 만족시키는가에 의해서 결정된다. 쉽게 말하면, 을의 행위의 합리성은 을이 자신의 지식을 그의 목적달성 과정에 얼마나 잘 활용하는가에 의해 결정된다는 것이다. 아닌 게 아니라, 이러한 의미에서의 행위의 합리성은 '도구적 합리성'이라는 용어로 대표되는 근대적 합리성 개념의 근간을 이루고 있다. 여기서 을이 그의 행위를 목적합리적으로 수행하기 위해 활용하는 기술적 지식은 인간의 과학적 인식 양식을 토대로 구축된 세계에 관한 지식이며, 이 점에서 을의 합목적적 노력은 그러한 과학적 세계에 관한 지식을 현재의 그의 실제적 의도를 가장 효과적으로 구체화하는 방향으로 번역하는 노력과 맞물려 전개된다. 요컨대, 을의 합리성은 을이 그러한 기술적 지식을 얼마나 능숙하게 다룰 줄 아는가에 의해 결정된다고 할 수 있다.

이에 비하여, 전자의 경우에 갑이 지니게 되는 합리성, 곧 그의 의사소통적 행위에 있어서의 합리성을 가늠하는 데에는 이와는 성격상 상이한 판별기준이 적용된다. 갑의 주장이 지니는 합리성은, 위에서도 잠시 언급한 바와 같이, 갑을 상대로 대화를 진행하고 있는 다른 사람들에 의해서, 갑이 그가 주장하는 바를 얼마나 타당하게 주장하고 있는가에 의해 판별된다. 이 경우, 특정한 주제에 관한 갑의 발언 행위는 그 대화에 참여하고 있는 다른 사람들로부터의 긍정 혹은 부정의 반응을 상정하고 있으며, 이 점에서 갑의 합리성은 현재 그가 주장하는 내용을 다른 사람들에게 얼마나 잘 펼쳐 보이고 있는가에 의해 판별된다. 여기서 주의할 점은, 이 경우 갑의 합리성은 갑이 얼마나 효과적으로 다른 사람들의 동조를 이끌어 내는가 하는 것과는 무관하다는 점이다. 대화에 참여하고 있는 사람들이 결국에 갑의 의견에 동의하는가 그렇지 않는가 하는 점은 갑의 의사소통적 행위가 얼마나 합리적인가를 결정하는 데 전혀 영향을 주지 않는다는 것이다. 갑의 의사소통적 행위가 궁극적으로 지향하는 '합의'는 현재 그가 어떤 내용의 주장을 펴고 있는가 하는 점과는 무관하다. '이해에 도달한다'든가 '합의를 이끌어 낸다'든가 하는 표현에서의 '이해'나 '합의'는 특정한 대화 주제에 관한 것이 아니라 그러한 이해와 합의에 도달하는 과정에 관한 것이라고 해야 할 것이다.

그렇다면, 위에서 을의 합목적적 행위가 기술적 지식으로 형성된 과학적 세계 내에서 이루어진 행위라고 할 때 갑의 의사소통 행위는 어떤 세계를 상정하고 있는가? 이 질문을 보다 본격적으로 다루기 전에 담론 주체들의 의사소통 행위가 이루어지는 이 세계의 기본적 성격을 두 가지 점에서 먼저 언급하는 것이 좋을 것 같다.

하버마스에 의하면, 첫째, 의사소통적 행위의 토대를 이루고 있는 세계 또한 합목적적 행위의 맥락이 되는 세계와 동일한 의미에서 객관적이다. 합목적적 행위가 과학적으로 구축된 객관적 세계를 토대로 한다면, 의사소통 행위의 토대를 이루는 세계는 담론공동체의 구성원들이 서로 대화를 나누기 위해 공통적으로 가정하고 있는 지적 요소들로 이루어진 세계이다. 의사소통 행위를 통해서 공동체의 구성원들은 그들 상호 간에 공통된 삶의 관계가 존재하고 있다는 점과 간주관적으로 성립된 '생활세계'(lifeworld)를 서로 공유하고 있다는 사실을 확인한다. 이 생활세계는 "공동체 구성원들이 서로 간에 공유하고 있는, 대상에 대한 해석의 총체로서 그들의 배경지식으로 존재한다."[10]

둘째, 합목적적 행위의 합리성이 오로지 사실적 인과관계의 차원에서만 파악되는 것과 달리, 의사소통적 행위의 합리성은 그와 다른 형태의 언어표현들, 곧 과학적 진리나 실제적 결과 성취의 여부와 관련되지 않는 언어표현의 영역에도 적용된다. 이는 의사소통적 행위의 합리성 또한 객관적 세계 내에서 결정되는 것이며, 이러한 생활세계의 객관성은 화자의 규범적 주장과 자기표현 행위에도 객관성을 부여하기 때문이다. 의사소통적 합리성에도 객관성을 부여

10 Ibid., 13.

할 수 있다는 말은, 과학적-기술적(記述的) 지식이 객관적인 방법으로 그 타당성을 검증받을 수 있는 것과 마찬가지로, 규범에 따른 행위와 자기표현 행위 또한 '타당성 검증'의 대상이 되며 그 검증의 결과에 따라 그것들을 두고 옳다거나 그르다는 판단을 내릴 수 있다는 말이다.

번스타인(Richard J. Bernstein)에 의하면, 하버마스의 의사소통적 행위 이론과 합리성 이론은 일종의 '재구성적 과학'(reconstructive science)[11]에 속한다. 한편으로 그것은 칸트의 선험철학과 같이 이성을 활용하는 데 요구되는 보편적 조건을 정립하려고 한다는 의미에서 재구성적이며, 다른 한편으로 그것은 그 탐구방법에 있어서 가설적이며 오류가능하며 경험적이라는 점에서 과학의 일종이라는 것이다. 그의 주장에 따르면 재구성적 과학의 목적은 '이론 이전의 지식'(pre-theoretical knowledge)이 지닌 규칙과 그 기저의 심층문법을 명료화하는 데 있다. 촘스키(Noam Chomsky)의 생성문법 이론, 피아제(Jean Piaget)의 인지발달 이론, 그리고 콜버그(Lawrence Kohlberg)의 도덕성 발달 이론 등이 이 범주[12]에 속한다. 이들 이론은 상징적으로 구조화된 사회적 실재를 탐구하고, 그 속에 내재되어 있는 선이론적(先理論的) 지식의 규칙과 문법을 설명하고 겉으로 드러내 보이는 일을 일차적 임무로 삼고 있다. 이와 마찬가지로, 하버마스의 의사소통행위 이론도 의사소통이라는 인간 행위를 가능케 하는 조건,

---

11 Richard J. Bernstein, "Introduction" in *Habermas and Modernity*, ed. Richard J. Bernstein (Cambridge: The MIT Press, 1985), 16.

12 써얼(John Searle)과 오스틴(J. L. Austin)의 언어철학 또한 이 범주에 속한다고 할 수 있다. 하버마스의 언어행위 이론은 오스틴과 써얼의 이론과 밀접히 관련되어 있는데 이 점은 다음 절에서 다루도록 하겠다.

곧 의사소통적 합리성의 개념을 확인하고 그것을 명백히 하는 데 그 목적이 있다는 것이다. 하버마스에 의하면, 의사소통적 합리성은 인간의 언어 사용 행위 그 자체에 암묵적으로 가정되어 있으며 담론 주체들 모두가 공유하고 있는, 따라서 언어를 사용할 줄 아는 개인이면 누구나 따라야 할 기본적 규칙으로 기능하고 있다.[13]

이 점에 비추어 베버의 사회합리화 과정에 대한 하버마스의 비판을 검토해 보면, 우리는 하버마스가 '재구성'하려고 했던 대상은 비단 개별 언어 사용자의 의사소통 능력뿐 아니라 그들 언어 사용자들이 그들의 의사소통 능력을 상호 간에 발휘할 수 있는 공간이었다는 점을 알 수 있다. 이 점에서 생활세계의 개념을 명료화하는 일은 의사소통이라는 인간 행위가 가능하기 위한 보편적 조건을 명료화하는 일에 해당한다고 할 수 있다. 바꾸어 말하면, 개별 담론 주체가 지니고 있는 보편적 의사소통 능력의 존재를 확인하고 그것을 논의의 대상으로 삼을 수 있는 것은 그들이 서로 간에 공유하고 있는 공통된 인식의 영역이 존재하고 있다는 점을 상정하고 있기 때문이다. 쉽게 말해, 어떤 두 사람이 의견을 교환하고 있다고 할 때, 현재 대화의 주제가 되고 있는 것에 관하여 대화 쌍방 간에 적어도 그 주제에 관한 한 지식을 공유하고 있다는 점을 인정하지 않으면 그 두 사람 간의 대화는 성립할 수 없다는 것이다. 생활세계의 개념은 우선 언어행위의 주체들이 암묵적으로 혹은 명시적으로 공유하고 있는 배경지식으로서의 그 어떤 세계에 관한 것이라고 할 수 있다.[14]

13 Albrecht Wellmer, "Reason, Utopia, and Enlightenment" in *Habermas and Modernity*, 52.

14 Habermas, *The Theory of Communicative Action, Volume One*, 70.

하버마스는 생활세계의 개념, 곧 의사소통의 과정에 작용하는 이러한 배경지식이 어떤 식으로 기능하는가를 하나의 시각적 예를 들어 설명하고 있다. 이 예시에서 생활세계는 일군(一群)의 건설기사들이 서로 간에 암묵적으로 공유하고 있는 이른바 '상황 정의'(狀況定義 situation definition)로 표현되고 있다.

> 한 노년의 건설기사가 최근에 새로 합류한 젊은 기사에게 맥주 심부름을 시키면서 가능한 한 빠른 시간 내에 돌아오라고 이르고 있다. 그 고참기사는 자신이 젊은 기사를 시켜 맥주 심부름을 시키고 있는 이 상황은 그 현장에서 함께 일을 하고 있는 팀 구성원 모두에게 명백히 이해되고 있다고 생각하고 있다. 이 특정한 장면에 등장하는 의사소통의 주제는 오전에 있게 될, 팀원 전체가 참여하는 간식활동이며, 맥주를 사 오는 일은 이 주제와 관련된 하나의 목적인 셈이다. 고참기사 중에 한 명이 새로 온 신참기사에게 맥주 심부름을 시키자고 제안하는 이 상황에서 그 신참기사는 그러한 고참기사의 제안을 도저히 무시할 수 없다. 이 건설기사들의 집단에는 그들 간의 관계를 규정하고 있는 모종의 암묵적인 위계가 존재하며 이 규칙에 의해 고참이 신참에게 심부름을 시키는 일이 전혀 어색하지 않은 것이다. 이 장면에 특정한 상황은 시간적으로는 오전 중에 있을 새참시간이라는 요소에 의해서, 그리고 공간적으로는 건설현장과 주위에 가장 가까이 있는 매점 간의 거리에 의해서 정의된다.[15]

이 장면에서, 오전 중에 있을 새참이라는 '주제'와 그것을 위해 맥주를 사 오게 하려는 '계획'이라는 두 요소는 이 상황을 다른 상황들과 구분되게 하며 그렇게 구분되는 상황은 거기에 직접 참여하고

---

15 Jürgen Habermas, *The Theory of Communicative Action, Volume Two: Lifeworld and System: A Critique of Functionalist Reason*, trans. Thomas McCarthy (Boston: Beacon Press, 1985), 121.

있는 구성원들의 생활세계에 있어서 그 중심이 된다. 이 활동상황은 구성원들에게 상호 이해에 대한 실질적인 필요를 발생시키며 또한 이후 실지로 이루어지게 될 행위가 어떤 모양으로 진행될지를 결정하는 장(場)이 된다.

현재 우리 관심의 대상이 되고 있는 이 상황은 다음과 같은 사실들로 구성된다. 첫째, 이 상황에 참여하고 있는 구성원들은 건설기사들이며 그들은 자신들로 구성된 집단 내에 특정한 방식의 명령체계를 가지고 있고 그 명령 체계는 구성원들 모두의 합의하에 그들의 행위를 통제하고 있다. 둘째, 이들은 오전 중에 새참시간을 가질 것이다. 셋째, 오전 중에 있을 새참을 위해 그들에게는 맥주 몇 병이 필요하다. 넷째, 그들은 그들 중 특정한 한 사람을 지명하여 맥주를 사러 보낼 것이다.

그런데 여기서 중요한 것은 이 특정한 장면에서의 의사소통, 곧 고참기사가 신참기사에게 맥주 심부름을 시키고 신참기사가 그에 따르는 과정은 양자를 포함하여 이 상황에 참여하고 있는 모든 구성원들이 공유하고 있는 일련의 지식을 기반으로 하고 있다는 점이다. 다시 말하면, 고참기사와 신참기사 간의 의사소통에는 신참기사에 대한 구성원들 모두의 일반적 기대가 반영되어 있다는 것이다. 하버마스의 관심은 이 과정에서 그러한 배경지식에 익숙하지 않을 수도 있는 새 구성원이 기존의 구성원들의 일반적 기대에 어떻게 반응하는가 하는 데 그 초점을 두고 있다.

위의 예에서 구성원들이 공유하고 있는 그 배경지식이라는 것이 변경될 가능성은 언제든지 있고 또한 어떤 면에서는 자연스러운 것이라고도 할 수 있다. 이를테면, 처음에 고참기사의 명령은 맥주 판매점이 걸어서 다녀올 수 있을 정도로 가까운 거리에 있을 것이라는 점을 상정하고 있었다. 그러나 마침 그 날이 그 매점이 문을 닫은 날이었고 신참기사에게는 차가 없었다고 하자. 이 경우 명령을 내렸던 고참기사는 자신의 처음 생각이 너무 성급했었고 그 점에서 자신의 처음 생각을 수정하려고 할 것이다. 혹은 상황에 익숙하지 못한 신참기사가 자신은 목이 마르지 않기 때문에 맥주를 마실 생각이 없다고 말했다고 하자. 당장 그 신참기사는 다른 기사들이 자신의 반응에 의아해하는 것을 목격하고, 오전 중에 있는 새참은 구성원 개개인의 주관적인 심리상태와 상관없이 진행되는 것이라는 점을 깨닫게 될 것이다.

하버마스에 의하면 이와 같은 경우, 처음 상황을 구성하고 있었던 요소들이 재조직되는, 이른바 '게슈탈트 스위치'(Gestalt-switch) 과정이 발생한다. 가까운 곳에 매점이 있다는 사실이 잘못된 하나의 주관적 믿음에 지나지 않는 것으로 판명되었으며, 새참 때 맥주를 함께 마시는 일도 개인적 욕구로서가 아니라 일종의 집단적 규범으로 진행되는 것으로 새로 인식된다는 것이다. 혹은, 이번에는, 고참기사가 자기에게 명령을 내리는 규범적 맥락을 이해하지 못한 채, 신참기사가 가령 '내일은 누구 차례인가' 하고 되묻거나, 또는 자신이 이전에 일하던 지역에서는 오전 중에 새참을 먹는 일이 없었다는 점을 기억하고 '왜 하필 지금 내가 하는 일을 멈추고 심부름을 다녀와야 하는가' 하고 되물었다고 하자. 하버마스는 이 두 경우에 있어서 상황에 대한 해석은 사회적 세계에 관한 요소들에 의해 수정, 보완된다고 말하고 있다. 말하자면, 집단적 명령 체계의 수직구조 내에서 맨 아래에 있는 사람이 맥주 심부름을 가야 한다거나, 이 지역에서는 오전 아홉 시에 새참을 먹는다는 등의 요소에 의해 상황에 대한 해석은 변화한다는 것이다. 요컨대, '상황 정의'는 특정한 장면에서의 객관적,

사회적 세계를 토대로, 그리고 그 장면을 구성하고 있는 구성원 개인의 주관적 세계와 관련하여 끊임없이 재조직, 재구성된다.[16]

사실, 사회적 행위를 탐구하는 데 있어서 이러한 형태의 '반성 이전의 지식'의 측면을 고려해야 한다는 주장은 비단 하버마스에 와서 최초로 제기된 것은 아니다. 벤하비브(Seyla Benhabib)에 의하면, 생활세계의 개념은 후설(Edmund Husserl)을 중심으로 형성된 현상학적 전통에 의해서 철학과 사회이론계에 처음으로 소개되었다. 후설에 있어서 생활세계는 "주제화되기 이전의 직관적인, 그리고 '항상 이미' 가정되어 있는 기대와 정의, 방향성의 양상들로"[17] 이루어진 체계이다. 이러한 생활세계는 사회적 행위가 이루어지는 데 배경을 제공한다. 그것을 '배경'이라고 하는 것은 그것이 오직 배경으로 잠재되어 있다가 특정한 사회적 행위가 수행될 때 비로소 그것과 관련된 요소들만 그 행위가 수행되는 상황 속으로 들어온다는 점 때문이다.

벤하비브에 따르면, 그러나 현상학적 설명이 지닌 가장 큰 결점은 그것이 이른바 '의식과 지각의 철학'에만 의존하고 있다는 점에 있다. 다시 말하면, 비록 현상학적 생활세계의 개념이 인식과 행위에서 사회적, 공적 맥락의 중요성을 부각시키고 있기는 하지만 행위의 주체가 어떤 과정을 거쳐 그러한 간주관성(間主觀性)의 형식들을 습득하게 되는지에 대해서는 이렇다 할 설명을 제공하지 못하고 있다는 것이다. 현상학적 관점이 지닌 이러한 불명료함은 이후 생활세계를 문화적으로 전승되고 언어적으로 조직된 의미양상들의 저

---

16 Ibid., 122

17 Seyla Benhabib, *Critique, Norm, and Utopia: A Study of the Foundations of Critical Theory* (New York: Columbia University Press, 1986), 238.

장고로 파악한 해석학적 관점들에 의해서 상당 부분 해소되었다. 하버마스는 해석학의 이러한 보완된 관점을 받아들이되, 생활세계를 단지 문화적 개념으로서만 파악하려는 그들의 경향을 경계하고 있다. 하버마스에 있어서 생활세계의 지평은 단지 문화적 의미양상들로만 구성된 것이 아니라 다양한 형태의 규범과 주관적 경험, 실천적 요소들, 그리고 개인이 지닌 기예적 요소들까지 포함하는 광범위한 개념이다.[18]

하버마스가 주로 인용하고 있는 현상학적 개념으로서의 생활세계는 슈츠(Alfred Schutz)와 루크만(Thomas Luckmann)이 개념화한 것인데,[19] 하버마스가 이들과 동의하지 않는 주된 이유는 위에서 잠시 언급했듯이, 그들이 개념화한 생활세계는, '의식의 철학'을 토대로 하고 있다는 점에 있다. 그들의 이론구조 내에는, 한편에는 자아의식으로 무장한 고립된 경험의 주체가 있고, 다른 한편에는 그러한 자아의식이 역사적, 사회적 구체물로서 경험하게 될 생활세계의 일반적 구조가 있다. 문제는 이 관점이 그러한 생활세계의 구조를 언어적으로 형성된 간주관성의 구조를 포착하는 과정을 통해서 직접 파악하려 하지 않고 단지 고립된 행위자의 주관적 경험에 비추어 파악하려고만 했다는 점이다. 하버마스는 현상학적으로 기술된 생활세계의 양상들은 생활세계를 우리의 의사소통적 행위와 더불어 그것을 보완하는 개념으로 간주할 때 훨씬 쉽게 설명할 수 있다고 주장하고 있다. 그리하여 그의 의사소통적 행위 이론의 구조 내에서 하버마스의 생활세계 개념은 다음과 같은 세 측면에서 재구성된다.

첫째, 생활세계는 의사소통적 행위의 주체들에게 의문의 여지없

18 Ibid.

19 Habermas, *The Theory of Communicative Action, Volume Two*, 126.

이 당연시되는 가정으로 주어지며 이것은 문화적으로 전수되고 언어적으로 조직된 일련의 지식으로 구성된다. 다시 말하면, '반성 이전의 지식'으로서의 생활세계는 일련의 의사소통 상황을 함께 경험하고 있는 구성원들에게 암묵적으로 합의된, 그리하여 의문의 여지가 전혀 없는 공통적 배경지식으로 작용한다는 것이다. 의사소통의 주체들 간에 간주관적으로 성립된 이러한 암묵적 확신을 토대로 "상호 간에 이해를 지향하는 과정의 맥락이 형성되고, 구성원들이 기존의 상황 정의를 적용하고 또 그것을 수정하고 보완하는 과정이 그 모양을 갖추어 나간다. 특정한 상황에 참여하고 있는 구성원들은 이러한 과정을 통해서 객관적, 사회적 세계와 그들의 주관적 세계 사이에 이미 존재하는 관련을 발견하는 것이다."[20]

이 점을 위에서 든 건설기사들의 예를 통해 설명하면, 고참기사가 신참기사에게 맥주 심부름을 시킨 행위는 고참기사가 상황 정의의 형태로 이미 지니고 있는, 곧 신참기사를 포함하여 그 상황에 참여하고 있는 모든 구성원들이 함께 공유하고 있을 것으로 믿고 있는 가정에 토대를 두고 있다. 만약 고참기사의 그러한 가정이 올바른 것이라면 신참기사는 아무 일 없이 맥주를 사러 갔을 것이다. 이 경우, 두 건설기사의 의사소통적 행위, 곧 고참이 신참에게 심부름을 명령하고 신참이 그것에 따르는 행위는 이 특정한 상황에 관하여 그 둘이 공유하고 있는, 간주관적으로 성립된 일련의 가정을 기반으로 하고 있다. 의사소통적 행위 주체—여기서는 건설기사들—의 생활세계는 이 점에서 현재 문제가 되는 특정한 상황의 배경에 존재하고 있는 것이라고 할 수 있다.

---

20 Ibid., 125.

하버마스에 의하면 “오직 생활세계의 부분적 요소들만이 상황의 전면으로 부각되며 이것들이 상호이해를 지향하는 행위의 맥락을 구성하게 된다.”[21] 생활세계는 당연시되는 것들의 저장고로서 존재한다는 것이다. 말하자면, 특정한 상황 내에서 의사소통 행위를 수행하고 있는 사람들은 그러한 저장고에서 현재의 상황과 관련되는 부분들만을 골라내어 쌍방 간의 이해를 도모한다. 그러므로 위에서 예로 든 의사소통 과정에서, 건설기사들의 세계에서 그들에게 오전 중의 새참시간이 지니는 의미, 그들 집단에 새로 참여한 신참기사의 지위, 건설현장에서부터 맥주 판매점까지의 거리, 신참기사가 차를 소유하고 있느냐 그렇지 않느냐 하는 사실 등은 유의미한 요소들로 간주되지만, 가령 현재 건설 중인 건물이 독신자들이 살게 될 건물이라거나 새로 온 신참기사가 아이를 셋 둔 외국인이라든지 하는 등의 사실은 현재 진행되고 있는 상황과는 전혀 무관한 요소들이다. 앞의 요소들은 현재의 상황에 참여하고 있는 구성원들 모두에게 일종의 ‘유의미성의 맥락’을 제공하며 이후 발생하게 될 여러 사실들 중에 어떤 것들이 고려의 대상이 되어야 하고 또 어떤 것들이 고려의 대상에서 제외되어야 하는지를 결정하게 하는 기준이 된다.

물론 이러한 유의미성의 맥락이 변화하는 일은 언제든지 가능하다. 이를테면, 맥주를 살 수 있는 곳이 작업현장에서 걸어서 갈 수 있을 만한 위치에 있지 않고, 그렇지만 신참기사는 운전면허가 정지된 상태라서 운전을 할 수 없는 처지에 있다고 하자. 그렇다면 이제 이 사실이 유의미성의 맥락으로 편입되어 그 신참기사를 보내려고 했던 애초의 계획은 수정될 것이다. 왜냐하면, 이 상황에서 구성원들

---

21 Ibid., 124.

모두는 운전면허가 정지된 사람에게는 운전을 시켜서는 안 된다는 생각을 공유하고 있기 때문이다. 그러나 이는 거꾸로 말하면, 이 사실이 알려져서 그것이 문제시되기 전에는 그들 모두가 신참기사는 운전하는 데 아무 문제가 없을 것이라는 점을 가정하고 있었다는 말이 된다. 따라서 신참기사의 운전면허가 정지된 상태인가 혹은 유효한 상태인가 하는 점이 그들의 배경지식에서부터 추출되어 현재 행위의 방향을 결정짓는 유의미성의 맥락 속으로 가미되는 것이다.

요컨대, 생활세계는 늘 존재하고 있지만, 오직 현재 진행되고 있는 상황의 이면에 배경지식으로서 존재한다. 의사소통 행위자들은 특정한 상황에서 그러한 배경지식으로부터 오직 한정된 부분들만을 선별하여 그 상황에서의 행위의 방향을 결정하는 데 유의미한 것으로 삼게 된다. 생활세계는 유의미성의 맥락을 오직 간접적으로만 제공할 뿐이며 따라서 총체로서의 생활세계 그 자체는 현재의 특정한 상황에 작용하는 유의미성의 영역에 속하지 않는다. "어떤 주어진 상황에서 언어를 통해서 오직 직접적으로 표현되는 맥락만이 의사소통적 행위와 연계되어 문제시되며, 생활세계 그 자체는 항상 그 이면에 남게 된다."[22]

둘째, 생활세계는 의사소통적 행위의 당사자들에게 선험적 형태로 작용한다. 곧, 상황은 변화하지만 그 변화가 그것의 토대가 되는 생활세계 자체의 경계가 붕괴되는 것을 의미하지는 않는다는 것이다.[23] 개별 행위자의 삶은 무수히 많은 다양한 형태의 행위상황들로 이루어져 있다. 이들 행위상황들의 총합이 그들 삶의 총체를 구성하는 셈

22 Ibid., 131.

23 Ibid., 132.

이다. 개별 행위자의 삶은 마치 그들이 그들 다양한 행위상황들 사이를 옮겨 다니는 것과 같다. 상황들 간을 옮겨 다니는 그러한 활동은 상황 그 자체에 대해 주체가 내리는 정의가 변화하기 때문에 발생하는 것이기도 하고, 혹은 흔히 우리의 일상생활에서 경험할 수 있듯이 행위 주체가 여러 가지 종류의 상이한 상황을 함께 경험하고 있기 때문에 발생하는 것이기도 하다. 여기서 중요한 것은 행위 주체가 상황과 상황 간을 옮겨 다니는 그 어떤 경우에라도, 말하자면, 허공에 발을 딛게 되는 경우는 결코 있을 수 없다는 점이다. 한 상황에서 다른 상황으로 발을 옮길 때마다 매번 종류가 다른, 그리고 이미 해석되어 그를 기다리고 있는 생활세계의 또 다른 영역에 행위자는 발을 들여놓을 수밖에 없다는 것이다. 하버마스의 말을 그대로 인용하면,

> [참가자들은] 그 즉시로 또 하나의 영역으로 들어서 있는 자신을 발견하게 되는데, 그 새 영역 역시 이전의 영역과 마찬가지로 문화적으로 당연시되는 요소들로 구성되어 있다. 우리가 일상적으로 겪는 의사소통 상황 중에 완전히 낯선 것이라고는 없다. 매번 새로운 상황에 접할 때마다 그것들은 '이미 항상' 우리에게 익숙한 축적된 문화적 지식으로 나타나는 것이다.[24]

셋째, 의사소통 행위자들이 경험하는 생활세계의 확실성은 일종의 사회적 선험성에서 비롯되며, 이는 언어 사용을 통해 성취되는 상호간의 이해, 곧 의사소통 행위자들 간의 간주관성에 토대를 두고 있다. 간주관성이라는 아이디어는 현상학자들이 생활세계를 개념화할 때 이미 인지된 바이지만, 하버마스는 현상학자들은 그러한 간주관성이 성립되는 데 필수조건으로서의 언어의 중요성, 특히 사회적 상호작용

24 Ibid., 125.

을 가능케 하는 매개체로서의 언어의 중요성을 충분히 인식하지 못했다고 주장한다. 한 개인의 생활세계는 그 사람의 사적인 세계로서 존재하는 것이 아니라 그가 다른 사람들과 언어적 상호작용을 수행함으로써 비로소 존재하는, 간주관적으로 공유되는 세계라는 것이다. 생활세계는 "대화의 당사자들이 만나는 선험적 장이며 그 속에서 그들은 각자 자기의 언설이 (객관적, 사회적 혹은 주관적) 세계와 부응한다는 주장을 제기하며 또한 상대의 그러한 주장을 비판하고 인정하는 과정을 통해서 상호 간의 의견의 불일치를 해소해 나간다."[25]

현상학적 생활세계의 개념을 그의 의사소통적 행위 이론을 토대로 재해석한 지금까지의 하버마스의 논의를 요약하면 다음과 같다. 첫째, 특정한 상황에서 진행되는 의사소통적 행위는 그 상황에 참여하고 있는 구성원들의 '상황 정의'를 토대로 이루어진다. 둘째, 상황 정의는 그 상황의 이면에 문화적 형태로 적재되어 있던 지식으로부터 참여자들이 그 표면으로 끌어낸 요소들로 구성된다. 셋째, 상황 정의는 참여자들이 생활세계의 총체로부터 표면화시킨 부분들로만 이루어져 있는 것은 아니다. 그것은 참여자들이 서로를 이해해 나가는 과정에서 수행하는, 원래 상황에 대한 끊임없는 수정과 재해석 활동들을 포함한다. 이러한 과정을 통해서, 문화적 지식은 검증과 교정을 거치게 되는 것이다. 표면으로 부각된 생활세계의 요소들에 대한 수정활동은 아직 이면에 남아 있는 요소들에도 간접적인 영향을 미친다. 그러므로 의사소통적 행위는 그 자체가 문화적 지식을 재생산하는 해석의 기제로서 기능한다.[26] 생활세계

25 Ibid., 126.
26 Ibid., 139.

는 의사소통적 행위로 구성되어 있기도 하지만 그것에 의해 형성되어 나가기도 한다는 것이다.

사회 통합의 두 양상

의사소통적 행위가 생활세계의 맥락에서 수행하는 역할은 종종 '사회적 통합'(social integration)이라는 개념으로 설명된다. 의사소통적 행위는, 그것을 수행하는 대화 당사자들이 서로 간에 이해를 지향하는 과정을 통해 생활세계를 재생산하는 것과 더불어, 그들 대화의 주체들로 하여금 그들이 속한 집단 내에서 자신들의 소속감과 정체성을 발전시키고 확인하며 변화시켜 나가게 함으로써 일종의 사회통합의 역할을 수행한다는 것이다. 한 사회의 통합과정을 '사회적 통합'의 형태로 이해하는 일은 우리의 분석 작업이 의사소통적 행위에서부터 시작하여 사회를 하나의 생활세계로 파악한다는 의미를 지닌다. 이러한 개념적 전략은 "사회과학적 분석 작업을 사회 구성원들의 내적 관점과 연결시키게 하고 분석을 행하는 사람들로 하여금 자신이 이해하고 있는 바를 그들 참여자들의 이해방식과 해석학적으로 연관시키게끔 한다. 그리하여 사회가 재생산되는 과정은 생활세계의 상징적 구조들이 유지되어 가는 과정으로 비치게 된다."[27]

하버마스에 의하면 이러한 형태의 사회 통합 과정은 이른바 '체제적 통합'(system integration)과 구분된다. 여기서 '체제'(system)는, 그 속에서 행위의 의도하지 않았던 결과들이 상호 보완적으로 기능

27 Ibid., 150-1.

하며 변화된 환경에 적응하고 문제를 해결해 나감으로써 스스로를 규제해 나가는, 일종의 유사목적적인 총체로서 간주된다.[28] 체제는 범주적으로 구분되는 사회의 한 양상으로서 그 속에서는 여러 다양한 구조들의 상호작용과 체계적 요구, 그리고 역동적 형태의 통합과 붕괴의 과정이 반복된다.[29] 중요한 것은 이 속에서는 행위 주체의 의식적인 역할이 지니는 중요성이 간과된다는 점이다. 따라서 '사회적 통합'과 '체제적 통합' 사이의 구분은 사회적 행위들 간의 조정과 통합이 개별 행위 주체의 의식적 노력에 의존하느냐 아니면 그것과 무관하게 진행되느냐를 토대로 한다.[30]

체제적 관점에서 파악된 사회의 모습, 그리고 그것을 근거로 분석된 합리화 과정이, 베버가 서양 근대 사회의 합리화 과정을 목적합리적 행위의 제도화 과정으로 해석했을 때 그 분석 대상으로 삼았던 사회의 측면에 해당한다는 점은 명백하다. 베버가 이해한 근대 사회는 이전에 없었던 새로운 조직들의 출현에 의해 특징지어진 사회였다. "경제적 생산은 합리적 계산능력으로 무장한 기업가들을 통해 자본주의적 양식으로 조직되었고, 공공 행정은 법으로 훈련된 전문가들을 통해 관료주의적 양식으로 조직되었다. 간단히 말하면, 그것들은 사적 영역에서는 기업 경영의 형태로, 그리고 공적 영역에서는 관료주의의 형태로 조직된 것이다."[31] 근대 사회의 비극은, 이들 영역에서 발휘된 효율성에 힘입어, 그러한 조직의 형태가 다

28 Benhabib, *Critique, Norm, and Utopia*, 237.

29 Bernstein, "Introduction" in *Habermas and Modernity*, 22.

30 Maeve Cooke, *Language and Reason: A Study of Habermas's Pragmatics* (Massachusetts: The MIT Press, 1997), 5.

31 Habermas, *The Theory of Communicative Action, Volume Two*, 306.

른 행위영역들에까지 침투하여 사회 전체의 모습을 '조직들로 구성된 사회'로 탈바꿈시켰다는 점에 있다. 이제, 조직들로 이루어진 사회는 그러한 조직들 내에서 활동하고 있는 구성원들의 인격적 특성이나 그들이 지향하는 가치를 반영하는 형태로 움직이지 않고 그들 조직 스스로를 규제하는 원리들에 의해서, 곧 형식적으로 성립된 조직의 규칙과 규정들에 의해서 움직이게 된다. 베버가 관료주의를 하나의 기계에 비유하여 설명한 것은 이 점을 명백히 보여 주고 있다고 할 수 있다. 체제의 합리성 혹은 관료주의의 합리성은 구성원들의 직업윤리적 태도, 곧 그들의 가치합리적 태도와 결별하여 이제는 스스로를 통제하는 기제로서, 개별 구성원들의 인격적 요소와 무관하게 조직의 움직임을 통제해 나가게 된 것이다.

> 화폐와 권력을 매개로, 경제와 국가의 하부체제들은 생활세계의 지평 내에서 형성된 제도적 복합물로부터 분리되어 나왔다. 결과적으로, 이제는 더 이상 상호 이해의 메커니즘을 통해서 통합되지 않는, 그리하여 생활세계의 맥락으로부터 이탈하여 일종의 규범중립적인 사회성을 지향하는 형식화된 행위의 영역들이 출현하게 된다.[32]

하버마스에 의하면, 베버에 있어서 이러한 새로운 조직들과 그들의 지배적인 영향과 더불어 '체제적 관점'이 형성되게 되었는데, 이 관점을 토대로 이제 생활세계는 체제의 한 주변적 요소에 불과한 것으로 간주된다. 생활세계의 상징적 구조들은 '중립화'되고 그 과정을 통해서 조직은 자율성을 획득하게 되며, 이는 조직화된 행위의 체제들이 인격구조로부터 이탈하는 이른바 '사회의 비인간화'로 나

32 Ibid., 307.

아가게 된다는 것이다. 사회적 실재는 규범적 유대로부터 자유로워진 객관화된 조직적 실재로 축소된다. 조직들은 비형식적, 관습적, 도덕적 행위의 맥락들이 지니고 있던 규범적 기초를 중립화함으로써 생활세계의 맥락에서 독립하게 된다. 사람들은 이제 더 이상 각자의 인격과 개성을 표현하며 서로 활발하게 의사소통하는 개별 존재로서가 아니라 단지 그들 조직의 구성원으로서, 행위를 전개해 나가는 데 있어서 의사소통을 통한 합의의 필요성을 결코 인식하지 못한다. 그들은 결국에는 형식화된 규정이 모든 것을 해결해 줄 것이라고 믿게 되었기 때문이다.

그러나 문제는 이 관점이 사회를 분석하는 유일한 관점인가 하는 것이다. 만약 베버의 관점이 사회를 단지 '체제적 통합'의 관점에서 분석한 것이라면, 그와 비교되는 관점, 곧 사회를 '생활세계의 관점'에서 파악하는 관점 또한 동일한 정도로 가능하다는 것이다. 사회 통합을 바라보는 관점을 두 가지로 나누고 이 둘 사이를 구분하려고 했을 때 하버마스가 지니고 있었던 의도는 명백히 베버의 사회합리화 개념, 곧 '체제적 통합'의 관점에서만 합리화 과정을 분석한 베버의 관점을 재해석하고, 합리화 과정을 두 관점에서, 곧 체제적 통합(체제의 합리화)의 관점과 사회적 통합(생활세계의 합리화)의 관점에서 파악함으로써 그것의 한계를 극복하는 데 있었다고 할 수 있다.

하버마스에 있어서 이제 근대 사회의 병적 현상들은 사회 통합의 이 두 측면 간의 관계에 의해 분석된다. 근대 사회의 병적 현상들은 기능적으로 통합된 경제적, 행정적 활동의 하부체제들이 생활세계로부터 이탈함으로써 빚어진 결과라는 것이다. 사회합리화가 그 총체적 기반에서 문제를 지니게 되는 과정은 이들 두 사회 통합의 양상이 서로로부터 단절되고 이후 사회적 통합의 양상이 체제적 통합의 양상에 복속되는, 이른바 '체제에 의한 생활세계의 식민지화' 과정과 맞물려 진행되었다는 것이다.

> 하버마스의 '생활세계의 식민지화' 개념은 근대 사회에서 의사소통적으로 구조화된 생활세계의 영역들이 체제의 기능적 조정장치들이 요구하는 바에 종속되는 경향이 점차로 증가해 가는 현상을 설명하기 위한 개념이다. 말하자면, 체제의 합리화는 생활세계를 희생양으로 삼아 전개된다는 것이다. 이러한 불균등한 혹은 선택적인 합리화 과정은 생활세계의 다양한 영역들에서 기형적 요소들을 양산하게 되고 이들 기형적 요소들이 예컨대, 의미의 상실이라든가, 아노미라든가, 기타 여러 심리학적 질환 등과 같은 사회병리적 현상의 모습으로 나타나게 된다.[33]

이른바 '사회합리화의 패러독스' 또한 이 개념적 틀에 의할 때 다소 상이한 각도에서 설명될 수 있다. 사회합리화의 과정은 이제 더 이상 '가치합리성에 토대를 둔 목적합리성으로부터 그렇지 않은 순수한 목적합리성으로의 전환'이라는 틀로 설명할 필요가 없게 되었다. 이제 '패러독스'라는 논제는 더 이상 두 가지 상이한 형태의 행위지향 간의 관계에 관한 것이 아니라, 두 가지 상이한 사회통합의 원리 간의 관계를 설명하기 위한 것이 된다. 생활세계의 합리화는 먼저 사회합리화 과정이 언어로부터 독립된 매개물들로 전환되는 것을 가능하게 하고, 따라서 이후 형식화된 행위영역들을 독립된 영역으로 분리해 낸다. 여기서 역설적인 것은 형식적으로 조직된 행위의 영역들이 이제 거꾸로 애초 그것을 가능하게 했던 생활세계와

33 Cooke, *Language and Reason*, 6.

그 속에서의 의사소통적 행위의 맥락을 통제하는 기능을 수행한다는 것이다.

중요한 점은, 하버마스에 있어서 '패러독스' 개념은 여전히 유효하지만 그의 관점에서 파악된 패러독스는 베버주의적 패러독스 개념과 근본적으로 상이한 내용으로 구성되어 있다는 점이다. 베버에 있어서 합리화의 패러독스는 말하자면 그 방향이 공상적 패러다임에서 회의주의로 귀착된 것이라고 한다면, 하버마스에 있어서 패러독스는 그 사고의 구조가 이와 정반대 방향으로 전개된 결과라고 할 수 있다. 베버에 있어서 합리화가 패러독스인 것은 그것이 계몽으로 대변되는 유토피아적 전망을 제공하면서도, 동시에 문화적 삶의 영역들을 물화시키고 결과적으로 근대 사회 전반을 이른바 '철의 감옥'으로 이끈 근본 원인으로 분석되었기 때문이다. 베버의 패러독스를 회의주의적 패러독스라고 하는 것도 이 때문이다. 반면에, 하버마스에 있어서 생활세계의 합리화가 패러독스인 것은 그것이 경제적, 행정적 하부체제들을 자율적으로 운영되게 하였으면서도, 그와 동시에 그들 경제적, 국가적 장치들 내에서의 형식화된 행위영역들이 사적인 영역과 공적인 영역 모두에서 탈전통사회적인 생활세계의 기반을 형성하게 함으로써 부르조아 사회의 유토피아적인 지평을 열었고, 그 점에서 여전히 가능성을 유지하고 있는 패러독스이기 때문이다.

비록 하버마스의 사고체계 내에서도 생활세계와 체제 간의 관계는 여전히 패러독스로 인식되고 있지만 그 패러독스는 베버에서처럼 해소 불가능한 것으로 파악되고 있지는 않다. 하버마스가 보기에 이는 이 두 사회적 삶의 양상에서 이루어지는 합리화가 사전에 예정된 형태로 진행되는 것은 아니기 때문이다. 어떻게 보면, 형식화된 제도의 발달은 근대 사회에서 피할 수 없는 현상일지도 모른다. 그러나 하버마스의 기본적 태도는 체제가 생활세계로부터 이탈하는 현상, 곧 체제적 통합이 사회적 통합과 별도로 진행되는 현상 그 자체를 문제로 보아서는 안 된다는 것이다. 왜냐하면, 단지 이 두 형태의 사회 통합이 서로 따로 진행된다는 사실 그 자체로부터 어느 한 쪽이 다른 한 쪽에 전적으로 의존한다는 결론을 내릴 필요는 없기 때문이다. 문제는 이 두 사회 통합의 양상 간에 불균형이 존재할 때 발생한다. 하버마스에 의하면, 근대 사회의 합리화 과정은 체제에 의한 생활세계의 '식민지화'를 초래하였고 이것이 생활세계를 황폐화시켰다는 것이다.

> 마르크스(Marx)와 뒤르껭(Durkheim), 그리고 베버가 각각 나름대로의 방식을 통해서 관심을 가졌던 황폐화는 생활세계의 합리화 그 자체에서 비롯된 것도 아니요, 점증하는 체제의 복잡성 그 자체 때문이었던 것도 아니다. 세계관의 세속화 혹은 사회의 구조적 분화 그 어느 것도 결코 그 자체로, 근대 사회의 치유 불가능한 병리적 현상들의 원인이 되었던 것은 아니다. 일상에서 나타난 의사소통적 실제에 있어서의 문화적 궁핍화가 발생했던 것은 문화적 가치 영역들이 분화되어 제각기 독립적으로 발달해 갔다는 사실 때문이 아니라, 전문적 문화가 일상에서의 의사소통적 행위로부터 엘리트주의적 분열과정을 겪게 되었다는 사실 때문이다. 합리화가 일면적으로 진행된 것, 그리고 일상적 의사소통 행위가 물화의 길을 걷게 된 것은 화폐와 권력 등과 같은 매개물에 의해 조종되는 하부체제와 그것들로 구성된 형식적 조직들이 생활세계와 분열되었다는 사실 그 자체 때문이 아니다. 그것은 경제적, 행정적 합리성이, 화폐와 권력이라는 중간매체들로 전환되기를 거부하는 행위의 영역, 곧 문화적 전승의 과정과 사회적 통합, 그리고 아동의 육성 등의 활동을 담당하는, 그리하여 결국은 상호 이해의 활동에 의존할 수밖에 없는 행위의 영역들로 광범위하게 침투해 들어갔기 때문이다.[34]

생활세계가 체제적 통합이 요구하는 바에 예속되어 버린 일이 왜 사회병리적 현상들로 나타났는지, 그리고 그러한 사회병리적 현상들의 본질은 정확히 어떤 것들인지 하는 점들은 분명 별도의 연구를 통해 밝혀져야 할 것이다. 다만 여기서 필자의 관심은, 만약 우리가 하버마스의 관점을 받아들인다면 우리는 더 이상 합리성 개념 그 자체를 그러한 근대 사회의 문제들을 초래한 원흉으로 볼 필요가 없다는 점을 부각시키는 데 있다. 아닌 게 아니라 필자의 궁극적인 의도는 오히려 합리성 개념을 이와는 정반대의 각도에서 파악하여야 한다는 점을 주장하는 데 있다고 할 수 있다. 합리성은 교육적으로 의미 있는 가치들의 세계에서 추방시켜야 할 대상이 아니라, 그와 반대로 그 가치를 적극적인 방식으로 조명하여야 할 필요가 있는 개념이라는 것이다. 다음 장에서 이 점을 보다 직접적으로 논의하도록 하겠다.

34 Ibid., 330.

제4장

의사소통적 합리성과 교육

* * *

이 장에서는 의사소통적 합리성 개념을 교육적 맥락에 맞게 이해하는 일이 어떻게 이루어질 수 있는가를 탐색해 보고자 한다. 지금까지 진행되어 온 논의에 비추어 보면, 교실 상황은 교사와 학생이 서로 간에 관련된 상황 정의를 공유하고 특정한 경로를 통해 선정된 교과 지식을 이해하는 것을 목적으로 하는 생활세계의 한 측면이라고 할 수 있다. 교실 상황에서 일어나는 여러 가지 일들 중에 어느 것이 이 상황에 적절한 것인가를 판단하는 기준은 교사와 학생들이 공통적으로 그 상황을 이해하고 있는 방식에 따라 결정되며, 이 상황에서 가르치고 배우는 지식은 그들이 서로를 이해하는 방식을 규정하는 일련의 규칙을 따르게 된다. 이하에서 논의될 내용은 교실 상황에서 발생하는 이와 같은 의사소통 행위의 여러 요소들을 의사소통적 합리성이라는 개념적 틀에 따라 펼쳐 보일 때 그것들이 드러낼 모습에 관한 것이다.

기본적인 생각은 다음과 같다. 교육은 특정한 집단을 구성하고 있는 사람들이 현재보다 나은 상태를 추구하며 서로 간에 특별한 방식으로 상호작용하는 일종의 의사소통이다. 교육이라는 의사소통 행위과정에는 무수한 인간사가 개입하고 따라서 고려해야 할 것들이 수없이 많지만, 그 가운데 가장 중요한 것은 그 어떤 규범적인 기준을 토대로 교육 주체들의 행위를 규제하는 규칙을 마련하는 것이다. 필자가 보기에 하버마스의 의사소통적 합리성은 우리가 그 어떤 활동을 '교육'이라는 이름으로 지칭하기 위해 만족시켜야 할 본질적인 기준을 개념화하려는 우리의 노력이 반드시 참조하지 않으면 안 될 기준을 제공하고 있다.

교육적 상황과 담론

교육에 대해서 우리가 지니고 있는 한 가지 기본적인 생각은 그것이 '가르침'과 '배움'이라고 지칭되는 일련의 활동들로 구성되어 있다는 점이다. 여기서 더 나아가, 우리는 특정한 내용을 가르치고 배우는 일은 그 일에 참여하고 있는 사람들 간에 가르치고 배우는 내용에 대한 합의가 이루어져 있지 않으면 결코 가능하지 않다는 점도 기본적으로 가정하고 있다. 여기서 '합의'가 의미하는 바는 가르치는 내용과 관련하여 교사가 주장하는 바들을 학생들이 이해하고 그것들을 타당한 주장들로 받아들인다는 것이다. 교사는 그 내용을 다양한 방식으로 가르칠 수 있고, 학생들 또한 다양한 이유로 교사의 주장에 동의하겠지만, 그것이 진정한 의미에서의 '합의'이기 위해서는 합리적인 방식으로 이루어진 것이지 않으면 안 된다.

하버마스의 '의사소통적 행위' 논제가 교육과 관련되는 것은 바로 이 대목에서이다. 의사소통적 행위는 대화에 참여하는 사람들 간의 이해를 지향하며, 그것의 목적은 "상호 이해, 지식의 공유, 상호 신뢰와 조화를 통한 간주관적 공통성의 형성을 기반으로 한 합의를 이끌어 내는 것이다."[1] 교육은 가르침과 배움이라는 활동에 참여하는 사람들 간의 상호 이해를 논리적으로 가정한다. 특정한 교과를 가르치고 배울 때 우리는 우리가 가르치고 배우는 내용은 서로 간에 이해 가능한 내용이며, 교사와 학생으로서, 가르치고 배우는 내용에 관하여 공통된 이해 기반을 지니고 있다는 점을 명시적으로든 묵시적으로든 주장한다.

교육에 관해서 논의할 때 또한 우리는 교과를 가르치는 쪽과 교과를 배우는 쪽이 그 교과와 관련하여 상이한 수준에 있다는 점을 상정한다. 현재 가르치고 배우는 교과에 관해서 학생이 교사보다 더 잘 알고 있다고 하면 그 내용에 관한 한 교사가 그 학생을 가르친다는 말은 무의미하다. 가르침과 배움이라는 개념은 그 자체로 이 상호작용에 참여하는 두 집단 간에 지식의 질과 양에서 차이가 존재한다는 점을 가정하고 있다. '학생'과 '교사' 간의 교육적인 관계가 그 어떤 내용을 가르치고 배우는 활동에 의해서 성립되어 있는 한, 학생이 교사를 가르친다거나 혹은 교사가 학생으로부터 배운다는 말은 논리적으로 모순이다. 교사와 학생은 오직 그들이 가르치고 배우는 교과 지식의 수준에서 차이가 있을 때 비로소 '교사'와 '학생'으로서 관계를 형성한다. 여기서 중요한 점은 바로 그러한 상황

1 Thomas McCarthy, *The Critical Theory of Jürgen Habermas* (Cambridge: The MIT Press, 1981), 290.

에서 어떤 일이 일어나는가 하는 점이다.

만약 이 상황에서 교사가 학생에게 진정으로 올바른 방식으로 교과를 가르치고자 한다면 교사는 첫째, 그 교과가 명제적인 지식일 경우에는 그것이 참임을 증명하고자 할 것이며 둘째, 그 교과가 규범적인 맥락에 관한 것일 경우에는 그것이 올바르다거나 적절하다는 것을 증명하려고 할 것이다. 그리고 이 두 경우 모두 교사는 자기의 노력이 진실된 것이라는 점을 동시에 보이려고 할 것이다.

이것을 하버마스의 용어로 옮겨 쓰면 다음과 같다. 교육적인 상황에 참여하는 사람들은 다음 네 가지 형태의 타당성을 주장한다. 첫째, 교사와 학생은 자신이 말하는 내용이 문법적으로 정확하며 따라서 상호 이해 가능한 것이라는 점을 주장한다. 둘째, 교사와 학생은 현재 대화의 주제가 객관적 세계에 관한 내용이라면 그것이 참이라는 것을 주장한다. 셋째, 교사와 학생은 현재 대화의 주제가 현존하는 규범과 가치에 관한 것이라면 그것이 올바르고 적절하다는 것을 주장한다. 넷째, 교사와 학생은 객관적 사실에 대한 주장이거나 규범적 내용에 관한 주장이거나 간에 그것들에 관해 말할 때 자신은 정직하고 진실하다는 것을 주장한다.

합리성은 항상 비판적인 상황을 가정한다. 어떤 의미에서 보면, 우리가 합리성을 필요로 하는 것은 일이 비합리적으로 진행될 가능성이 항시 있기 때문이라고 할 수 있다. 그러므로 위에서 든 교육적 상황들 또한 그 어떤 이유들로 인해서 방해받을 수 있는 가능성이 얼마든지 있다. 교육적 상황에 참여하는 사람들이 제기하는 네 가지의 타당성 주장은 그것들 그대로 교육적 관계가 붕괴되거나 혹은 방해를 받는 네 가지 모습으로 나타날 수 있다는 것이다.

만약 말하고 있는 내용의 이해가능성에 대한 주장이 의문시된다면, 교사와 학생 간의 상호작용은 쌍방 간에 그것이 왜 그러한가를 인식하고, 예컨대 추가적인 설명이나 해명, 반복, 번역, 의미상의 약속 등을 통해서 오해를 해소하고 난 뒤에 계속될 수 있다. 만약 교사나 학생의 정직성이나 진실성이 의문시된다면—예컨대, 학생이 거짓말을 하고 있다고 교사가 의심한다거나, 교사가 의도적으로 잘못된 사실을 받아들이도록 하는 것이라고 학생이 생각하는 경우—이후 교사와 학생 간의 상호작용은 "확신, 행위의 일관성, 논리적인 결론을 도출하고 그것을 기꺼이 받아들이고 그것을 토대로 자신의 행위를 이끌어 가려는 태도, 책임과 의무를 기꺼이 받아들이는 성실성 등"[2]을 통해서 쌍방이 서로 간에 신뢰를 회복하고 난 후에라야 계속 진행될 수 있다. 참여자들 간에 대화가 지속되려면 이러한 노력들이 모두 합리적인 방식으로 이루어져야 하지만, 여기서는 특히 주장의 진실성과 규범적 타당성이 문제시될 경우에 주의를 기울일 필요가 있다. 이들 경우에 혼란은 다른 경우들보다 훨씬 심각하게 진행될 수 있으며, 그 점에서 보다 복잡한 형태의 합리성이 요구되기 때문이다.

하버마스는 일상적으로 이루어지는 의사소통적 상호작용과 그 자신이 '담론'이라고 지칭하는 상황을 구분한다. 전자는 대화 참여자들 간에 제기된 타당성에 대한 주장들이 주어진 상황 내에서 다소간 큰 문제없이 받아들여지는 경우를 가리킨다. 그러나 후자의 경우는 그러한 통상적인 맥락에서의 상호작용에 그 어떤 불균형이 유발되어, 서로 간에 제기된 주장의 타당성이 심각하게 문제시되어 이제는 평소와는 다른 형태의 논의 방식이 필요하게 된 경우를 가

2 Ibid., 289

리킨다. 쿠크(Maeve Cooke)의 구분 방식에 의하면, 전자는 대단히 초보적인 형태의 논증 과정으로서 "그 논증에 동원된 이유 혹은 증거들이 대화 쌍방이 공유하고 있는 전통과 그들이 공통적으로 삶을 살고 있는 공동체 내에서 합의된 규범 등에 의해서 사전에 결정된 것들로 받아들여지는 경우이며"[3] 그 점에서 '관습적인' 상호작용이라고 할 수 있다. 다른 한편 후자는 대단히 비판적이고 개방된 형태의 논증 과정으로, 이 경우에는 참여자들이 제기한 타당성들 중에 원칙적으로 그 어떤 것들도 비판으로부터 자유로운 것으로 간주되지 않는다.

양자를 이와 같이 구분하는 일의 목적이 후자를 더 주목하는 데 있다는 점은 명백하다. 담론적 상황이라는 것은 의사소통적 상호작용이 중단되었을 때 그것을 오로지 현재 이루어지고 있는 논증과 관련 있는 증거와 이유들에 의해서만 해결하는, 일종의 이념적인 상황이라고 할 수 있다. 하버마스의 용어를 사용하면, 그것은 대단히 '비현실적인' 상황이다. 담론 상황에 참여하는 사람들은 스스로를 오직 '보다 나은 논증의 힘'(force of better argument)에 종속시킴으로써 의사소통 행위를 현재 논의되고 있는 주제와 관련되지 않은 일체의 외적 요소들로부터 단절시킨다. 이 상황에서의 목적은 오로지, 문제시되고 있는 주장이 타당한가 타당하지 않은가에 대해 그 주장과 관련된 증거들만을 토대로 대화 참여자 쌍방 간에 합의를 도출하는 것이다.[4] 비록 이와 같은 형태의 의사소통 상황을 실제로는 찾아보기 힘들다고 하더라도, 이 이념을 통해서 우리는 합리적 의사

3 Cooke, *Language and Reason*, 30.
4 McCarthy, *The Critical Theory of Jürgen Habermas*, 292.

소통의 기준을 마련할 수 있다.

명제적 지식의 진리와 규범적 지식의 적절성에 대한 주장과 관련하여 의사소통이 방해를 받게 되면, 만약 그 상황이 일상적인 가르침과 배움이 이루어지고 있는 경우라면, 그러한 의사소통을 심각하게 중단하지 않고도 현재 주어진 맥락 안에서 기존의 주장을 옹호하는 추가적인 정보를 확보함으로써 문제는 쉽게 해결될 수 있을 것이다. 그러나 이와 달리 상황이 더 악화될 가능성은 언제든지 존재한다. 곧, 객관적 진실성과 규범적 적절성에 대한 '타당성 주장'이 결코 기존의 맥락을 유지하면서 해결될 수 없는 경우이다. 하버마스에 의하면, 이러한 경우에 의사소통이 합리적인 방식으로 진행되기 위해서 대화 참여자들 간의 상호작용은 통상적인 차원의 범위를 벗어나게 된다. 대화의 주제가 객관적 세계에 관한 것이고 그에 대한 대화 쌍방 간의 타당성 주장이 심각하게 도전을 받게 될 때, 대화는 이제 하버마스의 용어로 '이론적 담론'(theoretical discourse)의 차원으로 접어들게 된다. 대화의 주제가 규범과 가치에 관한 것이고 그에 대한 대화 쌍방 간의 타당성 주장이 심각하게 도전을 받게 될 때, 대화는 이제 기존의 행위 맥락을 넘어 하버마스의 용어로 '실천적 담론'(practical discourse)의 상황으로 접어들게 된다.

의사소통적 상호작용이 갖게 되는 이와 같은 담론적 특성 가운데 가장 중요한 사항은 아마도 그 상황이 어떤 방식으로 해결되는가 하는 점일 것이다. 대화 쌍방이 객관적 세계에 관한 사실을 주제로 하여 격돌하고 있을 때, 곧 경쟁하는 두 주장이 명제적 지식에 관한 것일 때, 그 논쟁이 어떤 식으로 해결될지는 비교적 명백해 보인다. 그러나 심지어 이 경우에조차도 상황을 조금만 더 자세히 들여다보면 문제가 그리 간단하지 않다는 것을 알 수 있다. 왜냐하면, 이론적 담론을 통하여 우리가 합의하고자 하는 바가 선험적으로 존재하는 그 어떤 종류의 '진리'이며 우리의 이론적 담론 활동은 그와 같은 선험적 진리를 단지 발견하는 데에만 목적이 있는 것이라고 결코 할 수 없기 때문이다. '진리' 그 자체는 우리의 논증 활동과 밀접하게 연결되어 있으며, 그것은 결국 대화 쌍방 간에 비판적으로 검토하고 부정하고 수정하고 승인하고자 하는 '타당성 주장' 그 자체와 별도로 존재하는 것이 아니라고 보아야 한다. "진리를 판별하는 기준과 진리에 대한 논쟁을 판결하는 기준은 궁극적으로 서로 분리될 수 없는 것"[5]이라고 보아야 하며, "합리적으로 이루어진 합의야말로 진리의 궁극적인 기준이며, 진리에 대한 상이한 주장들 간에 발생하는 갈등을 해소하는 일은 우리의 언어사용 행위와 전혀 상관없이 존재하는 것으로 상정되는 실재(實在)와의 대응에 의해서라든가 혹은 그러한 실재의 확실성에 대한 경험 따위에 의해서가 아니라, 합리적인 논증 과정을 토대로 이루어진다."[6]

또 하나 중요한 점은 상이한 타당성 주장들 간에 합의를 도출하는 과정은 단지 대화 참여자들 간에 아무렇게나 임의적으로 합의를 이끌어 낸다는 말이 결코 아니라는 점이다. 그것이 합리적인 의사결정 과정이라는 점은 그것이 그 어떤 엄격한 조건을 만족시킴으로써, 단지 합리성의 외형만을 갖춘 의사결정 과정 혹은 그와 유사한 형태의 '위조(僞造)된' 합의와는 구분되는 것이어야 한다는 점을 의미한다. 의사소통적 상호작용이 이론적 담론의 형태로 이루어질 수 있다는 사실은 그 자체로, 진정한 합의는 위조된 합의 혹은 '거짓 합의'와

5 Ibid., 303.
6 Ibid., 304.

구분될 수 있다는 점을 말해 준다. 이 시점에서는 다소 불분명해 보일 수 있으나, 하버마스의 생각은 합리적 합의는 오로지 '보다 좋은 주장의 효력'에 의해서 성취된 합의를 의미한다. 자신의 주장이 타당한 주장이라는 점을 합리적으로 논증하려면 현재 담론의 주제와 무관한 그 어떤 형태의 외적 제약이나 압력도 개입시켜서는 안 된다는 것이다.

하버마스에 있어서 한 가지 흥미로운 것은 이론적 담론에 작용하는 합리성의 특징들이 별다른 수정 없이 실천적 담론에 그대로 적용될 수 있다는 아이디어이다. 이론적 논쟁의 논리와 실천적 논쟁의 논리가 서로 같지 않다는 점은 사실인 것 같으나, 이 점이 도덕적-정치적 질문에는 이성이 작용할 필요가 없으며 따라서 '보다 나은 주장의 효력'에 의해 해결될 필요가 없다는 것을 의미하는 것은 아니라는 것이다. 실천적 담론 또한 '진리'에 관한 담론이며, 따라서 그와 관련된 논쟁의 과정은 이론적 담론이 따르는 과정과 하등 다를 것이 없다. 물론 여기서 '진리'의 의미가 다소 확장될 필요는 있겠으나, 그것의 본질적인 의미는 이론적 담론의 맥락과 일관된다고 보아야 한다. 왜냐하면, 이론적 담론 상황에서와 꼭 마찬가지로 실천적 담론 상황에서의 '진리' 또한 간주관적으로 성립된 규범의 세계를 토대로 하여 이루어진 타당성 주장들을 합리적으로 평가하는 일을 통해서 결정되지 않으면 안 되기 때문이다. 그러므로 실천적 담론의 목적은 "올바른 것은 무엇인가에 대하여 합리적인 동의를 이끌어 내는 데 있으며, 그 동의는 현재 진행되고 있는 논쟁과 관련하여 그 어떤 형태의 외적인 혹은 내적인 제약이 없는 상태에서 오로지 제시된 증거와 그에 관한 논증에 의해서만 이루어진 것이라야 한다."[7]

개념적인 차원에서 보면 교육적 상황에서 이루어지고 있는 일들은 합리성의 원리에 따라서 규제되는 의사소통적 상호작용과 동일한 방식으로 설명될 수 있다. 교사와 학생 간의 상호작용은 특정 주제에 관하여, 명시적으로든 묵시적으로든, 네 가지 형태의 타당성을 주장하고 그것들에 대하여 동의함으로써 합리적인 동의를 향해 나아가는 대화 참여자들 간의 상호작용과 동일한 것으로 간주될 수 있다. '보다 나은 주장의 효력'이라는 개념과 '이상적인 담화 상황'의 개념은 이와 같은 교육적 상호작용과 그것을 통한 합의가 오직 현재 가르치고 배우는 교과와 유관한 요소들로만 이루어져야 한다는 점을 요구한다. 실천적 담론의 가능성, 곧 도덕적-정치적 논쟁도 일종의 담론적 차원에서 이루어질 수 있다는 생각은, 말하자면 '도덕적 가르침'과 '도덕적 배움'이라고 할 수 있는 것도 합리성의 개념과 연관 지어 논의될 수 있다는 점을 함의한다. 요컨대, 의사소통적 합리성의 개념은 하나의 이상적인 교육적 상황의 모습을 제시해 줌으로써, 현실적으로 이루어지고 있는 다양한 형태의 교육적 실천 상황들에 대하여 우리가 비판적 논의를 행할 때 기준으로 삼아야 할 준거를 제공하고 있다.

영의 '이상적인 교육적 담화 상황'

하버마스의 의사소통적 행위 이론을 교육과 연관 지으려는 노력은 영(Robert Young)의 논의에서도 발견된다. 모르긴 해도 영은 하버

---

7 Ibid., 312.

마스의 비판이론을 교육학적 논의에 가장 활발하게 적용하고 있는 사람들 가운데 한 사람이라고 할 수 있는데, 1990년에 발간된 저작물에서 그는 하버마스의 의사소통적 합리성 개념을 교실 상황의 맥락에서 재구성하고 있다. 영의 '이상적인 교육적 담화 상황'(ideal pedagogical speech situation)은 명백히 하버마스의 '이상적 담화 상황'에서 유래된 것이라고 할 수 있다. 하버마스가 이상적 담화 상황의 개념을 일상에서 이루어지는 언어적 소통의 전제를 재구성하는 근거로 삼음으로써 그의 비판적 논의의 규준으로 삼고 있는 것처럼, 영의 '이상적인 교육적 담화 상황'이라는 개념은 교실 상황에서 이루어지고 있는 왜곡된 의사소통들을 비판하기 위한 규준으로 작용하고 있다. 따라서, 대체로 말해서, '이상적인 교육적 담화 상황'은 "학생들이 그들에게 제시된 관점들을 합리적인 방식으로, 혹은 적어도 합리적인 평가의 여지를 담고 있는 방식으로 바라볼 수 있게 하는 상황"[8]이라고 기술될 수 있다.

영에 의하면, '이상적 담화 상황'은 적어도 두 가지 의미를 지니고 있다. 그 하나는 이 개념에 의해서 비판적으로 재구성된, 일상적인 언어적 소통의 전제들은 언어적 소통이 역사적 차이 혹은 문화적 차이를 초월한다는 의미에서의 보편성을 띨 수 있게 한다는 점이다. 다른 하나는 그러한 전제들은 우리가 일상적으로 경험하는 현실 속에서는 발견되지 않는다는 점에서 반사실적(反事實的)라는 점, 그러나 그럼에도 불구하고 그것들은 우리의 언어적 소통이 가능하기 위해서 반드시 받아들이지 않으면 안 되는 비판적 규준을

8 Robert E. Young, *A Critical Theory of Education: Habermas and Our Children's Future* (New York: Teachers College Press, 1990), 107.

제공하고 있다는 점이다. 한편으로, '이상적 담화 상황'은 그것이 비현실적이라는 점에서 '이상적'이지만, 다른 한편으로, 우리 인간의 모든 언어적 소통 행위의 기반이 되는 비판적 근거로 기능한다는 점에서 또한 '이상적'인 것이라 할 수 있다.

영이 하버마스의 논의에서 첫 번째로 채택한 것은 그의 언어이론에 반영된 사회적 맥락에 대한 관심이라 할 수 있다. 하버마스에 의하면, 그 어떤 문장이 의미를 가지려면 그것이 사용된 상황을 들여다보지 않으면 안 된다. 이 점은 요즘의 관점에서 보면 거의 의심의 여지가 없어 보이나, 의외로 언어에 관한 많은 철학적 논의들에서 간과되어 왔다. 영의 주장에 따르면, 사람들은 특정한 실천적 상황 속에서 그 어떤 목적을 성취하기 위해서 문장을 사용하며, 바로 이 점은 그 문장의 의미를 분석할 때 반드시 고려되어야 할 사항이다. 따라서 이제 의미이론은 한편으로는 명제들 간의 진리 관계의 범위 밖에서 규정되는 의미들까지도 다루어야 하며, 다른 한편으로는 말하는 사람—화자(話者)—과 듣는 사람—청자(聽者)—이 서로 간에 제기하는 타당성 주장과 그에 대한 각각의 반응 방식들에까지 확대되어야 한다. 그러나 하버마스의 중요성은 그의 관심이 이와 같은 경우 화자의 주관적인 의도에만 머무르지 않는다는 점에 있다. 화자가 청자에게 말을 할 때 그가 지니고 있는 의도나 목적은 청자가 이해하는 바와 별도로 성립하며 그 점에서 철저히 주관적이라는 생각에 하버마스는 동의하지 않는다. 문장이나 기호는 공적으로 형성된, 화자와 청자가 공유하는 언어 체제 내에서 의미를 갖게 된다. 요컨대, 화자가 하는 말은 그 말을 하는 사회적 맥락 속에서 의미를 지니게 되며, 그러한 사회적 맥락으로 인하여 그 맥락을 공유하고 있는 사람들 간에 이해 가능한 객관성을 지니게 되는 것이다.

이제 이 즈음에서 분명해진 것은 이들 두 요소, 곧 맥락과 의미는 서로 분리될 수 없는 요소이며, 이는 앞서 생활세계를 논의할 때 우리가 얻은 결론과 일관된다. 우리가 하는 말의 의미는 말하자면 선험적으로 규정되는 것이 아니다. 그것의 의미는 화자와 청자가 서로 공유하고 있는 맥락이 있고 화자가 하는 말이 그 맥락 속에서 그 맥락에 관련된 것일 때 비로소 성립하게 된다는 것이다.

영이 언급하고 있는 또 다른 하버마스의 논점은 이성에 대한 데카르트의 유아론적(唯我論的) 개념으로부터 유래된 것으로 알려져 있는, 합리성과 의미에 대한 독백론적(獨白論的) 관점을 거부하는 그의 시각이다. 합리성은 이제 타인들과의 상호작용이 전혀 없이 고립된 상태에 있는 앎의 주체가 혼자만의 관조를 통해서 형성해 낸 그 어떤 것이 아니다. 언어의 의미는 이제 이와 정반대로 사람들 사이에서, 그들 간에 말이 오갈 때 비로소 만들어지는 것으로 이해되어야 한다. 그리고 바로 이 점 때문에 의사소통은 단지 '의사소통'으로서가 아니라 '행위' 혹은 '활동'으로 이해되어야 한다. "인간의 언어는 맥락 속에서 의미를 지니게 된다. 따라서 언어의 발설(發說)은 이제 언어행위 혹은 언어활동으로 간주되어야 할 것이다."[9]

영은 하버마스가 '발화를 통한'(illocutionary) 의사소통 행위와 '발화에 의한'(perlocutionary) 의사소통 행위를 구분한 오스틴(John L. Austin)의 논점을 채택하고 있다는 점에 특히 관심을 기울이고 있다.[10] 하버마스가 이 구분을 그의 논의에 활용한 이유가 그것을 통해 의사소통적 행위의 의미를 조명하고 그것을 전략적(戰略的) 행위와

---

9 Ibid., 101.

10 Ibid., 101-2. 이 구분에 대한 하버마스의 논의는 *The Theory of Communicative Action*의 제1권 288-95 참조.

구분 짓고자 했다는 점에 있다는 것은 명백해 보인다. 오스틴이 구분하고 있는 각각의 언어행위를 간단히 검토해 보면 다음과 같다.

'발화의' 라고 번역한 'locutionary' 는 화자가 발언한 바, 그 명제적 내용을 가리키는 말이라 할 수 있다. '발화 행위' (locutionary act)를 통해서 화자는 그 어떤 사실을 표현하고자 한다. 다시 말하면, '발화 행위' 는 화자가 무언가를 말하는 행위, 그것을 가리킨다. '발화를 통한' 이라고 번역한 'illocutionary' 는 화자가 '발화 행위' 를 통해서 말한 바의 내용으로써 취하고자 하는 행위를 가리키는 말이라 할 수 있다. '발화를 통한 의사소통 행위' (illocutionary act)를 통해서 화자는 자기의 발언 속에서 진술한 행위를 수행하고자 한다는 것을 청자에게 알리게 된다. 화자의 '발화를 통한 의사소통 행위' 는 그 기능에 따라 단순 진술, 약속, 명령, 승인 등으로 구분될 수 있다. 마지막으로 '발화에 의한' 이라고 번역한 'perlocutionary' 는 화자가 그 어떤 발언을 함으로써 청자에게서 기대하는 결과적 효과를 가리키는 말이라 할 수 있다. 화자는 '발화에 의한 의사소통 행위' (perlocutionary act)를 통해서 청자에게 자신의 발화 행위가 의미하는 바 이외의 그 어떤 영향을 주고자 한다.

'발화를 통한 의사소통 행위' 와 '발화에 의한 의사소통 행위' 의 차이는 어떤 말을 할 때 화자의 의도가 그가 한 말의 의미와 상이할 때 발생한다. 물론 흔히 우리가 하는 말은 듣는 사람에게 원래 의도하지 않았던 부수적인 결과를 가져올 수 있다. 그러나 하버마스의 관심은 그와 같은 사소한 경우들에 있었던 것이 아니라, 화자가 의도적으로 자기가 말한 바의 내용과 다른 효과를 청자에게 기대하는 경우들에 있었다. 그러므로 화자의 발화 행위는 두 가지 상이한 방식으로 이루어질 수 있다.

첫 번째는 화자가 자신의 발언 내용과 동일한 의도를 가지고 있고 청자에게서도 동일한 효과를 기대하는 경우이다. 이 경우 화자는 오직 '발화를 통한 의사소통 행위'만을 수행하게 된다. 화자는 자신이 발언한 내용이 자의적으로 의미하는 바 이외의 그 어떤 효과도 청자에게서 기대하고 있지 않다. 만약 화자가 의미했던 바와 다른 일이 청자에게서 일어났다면, 그것은 단순히 청자가 화자의 발언을 오해하였기 때문일 것이며, 따라서 청자가 자신을 오해하였다는 것이 드러났을 경우 화자는 곧바로 그 오해를 풀기 위해서 추가적인 설명을 제공하거나 청자의 첫 반응을 부인하거나 심지어는 청자가 계속해서 자기를 오해하는 일을 방지하기 위해 사과를 하고자 할 것이다.

두 번째는 화자가 특정한 내용의 발언을 하지만 그것과 다른 의도를 지니고 있는 경우이다. 여기서 화자는 자기가 말한 것의 '의미'를 대화 쌍방 모두가 동일한 방식으로 이해하기를 기대한다. 그러므로 이 경우 화자는 분명히 자기가 말한 것의 의미를 알고 있으며 그와 동시에 청자도 동일한 의미로 자기 말을 받아들이기를 기대한다. 따라서 청자의 입장에서 보면 화자는 오로지 '발화를 통한 의사소통 행위'만을 수행하고 있는 것이 된다. '발화에 의한 의사소통 행위'의 핵심은 청자가 화자의 발화 행위를 오직 '발화를 통한 의사소통 행위'만으로 받아들이고 있다는 바로 그 점을 화자가 이용한다는 점에 있다. '발화에 의한 의사소통 행위'의 경우, 화자의 일차적인 관심은 자기가 말한 것을 청자가 '제대로' 이해하도록 하는 일에 있지 않다. 화자의 관심은 자기의 '발화를 통한 의사소통 행위'를 청자가 오로지 '발화를 통한 의사소통 행위'로 받아들이는 것을 이용하여 그 어떤 다른 목적을 성취하는 데에 있다는 것이다.

> '발화를 통한 의사소통 행위'를 통해서 화자가 성취하고자 하는 목적이 무엇인가 하는 것은 그의 발언 내용 그 자체를 분석해 보면 알 수 있다.… '발화를 통한 의사소통 행위'에 의해 화자는 자기의 말이 상대방에게 인사, 명령, 경고, 설명 등으로 받아들여지기를 원한다는 사실을 청자에게 알리고자 한다. 이 같은 의사소통 행위에서 화자가 지니는 의도는 그의 언어 행위가 명백하게 의미하고 있는 바를 청자가 이해해 주는 것의 범위를 넘지 않는다. 이와 대조적으로 '발화에 의한 의사소통 행위'의 경우 화자의 목적이 무엇인가 하는 것은, 마치 대개 목표지향적인 행위를 할 때 사람들이 지니고 있는 목적들처럼, 그가 말한 바의 내용이 명백히 의미하는 바를 통해서는 알 수 없다. 그가 그 말을 함으로써 목적하는 바가 무엇인가 하는 것은 그가 어떤 의도를 지니고 있는지를 통해서 알 수 있다.[11]

여기서 한 가지 놓쳐서는 안 될 점은 '발화에 의한 의사소통 행위'의 경우에 화자의 의도는 청자 쪽에서 화자의 말을 화자가 의도하는 대로 이해하지 않으면 성공적으로 실현될 수 없다는 점이다. 달리 말하면, '발화에 의한 의사소통 행위'는 '발화를 통한 의사소통 행위'를 가정한다는 것이다. 화자가 자신이 하는 말의 의미와 다른 의도를 그 말을 통해서 실현하고자 할 경우에 청자는 화자의 말을 오직 액면 그대로 받아들여야 하며, 화자는 청자와의 바로 이 관계를 도구적으로 활용하는 것이다. "발화에 의한 의사소통 행위의 효과는 화자의 언어행위가 성공을 달성하려고 하는 행위와 맞물려 수행될 때 비로소 발휘될 수 있다. 발화에 의한 의사소통 행위는 의사소통을 행하는 주체의 언어행위가 전략적 상호작용의 맥락과 통합되는 하나의 예를 보여 준다."[12]

11 Habermas, *The Theory of Communicative Action, Volume One*, 290.

앞에서도 언급한 바와 같이, 하버마스가 자신의 논의에 오스틴의 '발화를 통한 의사소통 행위'와 '발화에 의한 의사소통 행위' 간의 구분을 끌어들인 이유는 '발화를 통한 의사소통 행위'의 개념을 통하여 자신의 의사소통적 행위 개념의 의미를 명백히 하는 데에 있다. 의사소통적 행위, 곧 대화 참여자 간의 이해를 지향하는 행위는 오스틴의 '발화를 통한 의사소통 행위'와 관련 지어 설명할 수 있다는 것이다. 물론 사람들이 수행하는 모든 언어적 행동을 의사소통적 행위로 간주할 수는 없다고 하더라도, 이 형태의 행위와 또 한 가지 형태의 행위, 곧 의사소통적 행위를 수단으로 하여 그 어떤 다른 실제적 목표를 달성하는 것을 목적으로 하는 그런 형태의 행위는 명백히 구분되어야 한다. 하버마스가 '의사소통적 행위'라고 지칭하는 행위는 서로 간에 의사를 교환하는 활동에 참여하는 사람들 모두가 각자의 개별적인 행위 계획을 수행하는 과정에서 온전히 다른 사람들의 의지와 조화를 이루게 하는 행위를 의미한다.

> 따라서 나는 참여자 모누가 발화를 통한 의사소통 행위 그 자체만을 목적으로 대화를 진행해 나가는 그런 언어적 상호작용을 의사소통적 행위로 보고자 한다. 이와 달리 대화 참여자들 중에 어느 한 쪽이라노 사신의 밀을 수단으로 하여 듣는 쪽에 그 말의 내용과 의미상의 관련이 없는 그 어떤 효과를 발생시키려고 한다면, 나는 이와 같은 행위를 가리켜 언어를 매개로 한 전략적 행위로 간주하겠다.[13]

영도 이와 마찬가지로 대화 쌍방 간의 이해를 지향하는 행위와,

12 Ibid., 292.
13 Ibid., 295.

이해를 지향하는 것 그 자체가 아닌 모종의 다른 일을 도모하는 행위를 구분 짓는 데에 관심을 두고 있다. 명백히 하버마스의 의사소통적 행위의 개념을 토대로 재구성된 '이상적인 교육적 담화 상황' 개념을 통해서 영은 두 가지 사항을 부각시키고자 한다. 하나는 의사소통적 행위를 수행할 때 그 참여자들은 각자의 활동 계획을 다른 사람들의 것과 조화시키거나 조정하려고 한다는 점이다. 여기서 '조화'시킨다거나 '조정'한다는 말은 한 쪽이 다른 쪽을 단순히 자기 쪽의 활동 계획에 따르도록 한다는 의미가 결코 아니다. 의사소통적 행위와 전략적 행위의 차이는 후자는 합당한 이유나 근거에 의해서가 아니라, 상대방의 심리적 약점을 이용한다거나 공포감을 조성한다거나 보상이나 처벌을 동원한다거나 하는 등의 방법을 활용하여 상대방을 자기 주장에 따르도록 한다는 점에 있다.

영이 부각시키고자 한 또 하나의 사항은 하버마스의 논의에서 '이해를 지향한다' 혹은 '이해에 도달한다'고 하는 말에서 등장하는 '의미'와 '타당성' 간의 관계에 관한 것이다. 영에 의하면 하버마스의 논점은 다음과 같이 재구성될 수 있다. 1) 한 진술의 의미는 그것의 진리조건과 맞물려 있고, 2) 규범적인 진술과 표현적인 진술도 합리적인 방식으로 그 타당성이 평가될 수 있으며, 마지막으로 가장 중요한 것으로서 3) 모든 발화 행위는 그 발화의 내용이 타당하다는 주장, 곧 '타당성 주장'(validity claim)을 제기하는 것이며, 대화 쌍방 간에 이해를 지향한다거나 이해에 도달한다는 것은 각자가 제기한 그와 같은 타당성 주장을 상대방이 받아들이거나 혹은 거부하는 행위로 이루어진다. 요컨대, 대화 참여자들이 서로 간의 이해에 도달하는 과정은 특정한 주제에 관한 자신의 발언이 타당하다는 화자의 주장에 대하여 청자가 그 주장의 근거 혹은 이유를 받아들이는, 둘 간의 상호작용에 의하여 이루어진다. 자신의 주장이 타당하다는 점을 받아들이라는 화자의 요구는 청자가 그것에 대해서 긍정적인 반응을 보일 조건을 충족시켜야만 비로소 수용 가능한 것이 된다.

하버마스의 '이상적 담화 상황'과 관련하여 영이 지적하고자 하는 것은 필자가 이 장 초두에서 제안한 것과 크게 다르지 않다. 영이 지적하고자 하는 바는 '이상적인 교육적 담화 상황'은 교실 상황에서 교사와 학생 간에 이루어지는 의사소통적 행위에 해당한다는 점에서 하버마스의 '이상적 담화 상황'의 특별한 경우가 될 수 있다는 점이다. 학생은 이 상황에서 특정한 주제에 관하여 교사가 제시하고 있는 관점을 합리적으로 평가하거나 혹은 그럴 기회를 가질 수 있게 된다.

의사소통적 행위는 오직 '발화를 통한 의사소통 행위' 개념으로써만 설명될 수 있다는 점은 앞에서 이미 언급한 바와 같다. 영에 의하면 만약 '이상적인 교육적 담화 상황'이 위에서와 같이 정의된다면, '교육적인' 담화 행위로 분류되어야 할 것도 '발화에 의한' 것이 아닌 '발화를 통한' 의사소통 행위일 수밖에 없다. 필자가 보기에 여기서 영이 제안하는 것은 이 관점이야말로 우리가 교육이라고 부를 만한 활동에 종사할 때 반드시 고려하지 않으면 안 될 조건이라는 점이다. 물론 '이상적인 교육적 담화 상황'은 우리의 모든 교실 상황에서 예외 없이 성취되어야 할 상황이라거나, 혹은 교사와 학생 간에 이루어지는 모든 형태의 의사소통은 바로 이 개념으로 설명되어야 한다고 주장하는 것은 다소 지나친 관점이 될 것이다. 요점은 '이상적인 교육적 담화 상황'의 개념은 교사와 학생 간의 의사소통 활동들이 '교육적인' 방식으로 이루어지고 있는지 그렇지 않은지를 비판적으로 바라볼 수 있게 하는 준거를 제공한다는 점이다.

한 가지 도전

그런데 하버마스의 의사소통적 행위의 개념을 교육적 상호작용의 성격을 규정하는 비판적 준거로 보고자 하는 필자의 관점과 사뭇 다른 관점이 전혀 없는 것도 아니다. 자신의 한 논문[14]에서 헤슬렙(Robert Heslep)은 하버마스의 '의사소통 이론'은 교실 상황에서 일어나는 의사소통에 대한 우리의 통상적인 이해에 들어맞지 않는다고 주장한다. 헤슬렙에 의하면, 하버마스의 '의사소통 이론'에서 핵심적인 개념은 '발화 행위'—"말하는 사람과 듣는 사람이 서로 간에 합의된 타당성의 기준에 의거하여 상호 이해를 지향하고 그럼으로써 합리성을 하나의 내재적인 최고의 가치로서 추구하는 행위"[15]—이며, 하버마스는 이 개념을 토대로 자신이 '의사소통적 행위' 이론이라고 지칭하는 '의사소통 이론'을 전개한다.[16] 헤슬렙이 보기에 하버마스 이론이 지닌 가장 심각한 오류는 의사소통을 본질적으로 '합리주의적'인 것으로 보고 있다는 점이며, 그 결과 가르치는 활동에 개재되는 의사소통을 이해하는 우리의 일반적인 틀로서 기능할 수 없다.

헤슬렙이 하버마스의 의사소통적 행위 이론을 거부하는 가장 핵심적인 이유는 그것이 일반적인 의미에서 하나의 의사소통 이론으

14 Robert D. Heslep, "Habermas on Communication in Teaching," *Educational Theory* 51, no. 2 (2001): 191–207.

15 Ibid., 191.

16 Ibid., 192.

로 간주될 수 없다는 데에 있다.[17] 헤슬렙에 의하면 여기에는 적어도 세 가지 근거가 있다. 첫째, 하버마스의 주장을 따르게 되면 우리는 상호 간에 이해를 추구하는 행위들만을 의사소통이라고 하여야 한다. 그러므로 교사가 목적론적(teleological) 모형에 따라 언어를 사용하는 경우—가령 학생들에게 대수학(代數學)은 대단히 중요한 교과목이라는 점을 설득하는 경우—나 혹은 한 학생에게 조용히 하라고 말하는 경우—곧, 규범적(normative) 모형에 따라 언어를 사용하는 경우—나 혹은 학생이 교사에게 자신에 대해서 얘기를 하고 있는 경우—연출적(dramaturgical) 모형—는 의사소통을 하고 있지 않는 셈이 된다.

둘째, 하버마스의 의사소통적 행위 이론에서 의사소통은 오직 말, 다시 말하면 언어적 행위로만 이루어진다. 이는 곧 의사소통이라는 것은, 비록 얼굴 표정, 몸짓, 자세 등과 같은 여타의 매체들을 배제하지는 않는다고 하더라도, 그 정당성을 입증할 수 있는 진술의 형태로만 이루어져야 한다는 것을 의미한다. 따라서 예컨대, "문학 작품을 쓰거나 영화를 한 편 만드는 일도 그 속의 개별적인 문장이나 글 전체를 통해서 정당화가 가능한 진술의 형태로 표현되어 있으면 의사소통 행위[18]로 볼 수 있지만 그렇지 않으면 의사소통이라고 할 수 없다."[19] 마찬가지 이유로 "무용 공연, 음악 연주회, 그리고 이들과 유

---

17 이하에서 논의되겠지만, 특히 이 점에서 하버마스에 대한 헤슬렙의 비판은 받아들이기 힘들다.

18 이후 보다 자세히 분석하겠지만, 헤슬렙은 이와 같이 하버마스의 '의사소통적 행위'(communicative act)를 단순히 '의사소통 행위'(act of communication)와 구분하지 않고 있다.

19 Ibid., 197.

사한 상징적 행위들도 의사소통 행위로 간주될 수 없게 된다."[20]

셋째, 하버마스의 의사소통 이론에 따르면 "모든 의사소통 행위는 협상을 거친 이해를 목표로 하며," 여기에는 "대화자 상호 간에 의미상으로 합의된 이해뿐만 아니라, 명시적으로든 묵시적으로든, 대화하는 중에 제기된 모든 타당성들에 대한 합의를 포함한다."[21] 이는 다시 말하면 주어진 쟁점에 관해서 제기되는 타당성 주장에 대하여 대화 쌍방 간에 동의가 이루어지지 않는 한 의사소통은 이루어지고 있지 않다는 말과 같다. 비록 대화에 참여하는 사람들 모두가 동의를 이루어 내기 위해 나름대로 노력을 기울였다고 하더라도 결과적으로 별다른 성과를 보지 못했을 경우에 이들 참여자들 간에 의사소통은 없었던 셈이 된다는 것이다.

헤슬렙에 의하면, 하버마스의 의사소통 모형은 이른바 '합리주의적' 의사소통만을 다루고 있기 때문에, 그밖에 다른 형태의 의사소통, 곧 '합리주의적이지 않은' 형태로 분류될 수 있는 의사소통들은 그의 모형에서 제외될 수밖에 없다. 종교적 진리에 관한 진술이 그 한 예가 될 수 있다. 물론 신학도 어떤 의미에서 보면 합리적인 방식으로 말할 수 있는 영역이지만, 그 속에는 합리적으로 설명할 수 없는 부분도 상당히 많다. "합리성과 무관한 신학의 영역에서는 예컨대, 경전에서 발췌된 문장이라든가 혹은 영적인 체험을 토대로 한 진술 등은 믿음과 신앙을 토대로 한 것들이며 종교적 진리를 진술하고 있는 것들이다."[22] 그러나 이와 같은 것을 주제로 교사와 학생 간에 대화가 이루어질 경우, 하버마스의 모형에 따르면 그 둘 사이에

---

20 Ibid., 198.

21 Ibid.

22 Ibid.

는 아무런 의사소통도 이루어지고 있지 않는 셈이 된다. 하버마스의 논의에 따를 때 "우리는 합리성과 무관한 신학적 진술들을 내용으로 하는 담화 행위를 의사소통적인 것으로 간주할 수 없게 된다."[23] 요컨대, "종교학교에서 가르치는 교사와 그의 학생들, 학부모들, 그 학교의 이사회 임원들은 서로 간에 이루어지는 대화가 합리성과 무관한 신적인 내용에 관한 것일 때 결코 서로 의사소통을 할 수 없는 것이 된다."[24]

하버마스의 의사소통 모형이 지니고 있는 한계를 보여 주기 위해 헤슬렙이 들고 있는 또 하나의 예는 예술 작품과 공연에서 사용되는 언어행위이다. 헤슬렙에 의하면 소설가나 바이올린 연주자 혹은 화가는 그들의 예술 작품을 통해서 독자나 청중 혹은 관람객과 의사소통한다는 말은 조금도 어색하지 않지만, 하버마스의 이론에 의하면 이는 불가능한 일이 된다. 하버마스의 이론은 "교사와 학생은 당대의 예술 작품과 공연을 관람하면서도 그것들과 의사소통적 관계를 형성할 수는 없다"[25]고 말하고 있는 것이다.

앞에서도 언급한 바와 같이 헤슬렙에 따르면 하버마스 의사소통 이론의 이 모든 기괴한 결론들은 그의 이론이 교실 내에서 이루어

---

23 이후에 보다 자세히 논의되겠지만, 여기서 헤슬렙이 사용하고 있는 '의사소통적'(communicative)이라는 단어의 쓰임은 그다지 분명하지 않다. 이 문맥에 국한해서 말하면 이 문장에서는 헤슬렙 또한 하버마스와 마찬가지로 이 단어를 그것과 구분되는 다른 유형의 행위들—목적론적(teleological), 규범적(normative), 연출적(dramaturgical)—과 구분하기 위해서 쓰고 있는 듯하다. 그러나 계속되는 그의 논의를 보면 헤슬렙은 여전히 이 말을 단순히 동사 '의사소통하다'(communicate)나 혹은 명사 '의사소통'(communication)의 형용사형으로 쓰고 있다는 점을 확인할 수 있다.

24 Ibid., 199.

25 Ibid., 200.

지고 있는 우리들의 일상적인 의사소통이 지니는 성격을 제대로 반영하지 못하고 있다는 점에서 비롯된다. '우리가 가진 일상적인 의사소통' 개념에 따를 때, 우리는 가르치고 배우는 활동 중에는 오직 '합리주의적인' 형태의 의사소통뿐만이 아니라 합리주의적인 것과 무관한 형태의 의사소통도 이루어진다고 보아야 한다. 그런데 하버마스의 이론은 오로지 '합리주의적인' 의사소통만을 다루고 있으며, 이 때문에 그의 이론은 가르침과 배움의 과정에서 일어나는 의사소통을 이해하는 데 한계를 지닐 수밖에 없다는 것이다.

> 하버마스의 논의에서 의사소통의 모든 주체는 합리주의적 언어 사용자들, 곧 합리주의적 이해를 지향하는 합리주의적 담론의 주체들이다. 따라서 가르침이 의사소통적인 한, 교사와 학생은 본질적으로, 각자의 발달 수준에서, 합리주의적 언어 사용의 주체들이라 할 수 있다. 그러므로 교사와 학생이 합리주의적인 것과 무관한 담론에 참여하여 합리주의와 무관한 방식의 이해를 지향하는 경우에 그들은 의사소통을 행하지 않고 있는 셈이 된다. … 그러나 우리의 통상적인 의사소통 개념에 의하면, 교사와 학생은 비록 그와 같은 합리주의적인 대화와 합리주의적인 이해에 참여하지 않고 있다 하더라도 여전히 의사소통을 행하고 있다고 보아야 한다.[26]

그러나 필자가 보기에 지금까지 요약된, 하버마스에 대한 헤슬렙의 비판적 주장들은 하버마스의 의사소통적 행위 이론에 대한 일련의 오해에서 비롯된 것들이다. 가장 먼저 지적할 수 있는 것은 하버마스에 대한 비판을 시작하면서 헤슬렙이 취한 다소 불분명한 입장이다. 헤슬렙은 하버마스가 자신의 이론을 가리켜 의사소통 '일반'

---

26 Ibid., 206.

에 관한 이론이라고 칭하지 않는다는 점을 인지하고 있으며 필자가 보기에 이는 적절한 시각인 듯하다. 그러나 헤슬렙은 다시 하버마스의 의사소통 행위 이론을 의사소통 일반에 관한 이론으로 간주할 수 있는 설득력 있는—필자가 보기에는 그다지 설득력이 없는—이유들이 있다고 주장하고 있다.

헤슬렙이 들고 있는 첫 번째 이유는 1976년에 처음 발간되어 1979년에 영역된 책[27]의 제목이 '의사소통적 행위와 사회의 진화'(*Communicative Action and the Evolution of Society*)나 혹은 '합리주의적 의사소통과 사회의 진화'(*Rationalistic Communication and the Evolution of Society*) 등이 아니라, '의사소통과 사회의 진화'(*Communication and the Evolution of Society*)였다는 점이다. 이 영문 제목에 하버마스의 관점이 얼마나 반영되었는지 알 길은 없으나, 이 영문 제목을 근거로 하버마스의 이론이 의사소통 일반에 관한 이론이라고 주장하는 것은 다소 성급한 일이 아닌가 하는 것이 필자의 생각이다. 둘째, 이 책 제1장의 첫 번째 절—"보편화용론이란 무엇인가?"(What is Universal Pragmatics?)—에서 하버마스는 "의사소통의 일반적 가정"(general presuppositions of communication)이라는 말보다 "의사소통적 행위의 일반적 가정"(general presuppositions of communicative action)이라는 말을 선호하고 있고 이는 그가 의사소통적 행위를 보다 더 근본

---

27 이 책은 하버마스의 논문들을 모아 총 5장(章)으로 발간한 일종의 논문집이다. 제1장은 원래 아펠(Karl-Otto Apel)이 *Sprachpragmatik und Philosophie*라는 제목으로 편집한 책 속에 삽입되었던 부분이고, 나머지 네 장은 하버마스의 *Zur Rekonstrucktion des Historischen Materialismus*에서 발췌한 부분이다. 이 책의 영어 제목 *Communication and the Evolution of Society*는 이 책이 영어로 번역될 때 붙여진 이름이다. Jürgen Habermas, *Communication and the Evolution of Society*, trans. Thomas McCarthy (Boston: Beacon Press, 1979).

적인 것으로 삼고 있기 때문이라고 말하고 있는데,[28] 헤슬렙은 이 말을 하버마스는 양자를 동일한 의미를 지니는 것으로 간주하고 있다고 해석하고 있다. 그리고 세 번째로 헤슬렙이 하버마스의 의사소통적 행위 이론을 의사소통 일반에 관한 이론으로 간주하는 이유는 하버마스 전문가들이 그렇게 말하고 있기 때문이다.

필자가 보기에 하버마스에 대한 헤슬렙의 비판은 전반적으로 바로 이와 같이 '의사소통적 행위'와 '의사소통 일반'을 동일시하는 관점을 토대로 하고 있다. 필자가 문제 삼고자 하는 바는 이 주장을 발전시키는 과정에서 목격할 수 있는 헤슬렙의 명백하지 않은 방식이다.

첫째, 헤슬렙은 하버마스가 자신의 이론을 가리켜 한 번도 의사소통 일반에 관한 이론이라고 칭한 적이 없다는 점을 인정한다. 둘째, 그러나 그럼에도 불구하고 그는 여전히 하버마스의 이론을 의사소통 일반에 관한 이론으로 간주할 수 있는 근거들이 있다고 주장한다. 셋째, 이 경우에 의사소통 일반에 관한 하버마스의 이론은 의사소통에 관한 우리들의 일상적인 이해를 설명할 틀로 기능하는 데 많은 한계를 지닌다. 요컨대, 헤슬렙의 주장을 따를 때, 하버마스는 그 자신이 한 번도 주장한 적이 없는 점들로 인해 오류를 범하는 셈이 된다. 따라서 여기서 제기하여야 할 질문은 다음과 같다. 만약 헤슬렙의 애초 관점, 곧 '의사소통적 행위'와 '의사소통 일반'을 동일시한 그의 관점이 타당하지 않은 것은 아닌가?

---

28 헤슬렙은 여기서의 '근본적인' 이라는 말을 '의사소통에 근본적인' (fundamental to communication)이라고 읽고 있다. "Habermas on Communication in Teaching," 193.

필자가 보기에 하버마스의 의사소통적 행위 이론은 의사소통 일반에 관한 이론이 아니다. 하버마스의 의사소통적 행위 이론은 베버(Max Weber)로부터 오늘날의 포스트모더니즘에 이르는 근대성 비판이 지닌 한정된 관점을 조명하고, 근대성의 이념을 의사소통적 합리성의 관점을 토대로 재구성하고자 하는 이론이다. 하버마스의 의사소통적 행위 이론을 의사소통 일반에 관한 이론으로 간주할 수 있는 충분한 근거들이 있다고 보는 관점 자체가 오류의 시작이다. 전자를 후자와 동일시하는 것은 하버마스 이론의 핵심을 제대로 보지 못하는 심각한 오류를 발생시키는 원인이 된다. 물론 하버마스는 그의 의사소통적 행위 이론에서 인간의 일상적인 의사소통의 다양한 측면들을 논의하고 있다. 그러나 그렇다고 해도 하버마스의 이론을 가령 미드(J. H. Mead)의 의사소통 이론과 같은 의미에서의 의사소통 이론이라고 간주하는 것은 올바른 시각이 아니다.

하버마스의 목적은 결코 사람들이 행하는 의사소통의 일반적인 속성을 분석하여 예컨대, 그것이 언어적인지 아니면 상징적인지를 구분하여 설명하는 데 있지 않았다. 하버마스가 말하는 의사소통적 행위가 주로 언어적인 형태로 이루어지는 담화 행위들로 구성되며, 의사소통적 행위는 오직 상호 이해를 지향하는 행위를 가리킨다고 본 헤슬렙의 시각은 옳다. 그러나 하버마스는 결코 의사소통은 말로써만 가능하다고 주장하지 않았으며, 의사소통은 사람들 간의 상호작용이 동의 혹은 합의로 결론지어졌을 때에만 이루어지는 것이라고 주장하지도 않았다. 의사소통적 행위는 그 자체의 특성들로 인해 다른 형태의 의사소통들과 구분되는 특수한 형태의 의사소통이다.

하버마스가 말하는 '의사소통적 행위'는 그가 구분하고 있는 네 가지 상이한 형태의 사회적 행위들과의 관계 속에서 이해되어야 한다. 의사소통적 행위는 이들 다른 사회적 행위들과 비교함으로써 비로소 그 의미가 분명해질 수 있기 때문이다. 첫 번째 형태의 사회적 행위는 **목적론적 행위**(teleological actin)이다. 목적론적 행위는 아리스토텔레스 이후 인간 행위에 관한 철학적 이론의 핵심이 되어 온 개념이다. 목적론적 행위는 "행위 수행자가 주어진 상황에서 성공적으로 기능할 것으로 예상되는 수단들을 선택하고 그것들을 적절한 방식으로 적용함으로써 그 어떤 목적을 달성하거나 원하는 사태를 이루는 경우"[29]를 가리킨다. 하버마스는 특히 행위 수행자가 자신의 행위의 결과를 예견하는 데 있어서 자신과 동일한 의도를 가진 다른 행위자의 판단을 염두에 둘 경우, 그것을 가리켜 전략적 모형이라고 지칭한다.

두 번째 형태의 사회적 행위는 **규범적 행위**(normatively regulated action)이다. 이 행위 모형은 전략적 행위에서처럼 기본적으로, 행위를 수행하는 과정에서 만나는 타인을 행위 수행의 환경으로 간주하는 단독의 행위자가 수행하는 행위를 가리키는 것이 아니라, 특정한 사회집단에 소속하여 자신의 행위를 통하여 공동의 가치를 실현하는 일을 추구하는 공동체의 일원이 수행하는 행위를 가리킨다. 규범적 행위를 언급할 때 우리는 한 개인의 행위가 주어진 상황에서 공동체 내 구성원들 간의 기대를 표현하고 있는 특정한 규범에 따르고 있는지 아니면 그것을 위반하고 있는지에 주목하게 된다.

세 번째 형태의 사회적 행위는 이른바 **연출적 행위**(dramaturgical action)라고 불리는 행위 모형으로서 비교적 새로운 개념의 사회적

29 Habermas, *The Theory of Communicative Action, Volume One*, 85.

행위이다. 첫 번째의 목적론적 행위가 단독의 행위자가 수행하는 행위를 가리키는 개념이고, 두 번째의 규범적 행위가 공동체 구성원으로서 행위자가 수행하는 행위를 가리키는 개념이라면, 이 행위는 자신들이 행하는 상호작용에 의해 형성된 공적 공간에서 서로 간에 스스로를 표현하는 행위를 통하여 그 공간에 참여하는 구성원들이 수행하는 행위를 가리킨다. 예컨대, 누군가가 심리치료를 위하여 구성된 소규모 워크숍에 참여하고 있다고 하자. 이 사람은 이 모임에 참여하고 있는 다른 사람들을 향하여 자기의 의도와 생각, 태도, 욕구, 느낌 등을 표현할 것이다. 연출적 행위를 통하여 이 행위자는 "이 공적 공간에서 다소간은 의도적으로 자신의 주관성을 드러내 보임으로써 자신을 나타내는 그 어떤 이미지 혹은 인상을 불러일으킬 것이다."[30]

마지막으로, 네 번째 형태의 사회적 행위는 **의사소통적 행위**(communicative action)이다. 이 행위 모형은 "적어도 두 명 이상의, 언어와 신체적 행위의 능력을 지닌 행위 수행자들이 (구두로 혹은 그 외의 방법으로) 대인 관계를 형성하였을 경우, 그들 간에 이루어지는 행위를 가리킨다. 이 경우 행위자들은 그들이 처해 있는 상황과 행위 계획에 관하여 상호 간에 이해를 추구하게 되고, 서로에게 동의함으로써 서로의 행위방식을 조율하게 된다."[31]

현재의 문맥에서 주목하여야 할 점은 이들 네 가지 형태의 사회적 행위는 각각을 통해서 행위 수행자가 세계와 맺는 상이한 관련 방식에 따라 서로 구분된다는 점이다. 이 구분은 헤슬렙이 해석하고

---

30 Ibid., 86.

31 Ibid.

있는 것과 달리 각각의 행위가 '의사소통'을 행하느냐 그렇지 않느냐에 따른 구분이 아니다. 하버마스가 그의 의사소통적 행위 이론을 통해서 주장하는 바는 앞의 세 유형의 행위를 수행할 때 행위자는 다른 사람들과 의사소통을 행하지 않으며 오직 의사소통적 행위를 통해서만 타인과 의사소통을 행한다는 점이 아니다. 이 네 가지 행위 모형을 모두 '사회적 행위'로 설명하고 있는 점은 이들 행위 모형 모두가 사람들 사이의 의사소통을 토대로 성립하며, 다만 그것들은 각각이 기반으로 하고 있는 '존재론적' 가정이 다르다는 점 때문에 서로 다른 유형의 의사소통들로 구분된다.

목적론적 행위의 개념은 행위자와 현재 존재하는 사실들로 이루어진 세계, 곧 객관적 세계 간의 관계를 가정한다. 규범적 행위는 행위자와 두 가지 세계, 곧 현존하는 사실들로 이루어진 객관적 세계와 행위자가 한 사람의 역할 수행자로서 소속되어 있는, 그리고 그 속에서 타인들과 규범적 상호작용을 이루며 삶을 살고 있는 사회적 세계 간의 관계를 가정한다. 연출적 행위의 개념은 행위자가 자신을 표현할 때 형성되는 주관적 세계와 행위자 간의 관계를 가정한다. 그리고 마지막으로 의사소통적 행위의 개념은, 앞서 논의하였듯이, 위의 세 유형의 세계—객관적 세계, 사회적 세계, 주관적 세계—모두를 내용으로 행위자들이 의사소통을 행할 때 그 배경지식으로 존재하는 생활세계를 가정한다. 부연하자면, 행위자들 간의 의사소통은 이들 사회적 행위 모두에 필수적이다. 다만, 이들 모형 가운데 의사소통적 행위 모형만이 의사소통의 의미를 축약하지 않고 온전히 반영하고 있다고 할 수 있다.[32]

---

32 Ibid., 95

헤슬렙이 하버마스에 반대하는—필자가 보기에 그의 논의 중에 가장 불분명하고 문제가 많은—한 가지 이유는 '합리주의적인 것' (rationalistic)과 '합리주의와 무관한 것'(nonrationalistic) 간의 구분이다. 헤슬렙이 보기에, 교실 상황에서 교사와 학생 간에 이루어지는 것을 포함한 일상적인 의사소통 개념은 합리주의적인 것뿐만 아니라 합리주의와 무관한 형태의 의사소통을 모두 포괄하는 데에 반하여, 하버마스의 의사소통 개념은 오직 '합리주의적인' 의사소통만을 대상으로 하고 있으므로 받아들일 수 없다. '합리주의적인 의사소통'이 어떤 것인지에 대하여 직접적으로 설명하고 있지는 않지만—모르긴 해도 의사소통적 행위 개념에 관한 하버마스의 주장들을 보면 '합리주의적인 것'에 대하여 따로 설명이 필요 없다고 생각해서이겠지만—그가 무엇을 가리켜 '합리주의적인 것과 무관한' 의사소통이라고 하는지는 어렵지 않게 파악할 수 있다.

헤슬렙에 의하면, 성스러운 진리를 다루는 신학적인 대화는 '합리주의적인 것과 무관한' 의사소통의 범주에 속한다. 또한 공상적 소설가와 심미적 예술가의 언어도 합리주의적인 것과 무관한 것이다.[33] 헤슬렙은 하버마스에 있어서 교사와 학생 사이에 합리주의적인 이해와 합리주의적인 담론 이외의 것은 그 어떤 것이든 논리적으로 의사소통과 무관한 것이 되므로, 교사와 학생이 신학적이거나 공상적이거나 심미적인 주제에 관하여 이야기할 때 그들 간에 의사소통은 이루어지지 않고 있다고 해야 한다고 주장한다. 헤슬렙에 따르면, 그러나 성스러운 진리에 관한 진술은 합리주의적인 것과 무관하지만 그럼에도 불구하고 교사와 학생은 그것을 주제로 충분

33 Heslep, "Habermas on Communication in Teaching," 204.

히 의사소통할 수 있다.[34] 그 진술이 왜 '성스러운 진리'인지를 합리적인 이유를 들어 정당화할 수는 없지만, 인간 활동이 그것을 포괄할 수 있건 없건 간에 여전히 그것은 성스러운 마음과 성스러운 이성을 정확하게 반영하고 있으며 그 점에서 진리라고 할 수 있다.[35] 작가, 음악가, 화가 등과 같은 심미적인 예술 창작가들 또한 그들의 작품을 통하여 관객과 의사소통할 수 있다. 이 사람들은 작품에 표현된 느낌과 감성을 그들의 관객과 공유함으로써 의사소통한다. 그러나 헤슬렙이 보기에 하버마스의 이론은 이들의 세계에 의사소통이라는 활동은 존재하지 않는다고 말한다. 거기에 사용된 매체가 '합리주의적인 것과 무관한' 것들이기 때문이다. 그러나 여기서 문제는 헤슬렙이 주장하고 있는 것처럼 하버마스가 말하는 의사소통적 행위가 통상적인 의사소통과 동일한 것인가 하는 점과, 의사소통적 행위에 함의된 합리성이 우리가 통상적으로 이해하고 있는 합리성과 별반 차이가 없는 것인가 하는 점이다. 그러므로 이제 관건은 하버마스가 의사소통적 행위라고 지칭하는 것의 특성은 어떠하며 이른바 '의사소통적 합리성'이라고 하는 것은 어떤 의미를 지니고 있는가 하는 것이다.

앞에서 필자는 하버마스가 구분하고 있는 네 가지 형태의 사회적

34 필자는 이 점에 관한 헤슬렙의 주장에 반대하지 않으며, 하버마스 또한 그의 주장에 대하여 반대할 것이라고 생각하지 않는다. 여기서 주목하여야 할 점은 이 경우 교사와 학생 간에 의사소통이 이루어졌는가 그렇지 않은가 하는 것이 아니라, 성스러운 진리를 주제로 한 그들 간의 의사소통이 의사소통적 합리성이 적용될 대상이 될 수 있는가 하는 것이다. 하버마스의 의사소통적 행위 이론을, 모든 형태의 의사소통을 의사소통적 행위를 통하여 설명하려고 하는 이론 체계로 간주하는 것은 올바르지 않다.

35 Ibid., 198.

행위 개념을 열거하고 각각에 대해서 간략하게 설명한 바 있다. 이제 이 구분이 합리성 개념에 대한 하버마스의 설명과 어떻게 구조적으로 연관되는지를 좀 더 세밀히 분석해 볼 필요가 있다. 기본적으로 각각의 사회적 행위 개념은 행위자가 자신의 행위를 통해서 연관 맺고 있는 세계의 상이한 측면에 따라 서로 구분된다. 여기서 주목할 부분은 이들 네 개념들 간의 관계는 말하자면 삼차원적인 형태로 이루어져 있다는 점이다. 목적론적 행위, 규범적 행위, 연출적 행위는 각 행위를 수행하는 행위자가 세계와 맺는 상이한 관계에 따라 서로 구분된다. 그런데 이들 세 가지 사회적 행위와 의사소통적 행위는 전자의 행위들이 서로 간에 구분되는 것과 다른 방식으로 상호 구분된다. 예를 들면, 목적론적 행위와 연출적 행위는 각각이 세계와 관련 맺는 방식—전자는 객관적 세계와, 그리고 후자는 행위자 자신의 주관적 세계와 연관된다—에서 서로 구분되지만, 이들이 의사소통적 행위와 구분되는 방식은 이와 동일하지 않다. 의사소통적 행위는 앞의 세 가지 사회적 행위들 모두와 관련이 되기 때문이다. 그런 점에서 의사소통적 행위가 이들 세 유형의 사회적 행위와 구분되는 것은 그것이 관련 맺는 세계가 어떤 종류인가에 따라서가 아니라, 이들 세계와 관련하여 행위자가 어떻게 행위하는가에 따라서라고 할 수 있다. 하버마스의 의사소통적 행위 이론에서 '담화행위'(speech acts) 개념이 중요한 것은 바로 이 때문이다.

어떤 사람이 목적론적 행위를 수행하려고 한다고 하자. 이 행위자는 그가 속한 현존의 사실적 사태에 대한 지식을 소유하고 있으며 그것을 그 어떤 다른 형태로 변경하려는 의도를 가지고 있다. 행위하는 당사자의 관점에서나 제3자의 관점에서나 이 사람의 행위가 다만 여기에 한정될 경우, 그의 행위는 그 자체로 목적론적 행위일 뿐이며 그것의 범주를 넘어서지 않는다. 이 경우에 그 사람의 행위가 얼마나 합리적으로 진행되었는가를 판단하는 기준은 전통적인 의미에서의 합리성, 곧 목적합리성이 될 것이다. 그의 행위가 얼마나 합리적인가 하는 것은 그가 현재의 사태를 지각하고 그에 대해서 믿고 있는 바가 얼마나 실지 세계와 일치하는가에 의해서, 혹은 현재 사태를 그가 욕구하는 바와 얼마나 성공적으로 일치시키는가에 의해서 평가될 것이다. 따라서 이와 같은 경우에 한할 때 행위자의 목적론적 행위가 지니는 합리성은 베버가 기술하고 있는 합리성 개념에 의해서 설명될 수 있다.

하버마스에 의하면, 행위자가 목적론적인 모형에 따라서 행위하는 경우에 그의 언어적 행위는 제3자에 의해서 사태에 잘 들어맞는가 그렇지 않은가 하는 기준에 따라 평가된다. 행위자의 언어적 표현은 진리 아니면 오류로 판명될 것이며, 따라서 타인—관찰자—이 지니고 있는 객관적 지식의 관점에서 보아 결국에 성공할 것인지 아니면 실패할 것인지가 결정된다. 행위자와 객관적 세계 사이의 관련으로 말미암아 그의 주장은 사실적 진리 혹은 유효성의 기준에 의해 평가된다. 행위자가 제시하는 언어적 표현이나 주장은, 앞 절에서 논의한 바와 같은, 동일한 행위 상황을 공유하고 있는 구성원들 간에 이해의 대상이 되는 생활세계의 형태로 부각된다. 행위자가 지니고 있던 배경지식이 그의 담화 행위를 통하여 표현되고 나면, 그 표현된 바는 당사자 자신과 이제 그 행위 상황에 참여자로 등장한 사람들 사이에 이루어진 상호작용에 의해서 평가의 대상이 된다. 이와 같은 과정을 통해서 목적론적 행위와 그것의 목적합리성은 일종의 '형질적 전환'을 거쳐 상이한 형태의 행위와 합리성으로 이행하게 된다. 행위자는 여전히 객관적 세계와 관련을 맺고 있지만, 타인과의 상호작용을 통하여 자신의 주장을 평가하기 시작함으로써 의사소통적 행위의 영역으로 발을 들여놓게 되고, 자신의 주장은 그 이후부터는 의사소통적 합리성의 기준에 따라 평가되는 것이다. 하버마스의 용어로 표현하면, 의사소통적 행위자들은 하나의 생활세계의 형태로 주제화된 행위 상황 속에서 서로 맞대면하며, 서로 간에 자신의 주장이 객관적 세계에 관한 타당한 주장이라는 점을 제기하고, 또한 그러한 주장들을 비판하고 인정함으로써 의견상의 불일치를 조정하고 결국에는 합의에 도달하게 된다.

목적론적 행위가 행위 상황을 공유하는 구성원들의 상호작용을 통해 의사소통적 행위로 전환되는 이와 같은 과정은 다른 두 유형의 사회적 행위 개념에도 동일한 방식으로 적용될 수 있다. 하버마스가 보기에 규범은 사실이 존재하는 것과 같은 방식으로 존재한다. 규범은 그것을 타당한 것으로 혹은 정당한 것으로 받아들이는 사람들에게 객관적 사실에 상응하는 사회적 의미를 띤다. 현존하는 사실에 대한 진술이 정당화 가능한 형태로 제시되는 것처럼, 현존하는 규범은 그것을 받아들이는 사람들에게 정당한 것으로 인식되는 당위나 명령의 형식으로 제시된다. 그러므로 목적론적 행위가 목적합리성의 기준에 의해 평가되는 것과 마찬가지로, 규범적인 행위는 "그것이 현존하는 규범적 맥락에 부응하는가 혹은 그것에서 벗어나는가, 다시 말하면 적법한 것으로 인식되고 있는 규범적 맥락을 근거로 하여 올바른 것인가 혹은 그렇지 않은가에 따라서" 평가된다.[36] 이렇게 보면, 목적론적 행위와 관련하여 객관적 세계가 대화에 참여하는 사람들 쌍방 간에 이루어지는 의사소통적 상호작

36 Habermas, *Theory of Communicative Action, Volume One*, 89.

용의 대상이 되는 것과 꼭 마찬가지로, 규범적 행위의 맥락으로 작용하는 사회적 세계는 대화 쌍방 간에 이루어지는 의사소통적 상호작용의 대상이 된다. 규범은 정당화 가능성에 따라서, 곧 적법한 것으로 인정될 수 있는가 없는가 하는 기준에 따라서 평가되며, 이 과정에 의사소통적 합리성이 개입한다.

연출적 행위 또한 객관적 평가의 대상이 된다는 점에서 위의 두 행위 개념과 다를 것이 없다. 여기서 기본적 아이디어는 연출적 행위를 수행할 때 비록 그 행위자는 오직 자신만이 아는 주관적 세계에 관해서 말한다고 볼 수 있지만, 그가 말하고 있는 주관적 세계를 순수하게 사적인 세계라고만 말할 수는 없다. 행위자의 주관적 세계는 그것에 대해서 그가 말을 하는 순간 그 말을 듣고 있는 사람들에게 노출된다. 구두에 의해서건 아니면 몸짓에 의해서건 자신의 주관적 세계를 타인에게 말할 때, 말하는 사람은 그것을 하나의 독백으로 혹은 혼자만의 사색으로 여기지 않으며, 자기 주변에 아무도 없는 것처럼 행동하지도 않는다. 연출적 행위를 할 때 행위자는 주위에 자기표현을 듣고 있는 사람들이 있다는 점을 가정하게 되며 이들이 자신의 말을 알아들을 것으로 기대한다. 바로 이 점 때문에 이 경우에 있어서도 행위자와 세계의 관계는 앞선 경우와 마찬가지로 객관적 평가의 대상이 될 수 있는 것이다. 행위자는 자신의 말을 듣고 있는 공중(公衆) 앞에서 스스로의 주관적 세계를 향해 있다. 이 이유 때문에 행위자의 주관성의 영역 또한 하나의 '세계'라고 말할 수 있고, 앞서 언급한 객관적 세계나 사회적 세계와 동일한 방식으로 설명될 수 있는 것이다. 어떤 의미에서 보면, 여기서 행위자의 주관적 세계를 '주관적'이라고 할 수 있는 것도 그것이 행위자 자신에 의해서가 아니라 그의 말을 듣고 있는 사람들에 의해서 그렇게 인식되기 때문이라고 할 수 있다.

> 말로 자신을 표현할 줄 아는 주체가 욕망을 '가지고 있다'거나 감정을 '소유하고 있다'는 말은 우리 눈에 보이는 어떤 사물이 특정한 모양, 무게, 색깔 등의 특성을 가지고 있다고 할 때의 의미와 같지 않다. 행위의 주체에게 욕망과 감정이 있다는 말은 그가 사람들 앞에서 이들 경험을 표현할 수 있고 그 말을 들은 사람들이 그것을 가리켜 행위자의 주관적 욕망과 감정이 표현된 것이라고 말하고 있다는 의미에서 그러하다.[37]

한편, 연출적 행위와 다른 두 유형의 행위 사이에는 약간의 차이가 존재한다. 목적론적 행위와 규범적 행위에 있어서 합리성은 두 차원에서 적용된다. 목적론적 행위는 목적합리성의 기준에 의해 평가될 수 있다는 점은 앞에서 언급한 바와 같다. 그런데 그 행위가 진짜로 객관적 세계를 반영하고 있는지 아닌지, 혹은 어느 정도 성공적으로 반영하고 있는지의 문제가 의사소통적 담론의 대상이 될 때, 행위자가 자신과 세계의 관계를 얼마나 잘 이해하고 있는지는 의사소통적 합리성의 기준에 의해 평가된다. 규범적 행위의 경우, 자신의 행위와 사회적 규범 사이의 관계에 대해서 행위자가 가지는 신념과 의도는 합리성의 평가 대상이 된다. 곧, 이미 성립되어 있는 사회적 규범에 비추어 볼 때 행위가 얼마나 적절하게 수행되었는가 하는 기준에 따라서 그 행위의 합리성의 정도가 판별되며, 이 점에서 여기에는 가치합리성의 흔적이 남아 있다고 할 수 있다. 그리고 이 경우에도, 행위자가 일관적으로 이미 성립되어 있는 사회적 규준을 토대로 자신의 행위의 적법성을 주장한다는 의미에서 행위 그

37 Ibid., 91.

자체가 의사소통적 담론의 대상이 된다.

그러나 연출적 행위의 경우에는 행위자의 행위가 이와 유사한 방식으로 영향을 받는지가 그리 명백하지 않다. 필자가 보기에 이는 연출적 행위는 그 자체가 이미 행위자의 '자신에 대한 이야기들'로 이루어져 있기 때문인 듯하다. 연출적 행위의 경우에는 앞의 두 행위 유형에서처럼 이후에 그 자체를 담론의 대상으로 하여 이루어지는 의사소통적 행위와 구분되는 별도의 과정이 선행하지 않는다. 아마도 이 문제에 대해서는 보다 심층적인 탐구가 있어야 하겠지만, 현재의 맥락에서 필자의 관심은 행위자가 자신의 주관성에 대해서 표현한 바는 다른 두 유형과 동일한 방식으로 담론의 대상이 될 수 있다는 점에 있다. 따라서 행위자의 자기표현은 객관적으로 평가될 수 있으며, 이때 제기되는 질문은 "행위자는 특정한 순간에 자신이 경험한 바를 표현하고 있는지 아닌지, 자신이 말하고 있는 바를 진정으로 의미하는지 아닌지, 아니면 거짓으로 그런 경험을 하고 있는 것처럼 꾸미고 있는 것은 아닌지,"[38] 한마디로 말해 행위자는 얼마나 성실히 혹은 진실되게 자기를 표현하고 있는지 하는 것이 된다.

지금까지 논의된 바를 고려하면, 하버마스의 '의사소통 이론'은 오직 '합리주의적'인 대화만을 다루고 있으며 따라서 교실 상황에서 교사와 학생 간에 이루어지는 '합리주의와 무관한' 대화는 그의 이론에서 배제될 수밖에 없다고 하는 헤슬렙의 주장은 하버마스가 의사소통적 행위의 개념을 통해서 말하고자 하는 내용을 올바르게 반영하지 못하고 있다고 보아야 한다. 이 관점은 적어도 두 가지 정도로 요약될 수 있다. 첫째, '합리주의적'인 대화와 '합리주의와 무

38 Ibid., 93.

관한' 대화를 구분하고자 하는 헤슬렙의 시도는 적어도 하버마스의 의사소통적 행위 이론과 관련하여 그다지 의미 있게 보이지 않는다. 헤슬렙이 '합리주의적'인 대화와 '합리주의와 무관한' 대화를 구분하는 기준은 특정한 주제가 주어졌을 때 그 주제에 관한 대화 혹은 의사소통이 그것의 타당성에 대한 동의 혹은 합의에 이르는가 그렇지 않은가 하는 것이다. 이 구분에 따르자면 '성스러운 진리'를 다루는 신학적인 진술을 주제로 한 대화는 합리주의와 무관한 대화가 된다. 예술 작품과 공연, 공상 소설에 쓰인 언어도 마찬가지이다. 이들 대화에 참여하는 사람들에게 성스러운 진리라든지 아름다움이라든지 하는 것들은 믿음과 감정의 대상이지 이성의 대상이 아니기 때문이다. 그러나 하버마스의 논의를 좀 더 포괄적으로 검토해 본 사람이라면 이 구분이 하버마스의 논의를 반드시 부정하는 것이라고 보지는 않을 것이다. 왜냐하면, 하버마스의 의사소통적 행위는 반드시 사실적 명제만이 아니라 도덕적 규범과 심지어 행위자의 주관적 경험의 진술에까지 적용되기 때문이다. 인상주의 화가의 회화를 한 편 바라보고 있을 때라든지, 모차르트의 피아노 협주곡을 듣고 있을 때, 혹은 셰익스피어의 희곡을 읽고 있을 때, 내가 느끼는 것들 모두는 합리적인 대화의 주제가 될 수 있다. 요컨대, 하버마스의 논의 틀 속에서는 생활세계를 구성하는 모든 것들이 합리적인 대화의 주제가 될 수 있고 그 점에서 '의사소통적 합리성'의 기준을 적용받을 수 있으며, 의사소통적 합리성 이론은 바로 이 점을 하나의 핵심적인 요소로 삼고 있다.

둘째, 헤슬렙은 하버마스의 의사소통 개념은 그것의 '합리주의적' 한계 때문에 '의사소통에 대한 통상적인 이해'를 반영하지 못하고 있으며 그 점에서 교육적 의사소통 개념으로 수용될 수 없다고 주장하고 있으나, 이 점 또한 하버마스의 논의가 의도하고 있는 바를 제대로 파악하지 못하고 있는 것이다. 하버마스의 의도는 결코 일상적인 형태의 의사소통에 관한 이론이나 의사소통 일반에 관한 이론을 정립하는 데 있지 않았기 때문이다. 하버마스의 관심은 오직 도구적 합리성의 관점에서 근대성을 비판하는 이론들을 분석하고 근대적 합리성의 개념을 새로운 방식으로 재구성하는 데에 있었다. 그러므로 하버마스는 그의 '합리주의적' 편향 때문에 교사와 학생 사이에 발생하는 의사소통의 다양하고도 미시적인 특징들을 제대로 설명하지 못했다고 하는 헤슬렙의 고발은 요점을 비껴가고 있다고 보아야 한다.

물론 헤슬렙이 주장하고 있는 것과 같이 많은 경우 교사나 학생이 착용하고 있는 장신구나 그들의 머리 모양, 복장 등은 긍정적으로나 부정적으로 사회적, 문화적 규칙을 반영하고 있고 그 점에서 두 집단 간에 일어나는 의사소통의 소재가 될 수 있다. 습관적으로 청바지에 티셔츠, 운동화만을 착용하고 교실수업을 진행하는 교사는 굳이 명시적으로 말을 하지 않아도 학생들에게 자기는 자유분방한 성격의 소유자라는 점을 알리고 있는 셈이며, 마찬가지로 야구모자를 거꾸로 쓰고 피부에 문신을 하고 의자에 늘상 비스듬히 기대어 앉는 학생 또한 그 태도 자체로 권위에 대한 적대감을 표현하고 있는 것이 된다.[39] 그리고 의사소통적 행위의 개념 속에 이와 같은 요소들이 고려되지 않았다는 지적 또한 올바른 지적일 수 있다. 그러나 하버마스의 관심 영역 속에 왜 이러한 것들이 반드시 포함되어야 하는지도 그리 명백하지 않다.

39 Heslep, "Habermas on Communication in Teaching," 200.

평소에 청바지를 즐겨 입는다든지, 항상 야구모자를 거꾸로 돌려서 쓴다든지 하는 등의 자기표현들이 의사소통적 담론의 대상이 될 수 없는 것은 아니다. 그러나 상호 간에 이해를 지향하는 행위의 관점에서 합리성의 아이디어를 재구성하고자 하는 하버마스의 노력과 관련하여 이러한 것들이 어떤 실질적인 의미를 지닐 수 있는지는 분명히 파악하기 힘들다. 만약 그와 같은 형태의 의사소통이 현재의 맥락에서 유의미하다면 그것은 그러한 요소들이 '합리주의적인 것과 무관한' 것들이기는 하지만 여전히 의사소통으로 간주될 수 있다는 점 때문이 아니라, 그것들 또한 의사소통적 합리성을 지닌 방식으로 다루어질 수 있는 잠재적 측면을 지니고 있기 때문이라고 해야 할 것이다. 다시 말하면, 합리적인 방식으로 상호 간에 이해를 지향하는 행위로서의 의사소통적 행위는 의사소통 일반과 동일한 것으로 간주될 필요가 없다. 의사소통적 행위는 의사소통의 한 특수한 형태로서, 의사소통적 행위 수행자는 이 행위를 통해서 특정한 주제—객관적인, 사회적인, 주관적인 내용의—에 관해서 타당성이 있는 주장을 제시하고 그것에 대해서 대화 상대와 상호이해를 추구한다.

하버마스의 논의 전체를 통해서 의사소통적 합리성 개념은 '이상적인' 담화 상황을 그렇지 않은 것들과 구별할 수 있게 해 주는 기준을 제공하고 있으며, 이 점에서 그 개념은 하나의 전형적인 비판적 개념이다. 헤슬렙은 사람들의 의사소통은 '합리주의적인 것과는 무관한' 신학적인 진술에 대해서도 이루어질 수 있지만 그러한 형태의 의사소통에 관해서 하버마스의 논의는 아무것도 설명할 수 없다고 주장하고 있다. 그러나 필자가 보기에 '합리주의적인 것과 무관한' 신학적인 진술을 가르치고 배우는 경우, 다시 말하면 교사와 학생 간의 가르치고 배우는 활동이 합리적인 논쟁을 허용하지 않는 방식으로 이루어질 경우, 비록 그 의미가 여러 다양한 방식으로—예컨대 종교적 교화(indoctrination)의 방법으로—교사에게서 학생에게로 전달된다고 하더라도, 그 활동은 의사소통적 행위에 포함될 수 없다. 그와 같은 활동은 '합리주의적인 것과 무관한' 것이기 때문에 하버마스의 개념으로 설명이 불가능한 것 정도가 아니다. 그와 같은 활동은 '비합리적인'(irrational) 의사소통이며 그 점에서 비교육적이다. 의사소통적 합리성 개념이 교육에 적극적으로 의미하는 바는 바로 이 점이다. 이는 성스러운 진리에 관한 진술도 합리적으로 가르칠 수 있다는 점을 부정하는 것이 아니다. 그러한 내용도 합당한 이유를 근거로 비판적으로 논의될 수 있다는 점에서 충분히 합리적인 방식으로 가르칠 수 있다. 합리적인 논증의 과정을 통하여 가르치고 배우는 일이 가능하다고 하면 성스러운 진리에 관한 진술을 다루는 활동이라고 하더라도 굳이 의사소통적 행위의 범주에서 제외할 이유가 없으며 따라서 교육적인 행위의 영역에서 배제할 이유가 없다. 하버마스의 의사소통적 행위 개념을 교육이론에 활용하고자 할 때 그 기본적인 아이디어는 교실 상황에서 일어나는 모든 형태의 토론, 논증, 논쟁 등은, 그것이 도덕적인 것에 관한 것이건 종교적인 것에 관한 것이건, 정치적인 것에 관한 것이건, 아니면 심미적인 것에 관한 것이건, 의사소통적 합리성의 규범에 따라 이루어져야 한다는 것이다. 만약 교실 상황에서 일어나는 의사소통 활동이 이 규칙을 따르지 않을 경우, 그것은 교육적인 상호작용이 아닌 것이 된다.

의사소통적 합리성 개념이 의미하는 바 가운데 가장 혼란스러운 측면이 있다면 그것은 아마도 그 개념이 그 어떤 제한된 내용의 지식만을 대상으로 하는 것이라는 오해를 늘 달고 다닌다는 점이다. 물론 이는 그야말로 오해에 불과하다. 의사소통적 합리성의 특성을 열거하고 있는 가운데 쿠크(Maeve Cooke)는 이 점을 아주 직접적으로 언급하고 있다.

> 의사소통적 합리성은 그 어떤 특정한 내용을 지시하는 개념이 아니다. 그것은 순수하게 형식적인 특성에 의하여 정의된, 절차적인 개념이다. 생활세계의 여러 다양한 타당성의 국면들이 지니는 합리성은 형식적으로 정의된 논증의 절차를 따져 (도덕적 합리성의 경우에는 그것의 결과로) 판별된다. 합리성은 일차적으로 언어와 행위에 있어서 지식을 어떻게 사용하는가와 관련되는 것이지, 그 지식이 어떤 지식인가와 관련된 것이 아니다. 달리 말하면 그것은 일차적으로 타당성 주장을 다루는 양식을 가리키는 개념이지, 이들 타당성 주장의 내용을 가리키는 개념이 아니다.[40]

그러므로 여기서 주의하여야 할 점은 생활세계의 모든 측면들은, 적어도 대화자 쌍방 간에 간주관적(間主觀的)이고 비판적인 평가의 대상이 될 수 있기만 한다면, 예외 없이 의사소통적 합리성의 대상이 될 수 있다는 점이다. 그 어떤 내용이든 의사소통적 상호작용의 자료가 된다면 그것을 내용으로 한 합리적 대화의 가능성은 항상 존재한다.

교실 상황에서는 사람들의 일반적인 삶 속에서 일어나는 모든 일들이 발생한다. 교실 내에서는 그 구성원들 사이에 교육적인 상호작용뿐만 아니라 정치적인 상호작용도 일어나고, 경제적인, 도덕적인, 종교적인 상호작용도 일어나며, 형사적(刑事的)인 상호작용도

---

40 Cooke, *Language and Reason*, 38.

일어난다. 교실 상황은 말하자면 일반적인 사회 그 자체의 축약판이라고 할 수 있다. 그러나 우리가 교실 상황을 여타의 사회적 상황들과 구분하여 특별히 탐구 대상으로 삼는 것은 그와 같은 다양한 형태의 상호작용들 가운데 교육적으로 유의미한 것들을 구별해 내고 그것들에 특별한 주의를 기울이기 위해서이다. 이 책에서 의사소통적 합리성을 논의하는 것은 그것이 사람들의 일반적인 의사소통의 여러 측면들을 설명하는 개념으로서 활용도가 높기 때문이 아니다. 그것은 이 개념이 교육적으로 유의미한, 교실 내에서 일어나는 여러 가지 상호작용들 가운데 교육적인 것으로 지칭할 수 있는 것들을 구분케 하는 기준을 우리에게 제공해 주기 때문이다. 의사소통적 합리성은 사람과 사람 사이에 일어나는 상호작용이 교육적인 기준을 만족시키기 위해서 반드시 충족시켜야 할 규범적 조건을 제시하는 개념이다. 거꾸로 말하면, 의사소통적 합리성의 기준을 충족시키지 못하는 상호작용이라면 그 어떤 것이건, 설사 그것이 교실 내에서 교사와 학생들 간에 일어난 것이라 하더라도 '교육적인' 것이 되지 못한다는 것이다.

이후에서 다룰 내용은 의사소통적 합리성이 도덕성에 관한 다양한 논의의 맥락에서 어떤 역할을 할 수 있는가 하는 것이다. 이 문제는 이 책에서 특히 중요하게 다루어져야 할 문제라고 할 수 있는데, 그것은 도덕성 문제가 교육이론적 담론의 장에서 여전히 하나의 인기 있는 논의거리라는 점뿐만 아니라, 그것이 합리성에 관한 논의와 연관될 때 대단히 복잡하고 열띤 논쟁의 대상이 된다는 점 때문이다. 합리성의 이념을 더 이상 도덕성의 의미를 밝히는 일과 관련하여 언급하지 않으려는 시도들이 점점 더 강력한 호소력을 얻어 가고 있는 오늘날의 추세에서 의사소통적 합리성은 어떤 방식으로 논의될 수 있는가? 이 책 초두에서 언급한, 근대적 이성에 대한 매킨타이어의 비판적 논의에 우리는 어떤 방식으로 대처할 수 있는가? 다음 장에서는 이와 같은 문제들을 중심으로 논의를 진행하겠다.

제5장

의사소통적 합리성과 도덕성

* * *

필자는 이 책의 초두에서 이른바 '오늘날의 도덕적 언설들이 지니고 있는 문제점들'에 대한 매킨타이어(Alasdair MacIntyre)의 관점이 어떤 형태로 제시되고 있는지를 검토한 바 있다. 매킨타이어에 의하면, 오늘날 우리가 맞닥뜨리고 있는 도덕적 문제들의 원천은 계몽주의적 합리성의 아이디어를 통해서 도덕성을 정당화하고자 했던 근대적 기획이 실패로 돌아갔다는 데에 있다. 사실상, 매킨타이어에서 볼 수 있는 것과 같은 비관적 관점들은 최근 들어 도덕성을 합리성에 관한 논의와 관련지어 진행하는 이론적 논의들의 대체적인 추세를 이루고 있다. 그와 같은 비관적 관점들이 제기하는 문제의식들은 대부분이 근대적 형태의 합리성을 제한적으로 해석한 결과로 초래된 합리성의 도구적 측면에 대한 문제로 집약될 수 있다. 이와 같은 이해의 틀 속에서 이 장에서는, 만약 근대적 합리성의 도덕적 측면에 대한 비판이론가들의 회의적 시각으로 유발된 그와 같은 근대성의 비관적 특성이 하버마스의 의사소통적 합리성을 통해서 해소될 수 있다면, 도구적 합리성에 원천적으로 내재되어 있는 도덕적 의미의 부족분 또한 그것을 통해서 보완될 수 있을 것이라는 점을 확인하고자 한다. 다행스럽게도 의사소통적 합리성에는 그것과 연관되어 이루어져 온, 도덕성에 관한 그 자체 이론이 있다. '담론윤리학'(談論倫理學, discourse ethics)이라고 지칭되고 있는 이 이론을 검토함으로써 필자는 도구적 합리성에 관한 베버(Max Weber)의 논의에서 맨 처음 발견된 핵심적인 문제점들을 해결해 보고자 한다. 이하에서 담론윤리학의 주요 논제들을 논의하고 그 작업을 토대로 하버마스의 도덕성 이론을 보편주의적 주장의 한 전형으로서, 특히 매킨타이어의 '맥락주의', 보다 포괄적으로는 신아리스토텔레스주의(Neo-Aristotelianism)와 나란히 두고 탐색해 보고자 한다.

실천적 지식으로서의 도덕성

하버마스에 있어서 의사소통적 합리성은 일차적으로 인지적(認知的) 개념이다. 그러나 합리성의 의미 전체를 인지적, 실증적 테두리 내에 묶어 두었던 베버와 달리, 하버마스는 합리성의 인지적 특성을 행위의 규범적 기준과 밀접히 연관시키고자 한다. 의사소통적 행위는 과학적 지식으로 이루어진 기술적(記述的) 세계만이 아니라, 실천적 지식으로 이루어진 규범적 세계와 자기표현을 통해 드러나는 행위 주체의 주관적 세계, 이 모두를 포괄하는 생활세계 전체를 그 대상으로 한다는 것이다. 하버마스의 담론윤리학은 특히 규범적 세계에서 이루어지는 개인과 개인 간의 의사소통적 행위를 그의 '도덕적 관점'의 개념을 토대로 재구성하는 합리적 도덕이론이다. 이하에서 진행될 논의의 일차적 목적은 합리성과 도덕성 간의 개념적 관련을 하버마스가 주장하는 도덕성 개념, 곧 의사소통적 합리성의 구조 속에서 규정되는 도덕적 관점 개념을 통해 파악하는 데 있다.

합리적 인간은 도덕적으로 행위하는가? 합리성을 갖추면 도덕성도 저절로 갖추게 되는가? 바꾸어 말해, 도덕성은 합리성과 무관하게 함양될 수 있는 것인가? 필자가 보기에, 고전적인 관점에서 대체로 양자는 서로를 개념적으로 규제하는 관계를 유지해 왔다. 칸트에 와서 그 관계의 중요성은 최고점에 이르렀지만, 최근의 포스트모더니즘 이론들은 지나치게 인지주의적 흐름으로 치우쳐 버린 근대적 이성을 비판하면서 그와 더불어 합리성에 비추어 정의되어 오던 도덕성의 의미를 그것과 결별시키려는 움직임을 보이고 있는 듯하다. '합리성은 도덕성을 함의한다'는 에니스(Robert Ennis)의 주장에 대한 나딩즈(Nel Noddings)의 회의적인 반응은 그러한 움직임의 한 예가 될 수 있다.[1]

나딩즈의 주장은, 합리적이기는 하지만 결코 도덕적이지는 않은 행위 혹은 판단도 존재할 수 있다는, 어떻게 보면 지극히 평범한 우리의 일상적인 관점에서 출발한다. 그에 따르면, 첫째, 합리적인 행위는 필연적으로 도덕적일 수밖에 없다는 주장은 '합리적'이라는 말에 함의된 우리의 일반적인 관념들과 일치하지 않는다. 다시 말해, '합리적'이라는 말은 다양한 형태의 과학적 활동들을 일컬을 때 쓰는 용어이고 우리는 그러한 과학적 활동들을 두고 반드시 도덕적

1 Nel Noddings, "Response to Ennis," in *Philosophy of Education 1979*, ed. Jerrold R. Coombs (Normal, IL: The Philosophy of Education Society, 1980), 32.

이라고 하지는 않는다는 것이다. 둘째, 도덕성이 행위 주체의 실존적 삶의 조건에 뿌리를 내리고 있는 것과 달리, 합리성은 그러한 생생하고도 구체적인 인간 삶으로부터 추상화되어 존재한다. 그리고 셋째, 도덕적 추론(moral reasoning)은 도덕성 그 자체와는 구분되어야 하는 것이다. 그러므로 도덕적 추론과정이 한 행위의 도덕성을 보장하는 것은 아니라는 것이다.

합리성과 도덕성 간의 관계에 관한 에니스의 주장이 일면 다소 즉흥적인 면이 없잖아 있고 일면 너무 간략하게 제시된 감 또한 없지 않지만, 두 개념 간의 관계에 대해 나딩즈가 보인 것과 같은 회의적인 시각은 오늘날의 일반적인 관점인 듯하다. 그러나 합리성이 필연적으로 도덕성을 함의하는 것은 아니라는 말을 곧 도덕성은 합리성을 필요로 하지 않는다는 말로 해석할 필요는 없다. 다시 말하면, 합리적이라고 해서 도덕적인 것은 아니지만, 합리적이지 않으면 결코 도덕적일 수 없다는 것이다. 이는 적어도 '도덕적'이기 위해서는 스스로의 행위 혹은 판단을 모종의 도덕적 기준을 근거로 정당화하는 능력이 필요하기 때문이다. 다시, 합리성이 도덕성을 함의하는 것은 아니지만 도덕성은 합리성을 가정한다는 주장이 성공적으로 제기되기 위해서는 도덕성은 어떻게 규정되며 여기에 합리성의 의미는 어떤 형태로 개재되는지의 문제가 먼저 논의되지 않으면 안 된다. 이 작업을 위해 아래에서는 우선 도덕성을 실천적 지식의 한 형태로 규정하는 왈라스(James Wallace)의 관점을 논의하고, 특히 그의 주장 내에서 합리성은 어떤 방식으로 해석되며 그것과 하버마스의 도덕적 관점(the moral point of view) 개념은 어떻게 연결되는지, 그리고 하버마스에 있어서 도덕성 개념은 어떤 점에서 보편주의적 관점의 맥락에서 해석될 수 있는지를 논의해 보겠다.

일상적 삶을 살아가는 과정에서 우리는 다양한 형태의 실제적 활동[2]에 종사하며 이 활동들은 그 각각에 특수한 전문적인 지식을 필요로 한다. 대체로 말해, 이들 개별 실천 활동들의 총체가 우리 삶의 전체를 구성한다고 할 수 있다. 예컨대, 자동차를 운전하려면 그에 해당하는 특수한 종류의 지식을 갖추어야 하며, 바둑을 두더라도 바둑이라는 게임에 특수한 지식을 갖추고 있어야 한다. 이는 변호사가 자신의 의뢰인을 변호할 때나, 관객의 입장에서 음악 작품이나 미술 작품을 감상할 때 등에서도 마찬가지이다. 이렇게 본다면, '도덕적 활동' 또한 그에 특수한 전문적 지식을 필요로 한다고 해야 할 것이다. 아닌 게 아니라, 왈라스가 그의 『윤리적 규준, 실제 사례들』(*Ethical Norms, Practical Cases*)[3]에서 제시하고 있는 관점이 바로 이 관점이다.

왈라스에 의하면, 인간의 실천적 활동은 두 범주로 나뉜다. 하나는 도덕적 활동이고 다른 하나는 여타의 다른 활동들, 예컨대 항해, 법률 활동, 농사, 의술, 음악 등의 활동이다. 이들 활동을 일컫는 이름들은 그것 그대로 각각의 활동이 요구하는 전문적 지식을 가리키는 이름으로 쓰일 수 있다. 그리하여 후자의 활동들이 각각을 수행하는 데 필요한 전문적 지식을 필요로 하는 것과 꼭 마찬가지로 도덕적 활동 또한 그에 고유한 지식을 필요로 하는데 우리는 이것을 가리켜 '도덕성'(morality)이라고 부른다. 이 두 범주의 실천 활동과

---

2 이 장 전체에서 '실제적'이라는 말은 '실천적'이라는 말과 동의어로 쓰이고 있으며 두 용어 모두 영어로 하면 'theoretical'(이론적)의 상대어로서의 'practical'의 번역어이다. 이하에서 '실제적 활동', '실천적 활동', '실천 활동'은 모두 같은 뜻을 지닌 말이다.

3 James Wallace, *Ethical Norms, Practical Cases* (Ithaca: Cornell University Press, 1996)

각각의 활동을 수행하는 데 필요한 두 가지 형태의 지식이 서로 어떤 점에서 비슷하고 서로 어떤 점에서 상이한가 하는 점은 왈라스가 규정하는 도덕성의 의미를 파악하는 데 중요한 실마리를 제공한다.

도덕성과 여타의 실천적 지식은 양자가 모두 인류가 그들의 지력을 실제 활동에서 발생하는 문제들을 해결하는 데 적용하는 과정에서 축적해 온 결과물들이라는 점에서 공통점을 지닌다. 인간은 삶을 살아가는 과정에서 맞닥뜨리는 다양한 형태의 실제적 문제들을 해결하고 그 과정에서 발생하는 여러 가지 욕구와 이해 관심을 충족시키려는 목적으로 이들 지식을 창조해 내었다. 따라서 도덕성을 일종의 지식으로 보는 관점은, 그것을 '인류가 오랜 기간을 거치면서 그들의 삶 속에서 발생하는 실제적 문제들을 해결하는 과정에서 학습의 결과로 형성된 사회적, 지적 고안물'로 보는 관점이라 할 수 있다. 여기서 특히 주의를 기울여야 할 점은 도덕성을 인간의 사회적, 지적 창조물로 본다고 해서 굳이 그것을 임의적인 것으로 볼 필요는 없다는 점이다. 이 점은 의술이나 과학적 탐구 활동, 농사짓는 일, 자유교육 등과 같은 여타의 다른 활동과 그들 각각에 해당하는 지식들 또한 도덕성과 같은 의미에서 인간의 창조물이지만, 이들 활동들을 임의적인 것으로 보아서는 안 되는 것과 동일한 이유에서이다. 도덕성은 인간의 노력에 의해서 창조되고 발전된 것이지만 그렇다고 해서 자의적인 것은 결코 아니라는 것이다.

다른 한편으로, 도덕성은 그것이 관계하는 활동의 성격 면에서 여타의 다른 지식들과 구별된다. 도덕성이 의학이나 항해법, 음악 등과 동일한 의미에서 실천적 지식이라면, 이들 다른 지식들 각각에 고유한 활동영역이 정해져 있는 것과 꼭 마찬가지로 도덕성 또한 그것이 관장하는 고유한 활동영역을 갖고 있다고 봐야 할 것이다. 도덕성은 어떤 활동을 영위하기 위한 지식인가? 왈라스에 따르면, 도덕성이라는 지식에는 의학, 항해법, 음악 등이 관장하는 활동들과 동일한 의미에서 대응되는 특정한 활동영역이 없다. 다시 말하면, 의학이 몸을 치료하는 활동을 관장하고 항해법이 바닷길을 찾아가는 활동을, 그리고 음악이 가령 작곡이나 기악이라는 활동을 수행하는 것과 동일한 의미에서 도덕성이 관장하는 활동이라는 것은 없다는 것이다. 이는 바꾸어 말하면 도덕성은 인간 활동이라고 부를 수 있는 모든 일과 관계된다는 말과 같다. 그리고 이 점에서 그것은 인간의 삶 그 자체를 관장하는 지식이라고 할 수 있다. 그리하여 그것이 의술이든, 항해술이든, 아니면 농사짓는 일이든, 인간의 삶 속에 포괄되는 어떤 활동이든지 도덕성과 관련되지 않는 활동은 없다고 할 수 있다.

그렇다면 도덕성은 우리에게 왜 필요한가? 보다 일반적으로 말해, 도덕적 고려의 근원은 어디이며 그 필요성은 어디서 비롯되는가? 문제는 근본적으로 각기 상이한 목적을 추구하는 다수의 인간이 공간적으로는 동일한 집단 내에서 시간적으로는 동일한 시대를 살고 있다는 점에서 출발한다. 이 말은, 뒤집어 말하면, 서로 다른 가치를 추구하는 인간들이 한데 모여 살지 않거나 혹은 한데 모여 살더라도 그들이 철저하게 개별적인 삶을 산다고 하면 도덕적인 문제는 발생할 여지가 없다는 말과 같다. 동일한 의미에서, 다수의 개인이 집단을 이루고 살면서 동일한 가치를 추구하고 산다고 하면 여기에 '도덕적 문제'는 발생하지 않는다고 해야 할 것이다. 요컨대, 도덕적 고려의 필요성은 다수의 가치가 개입되는 상황에서 그들 다수의 가치가 서로 갈등할 때, 그리고 그들 갈등하는 가치들 간에 조율의 필요성이 제기될 때 발생한다는 것이다.

왈라스의 용어로 표현하면, 도덕적 고려의 필요성은 상이한 목적을 추구하는 상이한 실제적 활동들로 이루어진 인간 삶의 복잡성 그 자체에서 발생하는 것이라고 할 수 있다. 위에서 예로 들었던 여러 가지 실천적 지식들 그 각각은 내적으로는 어느 정도 일관성을 유지하고 있어서 그 자체 내에서 부조화의 문제를 유발할 여지는 비교적 적다. 혹은 개별 지식 내에서 부조화의 문제가 발생하더라도 그것은 해당 지식 자체의 구조적 문제이지 그것이 도덕적 문제로 간주되는 경우는 없다. 그러나 사회적 삶이라는 것은 개별 인간이 타인과 철저하게 고립된 상태에서 자기만의 가치를 추구하면서 사는 일을 허용하지 않는다. 제각각의 목적과 가치를 추구하고 사는 동안에 사람들은 자기와 다른 활동에 종사하는 사람들과 만나며 이들과 갈등을 겪기도 한다. 한 개인의 차원에서도 여러 가지 가치를 동시에 동일한 정도로 추구하는 것은 불가능하다. 명백히 우리는 어느 특정한 활동영역에서 그 활동영역이 요구하는 전문적인 지식을 획득하고 그 방면에서의 전문가로 활동한다. 이와 마찬가지로 사회적 존재로서 우리는 서로 다른 다수의 가치와 목적을 추구하면서 살고 이 과정에 발생하는 개인과 개인 간의, 혹은 가치와 가치 간의 갈등 문제를 처리해 나가는 데 필요한 지식을 습득하고 전수해야 할 필요가 있다. '도덕적 고려'의 필요성은 바로 여기에서 제기된다.

> 다양한 공동체 내에서 자기가 맡은 역할을 수행하는 과정에서 사람들은, 집단적으로 혹은 개인적으로, 합의라든가, 협동이라든가, 의견 조정 같은 문제를 겪게 된다. 실천적 지식은 이와 같이 인간 삶의 사회적 특성에서 비롯되는 문제들을 다루어내는 방법에 관한 지식이다. 사실상, 이러한 문제들은 그것들이 발생하는 모양에서도 천차만별일 뿐 아니라 사람들이 그것들을 해결하는 모양에서 또한 각양각색이다. 우리는 이와 같이 사람들이

함께 모여 삶으로 해서 발생하는 다양한 문제들을 해결하는 방법, 그다지 명백한 형태로는 존재하지 않지만 그러한 방법들을 '도덕성'이라는 용어로 명명한다.[4]

서로 다른 실제적 행위노선들 간에 충돌이 생길 때 그것을 해결하는 방법에는 두 가지가 있을 수 있다. 첫째, 그들 상충하는 행위들 간의 관계를 미리 예측하고 그것을 안내하는 일련의 통합적 원리를 설정해 놓음으로써 그들 간에 발생할 수 있는 충돌을 사전에 방지하는 방법이 있을 수 있다. 그러나 이 경우 문제는 그런 방식으로 설정된 원리라는 것들은 애당초 인간 삶의 모든 면들을 빠짐없이 포함할 목적으로 설정된 것들이기 때문에 불가피하게 추상적인 형태로 존재할 수밖에 없다는 점이다. 왈라스에 의하면, 도덕적 문제를 이러한 방식으로 해결하려는 철학적 노력들—예컨대, 공리주의라든지 자연법 이론, 혹은 이와 비슷한 절대주의 이론들—의 공통적인 문제는 이들 노력들이, 그 정도에 있어서 차이는 있으되, 도덕적 문제는 실제 삶의 가장 구체적인 수준에서 발생하는 갈등상황을 반영하고 있다는 점, 그리고 그것들을 해결하는 일 또한 그러한 구체적인 수준에서 이루어져야 한다는 점을 고려하지 않았다는 것이다. 이들 철학의 전통 내에서 도덕적 사고는 "개별 행위자가 실지로 지니고 있는 도덕적 지식들의 이면에 존재하는 절대적 행위원리들을 발견해 내는 일과 동일한 일로 간주되었으며, 여기에는 그러한 과정을 통해서 명료화되고 체계화된 행위원리들은 삶의 모든 국면에서 발생하는 당위의 문제들을 군더더기 없이 해결해 주며 또한 그

4 Ibid., 15.

들 원리들은 고도로 구조화되어 있어서 그들 간에 충돌이 발생하는 일은 결코 생기지 않는다는 생각이 가정되어 있다."[5]

둘째, 이와 달리 도덕성의 문제를 구체적 수준에서 이루어지는 우리의 일상적 행위들 간의 갈등을 다루는 일이라는 시각에서 파악하는 관점은 개별 행위자의 실제적 행위 혹은 관심은 결국에는 서로 충돌할 수밖에 없으며 우리는 끊임없이 이러한 충돌과 갈등의 상황을 대면하면서 살고 있다는 사실에 주목한다. 왈라스는 이 관점을 베를린(Isaiah Berlin)의 용어를 빌려 '다원주의'(pluralism)라고 지칭하고 있는데, 여기에 따르면 도덕적 사고는 다수의 행위 영역들이 복합적으로 작용하는 상황에서, 그리고 그 속에서 복수의 이익을 추구하는 가운데 겪게 되는 곤란을 해소하는 학습된 행위양식들과 연계되어 있다. 다원주의의 기본적 아이디어는 인간은 여러 가지 서로 다른 선(善)을 추구하면서 살고 있고, 그러나 그들 선은 결코 동시에 실현될 수 없는 것들이라는 점을 인식하는 데 있다. 이 관점은 도덕성의 문제를, 우리가 그러한 것에 도달할 수 있느냐의 여부에 관계없이, 모든 선을 포괄하는 하나의 단일한 원리가 존재한다는 것을 인식하고 끊임없이 그것을 추구하는 일이라는 식으로 정의하는 플라톤적 관점과 정면 대비된다.

도덕성을 절대적, 추상적 원리와 관련지어 정의하려는 노력들, 곧 위에서 들었던 첫 번째 방식이, 왈라스가 지적하고 있듯이, 이른바 '플라톤의 논제'를 근거로 하고 있다는 점은 비교적 자명하다. 플라톤적 관점이 매력적인 것은, 다시 말하면 우리가 플라톤적 관점에 저항하기가 그렇게 힘든 것은, 그것을 거부할 때 초래될지도 모를

---

5 Ibid., 21.

모종의 비합리성에 대한 우리의 공포감 때문이라고 할 수 있다. 그러나 왈라스의 주장에 의하면, 다원주의를 그런 종류의 윤리적 상대주의, 혹은 플라톤이 '민주주의자'들의 행동양식을 언급할 때 등장하는 그런 변덕스러움과 결부시킬 필요는 없다. 다원주의에 의할 때 도덕적 문제들이 해결되는 모습은 그 어떤 추상적 원리에 따라서가 아니라 그들 문제가 발생하는 구체적인 상황의 맥락에 따라 해답을 얻어 나가는 식이 될 것이다.

도덕성에 관한 왈라스의 논의에서 흥미로운 점은 도덕성의 문제는 특정한 형태의 추상적 원리를 구축하고 그것을 개별 실천 상황에 일방적으로 적용하는 문제가 아니라, 인간이 개입하는 전문화된 활동들에 붙박여 있는 다양한 규준들을 동시에 고려의 대상으로 삼고 각각의 규준이 다른 규준들을 침해하지 않도록 그것들을 수정하고 조정해 나가는 일이라는 점을 그가 부각시키고 있다는 데 있다. 도덕성은 일종의 지식이지만 그것 자체에 소속된 독립된 규준을 따로 가지고 있지 않다는 점, 그리고 그것이 맡은 일은 전문화된 활동들 간에 발생하는 갈등을 각각의 활동의 규준이 다른 것들과 비교해서 지니는 상대적 경중에 따라 조정하는 일이라는 점 등은 특별히 주의를 기울여 검토해 봐야 할 사항들인 것 같다. 여기서 중요한 것은 도덕적 활동을 이와 같이 정의하는 일이 가능하고 또한 그 일이 성공하려면 각 활동 분야의 전문가들이 한데 모여서 주어진 상황에서 가장 적절하다고 판단되는 활동의 규준은 어떤 것인지에 대해 토론하고 그에 관해 쌍방 간에 이해를 추구하는 일이 필수적인 조건으로 된다는 점이다. 그리고 이 생각은 바로 의사소통적 합리성을 토대로 개념화된 하버마스의 도덕성 개념과 자연스럽게 연결된다.

지금까지 도덕성을 실천적 지식의 한 종류로 이해하고 있는 왈라스의 관점을 비교적 자세히 다루었던 것은 하버마스가 그의 '도덕적 관점'을 논의하면서 제기한 일련의 주장들을 왈라스의 도덕성 개념과 연결시키기 위한 것이었다. 필자가 보기에 양자는 적어도 다음과 같은 두 측면에서 연결될 수 있다. 첫째, 왈라스의 도덕성 개념은 두 형태의 실천적 이성—윤리적인 것과 도덕적인 것—간의 구분을 함의하고 있다. 실천적 이성, 곧 '무엇을 해야 할 것인가'에 대해 답을 구하는 노력 혹은 활동은, 단순히 행위 주체가 현재 수행하고 있는 활동영역 내에서 그 특정한 활동에서의 탁월성의 기준에 따라 어떻게 하는 것이 그 일을 가장 잘 수행해내는 것인지에 대한 답을 구하는 것만이 아니다. 그것은 여러 서로 다른 활동의 기준이 개입된 상황에서 그 중에 어떤 기준이 그 상황에 가장 적절한 것으로 고려되어야 하는지를 결정하는 일까지 포함한다. 필자가 보기에 왈라스는 여기서 후자를 도덕적 사고와 관련짓고 있고, 이는 하버마스가 윤리적인 것과 도덕적인 것을 구분할 때 제기했던 문제의식과 거의 일치한다.

둘째, 왈라스의 다원주의는 도덕적 행위 주체가 그의 '도덕적' 행위를 수행하는 데 있어서 타인의 이익을 공평무사한 입장에서 고려할 것을 요구하고 있다는 점에서 하버마스의 보편주의로 확장될 수 있다. 다원주의는 단순히 서로 다른 양립할 수 없는 가치들이 존재한다는 점만을 주장하는 이론일 수는 없기 때문이다. '도덕적으로 사고한다'는 말은 가치들 간의 그러한 차이와 불가양립성에 대해서 모종의 조치를 취한다는 말이며 그 상황에 개재되는 상이한 입장들 모두가 궁극적으로 만족할 수 있는 방안을 탐색한다는 말이다. 아닌 게 아니라 참가자들의 개별 이해 관심을 모두 고려하는 일은 하버마스의 보편주의의 기본적 아이디어라고 할 수 있다. 요컨대, 보편주의는 다원주의를 가정하고 있으며 다원주의는 보편주의의 필요조건인 셈이다.

도덕적 관점의 개념

왈라스의 논의에서 포착할 수 있는 도덕성의 특징 중에 한 가지는 도덕적 사고를 행하는 데 있어서 합리성이 수행하는 중요한 역할이다. 물론 왈라스의 의도가 도덕성을 합리성을 토대로 정의하는 데 있었다고는 할 수 없다. 표면적으로 보면 도덕성과 합리성을 개념적으로 관련지으려는 그 어떤 노력도 왈라스의 논의 속에서 찾아보기 힘들다는 것이다. 그러나 그의 전체 논의 속에 함의되어 있는 바는, 다른 실천적 사고들과 꼭 마찬가지로, 도덕적 사고는 고도의 지적인 노력을 동반하며 이 점에서 그것은 실천적 합리성에 대한 깊은 이해를 필수적인 조건으로 한다는 점이다.[6] 도덕적 사고 혹은 행위가 실제적 상황에 있어서의 가장 올바른 행위에 관한 질문과, 모종의 기준과 원리를 근거로 그에 대한 대답을 정당화하는 활동으로 이루어지는 한, 그것은 합리적 행위의 범주에서 제외될 수 없다. 다만, 여기서 한 가지 짚고 넘어가야 할 점은 합리성은 우리의 실천적

---

6 *Ethical Norms, Practical Cases* 2장의 말미에서 왈라스는 합리성과 도덕성 간에 어떤 차이점이 있는지를 설명한다. 이 설명에 따르면, 비록 합리성의 기준도 도덕성의 그것과 같이 여러 다양한 실제적 영역들에 적용되기는 하지만, 엄격하게 말하면 그것은 과학적 탐구활동에 주로 관련된다. 그러나 필자가 보기에 합리성에 대한 이와 같은 왈라스의 태도는 합리성을 지나치게 좁게 해석할 위험이 있다는 점에서 받아들이기 힘든 해석방식이다.

사고활동에 여러 다른 방식으로 작용할 수 있으며, 도덕적 사고는 그 중 한 가지에 불과하다는 점이다. 아래에서 논의할 내용은 하버마스에 있어서 도덕적 사고는 어떻게 정의되며 그것과 여타의 실천적 행위는 어떻게 다른가에 관한 것이다.

베버에 의해서 체계적으로 분석된 '목적합리성'(purposive-rationality) 개념은 우리가 행위를 수행해 나가는 데 하나의 강력한 기준을 제공한다. 이를테면, 내가 매일 타고 다니는 자전거가 고장 났다거나, 혹은 내가 병을 얻었다거나, 혹은 신학기 강의의 교재를 구입하기 위해서 얼마간의 돈이 필요한 상황에 처했다고 하자. 이들 경우에 내가 할 일은 현재 처한 상황에서의 문제가 해결된 상태, 곧 각 경우에 있어서의 목적을 달성하기 위해 가장 효과적인 수단을 마련하는 일일 것이다. 각 상황에서 목적은 이미 주어져 있고 합리성은 동원 가능한 수단들 중에 그들 목적을 달성하는 데 최선이라고 판단되는 것들을 선택하는 일에만 작용한다. 합리적 선택을 요하는 다른 경우들도 있다. 예컨대, 올해 여름 휴가를 어디서 보내야 할지를 선택하는 경우, 혹은 학교를 졸업한 후 예컨대 법률가가 될 것인지 아니면 사업가가 될 것인지를 결정하는 경우 등이 있을 수 있다. 이들 경우 나의 결정은 일차적으로 내 기호(嗜好)에 따라 이루어진다. 그런데 이 두 경우에서, 곧 그것이 최선의 수단을 선택하는 일이 되었든 아니면 목표를 선정하는 일이 되었든 공통점은 합리적 선택을 통해 실현하려는 가치가 이미 고정되어 있다는 점이다. 위의 첫째 경우들에서 나의 합리적 판단은 이미 주어져 있는 고정된 목적에 비추어 수단을 선택하는 일에 관한 것이었으며, 둘째 경우들에서는 현재 나의 기호에 비추어 목표를 사정(査定)하는 일에 관한 것이었다. 합리성이 수단을 선택하거나 목표를 사정하는 일에 관한 것인 한, 그러한 활동들이 기준으로 삼는 것, 곧 위의 경우 고정된 목적과 행위 주체의 기호는 합리성의 영역 밖에 있다고 봐야 할 것이다. 따라서 이들 경우에 문제가 되는 것은 자전거를 수리하거나 질병을 고치는 기술이거나, 돈을 획득하는 전략이거나, 혹은 휴가를 계획하거나 직업을 선택하기 위한 행위 프로그램이 될 것이다. 이들 기술, 전략 그리고 프로그램은 오직 목표가 이미 주어졌을 때, 곧 위의 경우 자전거를 수리하는 일, 질병을 치료하는 일, 돈을 버는 일, 휴가를 계획하는 일, 혹은 직업을 선정하는 일 등이 이미 목표로 주어졌을 때 비로소 의미를 지닐 수 있다. 여기서 중요한 사실 하나는 이들과 같은 경우에 요구되는 실천적 사고는 목적합리성의 지평 위에서 진행되며 그 결론은 '조건적 명령'의 형태로 진술된다는 점이다.[7] 다시 말하면, 이들 경우에 우리의 실천적 사고의 결과는 '상대적 당위'의 진술로, 곧 '만약 우리가 이러저러한 가치나 목표를 실현하기를 원하다면 마땅히 해야 할' 일들을 지시하는 형태로 이루어진다는 것이다.

두 번째 형태의 실천적 합리성의 필요성은 목적합리적 행위가 수행되는 데 필요조건이 되었던 이미 주어진 가치 혹은 목표 그 자체가 문제시될 때 제기된다. 왜냐하면, 위에서 잠시 언급했듯이 목적합리성은 그것을 통해서 실현하려는 가치 혹은 달성하려는 목적 그 자체에는 관여하지 않기 때문이다. 하버마스는 그와 같은 경우에 행위 주체의 '무엇을 해야 할 것인가' 하는 질문에 대한 대답은 목적합리성의 지평을 벗어난다고 말하고 있다. 가령, 베버의 관료주의적 합리성 개념에 대한 매킨타이어의 비판은 관료주의적 합리성

7 Jürgen Habermas, *Justification and Application: Remarks on Discourse Ethics*, trans. Ciaran P. Cronin (Cambridge: The MIT Press, 1993), 3.

이 실천적 판단의 기준이 될 때 그 범위는 지극히 한정될 수밖에 없으며, 판단 주체의 정체성이 확립되어 있지 않을 경우 그것은 정의주의적(情意主義的) 방향으로 행위를 이끌 수도 있다는 점을 겨냥하고 있다. 따라서 여기서 문제가 되는 것은 단순히 이미 주어져 있는 목표의 성격에 비추어 그것을 달성하는 전략을 어떻게 마련하는가에 관한 것이 아니라, 도덕적 행위 주체의 보다 포괄적인 삶의 맥락 속에서 그의 행위는 어떤 방식으로 수행되어야 하는가에 관한 것이라고 할 수 있다. 그러므로 '나는 무엇을 해야 할 것인가' 하는 질문에 대한 해답은 이제 '나는 누구이며 어떤 사람이 되려고 하는가' 하는 질문과 연계될 때 유의미하게 탐색될 수 있게 된다.[8] 이 점에서 실천적 합리성이 발휘되는 사고의 과정은 이제 특정한 사회문화적 맥락 속에서 삶을 사는 주체가 스스로를 어떤 방식으로 이해하고 있는가 하는 것과 밀접히 관련되어 진행된다.

합리적 사고를 행위자의 사회적 맥락과 통합되어 진행되는 것으로 보는 관점은 아리스토텔레스의 윤리학에 그 뿌리를 두고 있다. 하버마스에 의하면, 아리스토텔레스 이후 가치에 대한 판단은 '좋은 삶'에 대한 임상적(臨床的) 질문으로 간주되어 왔으며, 이 점에서 단지 가능한 것 혹은 편리한 것만을 탐색하는 것이 아닌, '좋은 것'에 대한 추구를 그 본업으로 하는 실천적 이성은 윤리학의 영역에 속하게 되었다. '윤리실천적'(ethical-practical) 이성의 핵심은 그것이 행위 주체의 스스로를 이해하려는 노력과 맞물려 있다는 점에 있는데, 이러한 자기 이해는 비단 주체가 현재의 자신을 어떻게 기술하는가 하는 것으로만 구성되는 것이 아니라 그가 앞으로 어떤 인간

---

8 이 부분과 관련된 매킨타이어의 입장은 이후 매킨타이어를 논의하는 곳에서 자세히 다루겠다.

이 되려고 노력하고 있는가 하는 점까지 포함한다. "개인의 정체성은 주체가 자신을 어떻게 파악하고 있는가 하는 것과 자신을 어떻게 파악하고 싶어 하는가 하는 것, 곧 현재의 자신의 모습과 장차 성취하고자 하는 자신의 모습, 두 가지에 의해서 동시에 결정된다."[9] 그러므로 실천적 이성에 의한 사고는 주체의 기술적 자아를 확인하는 일과 좋은 삶에 반영된 이상적 자아를 발견하는 일, 이 둘을 동시에 포함한다. 그와 같은 실천적 사고를 통해 얻어진 결과 또한 일련의 규범적 명령의 형태로 진술되겠지만 이 진술들은 첫 번째 관점에서와 달리 무조건적 형식을 취한다. '좋은 것'의 개념, '행복'의 개념은 다른 무엇에 비추어 정의되는 것이 아니라 내재적(內在的)으로 정의된다는 것이다. 그러나 비록 그러한 과정을 통해서 도출된 '당위'의 진술이 첫 번째 관점에서와 같이 이미 주어진 목표나 주관적 기호에 의존하는 형태는 아니라 하더라도 그것을 '절대적'인 것으로 해석해서는 안 된다. 이들 당위의 진술에 근거를 제공하는 '좋은 삶' 혹은 최고선(最高善)이라는 개념은 오직 자아의 의미, 그리고 그 자아가 처해 있는 상황을 토대로 했을 때만 정의될 수 있기 때문이다. 여기서 정의되는 우리가 '마땅히 해야 할 일'이라고 하는 것은 말하자면 현재 우리가 관련을 맺고 있는 여러 사안들을 감안할 때 그렇게 행위 하는 것이 좋을 것이라는 의미에서 그렇다는 것이다.

마지막으로, 실천적 이성을 통한 사고는 '무엇을 해야 할 것인가' 하는 질문이 주체의 행위가 다른 사람들의 이익에 미칠 영향과 그것들과의 사이에서 발생할지도 모를 갈등을 고려하는 일을 포함하게 될 때 또 다른 형태를 띠게 된다. 이 관점에서의 행위자는 그러한

---

9 Habermas, *Justification and Application*, 4.

갈등에 특별히 주의를 기울이고 그것을 어떻게 하면 자신을 포함한 다른 행위자들의 이익과 가치를 동일한 정도로 공평무사하게 고려하는 가운데 해소할 수 있을지를 탐색한다. 하버마스는 한 사태에 참가하고 있는 사람들 간의 갈등을 이런 식으로 공정하게 처리하려는 노력을 가리켜 '도덕적 관점'(the moral point of view)이라고 명명한다. 도덕적 사고와 목적합리적 혹은 윤리적 사고 간의 근본적인 차이는 비교적 명백해 보인다. 그것은 후자의 관심이 일차적으로 행위 주체에게 있다면 전자의 관심은 그것을 넘어서 있다는 점이다.

목적합리적 행위, 혹은 하버마스의 용어로 '실용적'(pragmatic) 행위는 자신의 기호와 현재의 목표를 행위의 출발점으로 삼고 있는 주체의 관점을 토대로 수행되는 행위이다. 따라서 이 관점에서 보면 '도덕적' 문제라는 것들은 행위 주체에게 포착되지조차 않는다. 왜냐하면, 행위 주체에게 자기의 것과 갈등을 빚고 있는 타인의 이해관심은 오직 자기의 목표를 실현하는 데 방해물로 작용하기 때문이다. 가령, 한 사업가가 자신의 불리한 재정 상태를 은폐한 채 은행을 상대로 융자 상담을 하고 있다고 하자. '실용적' 관점에서 볼 때, 이 상황에서 사업가의 관심은 오직 은행을 속여서라도 융자를 받아 내고자 하는 데에 있을 것이다. 그런데 가령 그 얘기를 전해 들은 그의 친구가 은행을 속이는 일은 과연 괜찮은 일인가 하는 질문을 제기했다고 하자. 하버마스에 의하면, 이 경우 친구가 제기한 질문은 현재 사업가가 지니고 있는 관점과 완전히 다른 관점에서 제기된 질문이 된다. 은행을 속여서라도 융자를 받아 내야겠다는 사업가의 노력이 '실용적' 관점을 토대로 하고 있다면, 은행을 속이는 일은 융자를 받아 낼 가능성에 관계없이 올바르지 못한 행위라는 문제의식은 '도덕적' 관점에서 제기된 것이라고 할 수 있다. 그것이 도덕적 관점인 이유는 여기서 은행을 속이는 사업가의 행위가 올바른 것인가를 판단하는 기준이 그 행위의 주체를 바꾸어 놓았을 때, 다시 말하면 이번에는 은행이 사업가를 속였다고 가정했을 때 그 사업가가 그것을 어떻게 받아들였을 것인가 하는, 일견 가장 기본적인 칸트적 보편주의를 반영하고 있기 때문이다. 쉽게 말해서, 도덕적 관점의 핵심은 나의 행위가 상대에게 초래할 피해를 그 행위가 나에게 가져다 줄 이익과 동일한 정도로 고려한다는 점에 있다.

윤리적 사고 또한 그 관심이 자기중심적이라는 점에서는 실용적 사고와 차이가 없다. 윤리적 사고는 주체가 지닌 자신의 삶에 대한 목적관을 근거로 출발하며 이 때문에 타인의 이익과 그들의 삶의 역사는 오직 자신의 정체성과 자신의 삶의 역사, 그리고 자신의 이익과 관련되지 않는 한 무의미한 것으로 간주된다. 이러한 사고유형에서 일차적인 관심은 나를 좋은 삶의 맥락 속에 위치 지우고 내 행위의 방향을 이 맥락에서부터 규정하는 일이다. 타인과의 사이에서 발생하는 갈등을 배려하고 그 갈등을 공평한 입장에서 처리해 나가는 일은 부차적인 것으로 간주된다는 것이다. 타인의 이익과 그들의 삶의 역사에 대한 관심은 단지 나 자신의 정체성과 삶의 역사의 이면에 배경으로 존재할 뿐이다. 따라서 위의 예에서 융자를 받아 내기 위해서 은행을 속이는 일이 용납될 일인가 그렇지 않은가는 내가 지니고 있는 나의 이상적 자아관, 곧 내가 지니고 있는 텔로스(telos)로부터 도출된 내 인격의 테두리 내에서 그 행위가 좋은 행위인가 그렇지 않은가의 기준에 따라 판단된다. 다시, 윤리적 질문은 도덕적 질문과 그 지향하는 바가 같지 않다. 타인과의 관계에서 발생하는 이해 관심의 대립을 어떻게 규제해야 할 것인가 하는 것은 윤리적 관심사가 아니라는 것이다.

칸트(Immanuel Kant)의 윤리학을 접해 본 사람이라면 쉽게 짐작할 수 있듯이, 하버마스가 제안하고 있는 도덕적 관점의 뿌리는 칸트의 도덕이론에 있다. 하버마스에 의하면, 도덕적 관점은 우리가 우리 자신의 행위규칙, 곧 격률(格率 maxim)을 타인의 그것과 비교하여 양자가 서로 양립 가능한가를 시험해 보는 일과 함께 시작된다. 여기서 칸트적 의미에서의 격률은 "개인이 자신의 행위를 습관적으로 규제할 때 적용하는 다소간은 사소하다고 할 수 있는, 상황에 따른 행위의 규칙이다."[10]

> 일반적으로 격률은 개인이나 집단의 정체성과 장기적인 삶의 전망이 구체화되는 관행적 실제의 망(網) 속에서 가장 작은 단위를 구성한다. 그것은 일상적 삶의 흐름과 상호작용의 양상, 그리고 그 속에서 문제가 제기되고 갈등이 해소되는 방식을 규제한다.[11]

위의 예를 다시 보면, 나로 하여금 융자를 얻어 내기 위해서 은행을 속이게 하는 격률이 허용될 수 없는 것은 첫째는, 그 행위는 나에게 '좋지 못하기' 때문에, 다시 말하면 그것은 내가 미래에 성취하고자 하는 나의 이상적 모습과 모순되기 때문이며, 둘째는 그렇게 하는 것은 부당하기 때문에, 곧 그것은 이 상황에 개입하고 있는 쌍방 모두에게 선이 될 수 없기 때문이다. 상대방을 속이는 일이 올바르지 못한 것은 첫째 관점에서 볼 때는 그것이 현재 내가 처한 상황에서 부적절한 행위이기 때문이며, 둘째 관점에서 볼 때는 그것은 동일한 격률을 상대방이 자신의 격률로 삼아 나를 상대하는 일을 내

10 Ibid., 6-7.
11 Ibid., 7.

가 허용할 수 없기 때문이다. 도덕적 질문은 여기서의 둘째 관점과 관련된다. 즉, 도덕적 질문의 내용은 '내가 행위의 지침으로 삼고자 하는 격률이 다른 사람들에게도 동일하게 행위의 지침이 될 수 있는가' 하는 것이다. 다시, 이는 칸트의 '정언적 명령'(categorical imperative)의 개념이 기본적으로 의미하는 바이다. 행위의 지침으로서의 격률은 오직 보편적 법칙으로 간주될 때에만 권위를 부여받을 수 있다는 것이다.

> 정언적 명령에 따라 격률은 동일한 상황에서 모든 사람들이 그것에 따르려고 할 수 있을 때에라야 비로소 공정한 것으로 간주될 수 있게 되었으며, 이것을 통해서 이른바 '황금률'(네가 당하고 싶지 않은 일을 타인에게 행하지 말라)은 자기중심적 특성을 탈피할 수 있게 되었다. 우리 행위의 격률이 보편적 법칙이 되어야 한다는 점을 만인이 원할 수 있어야 한다. 특정한 상황에 참여하는 모든 사람들의 관점에서 일반화될 수 있는 격률만이 일반의 동의를 이끌어 낼 수 있는 규범으로 인정받을 수 있으며 그 범위 내에서 도덕적 구속력을 갖는 것으로 간주될 수 있다. '무엇을 해야 할 것인가' 하는 질문은 행위의 일반적 주체를 상정할 때에 비로소 도덕적 질문이 될 수 있다. 도덕적 명령은 정언적이며 무조건적인 명령들로 구성되어 있으며 그것의 타당성은 일반인을 암묵적으로 상정하고 있다는 바로 그 점을 근거로 성립된다. 도덕적 명령이 갖는 강제력은 결코 행위 주체의 주관적 목표나 기호에서 비롯되거나 혹은 그의 성공적이고 좋은 삶의 개념과 관련하여 성립되는 그만의 절대적 목표 등과 같은 것에서 도출되는 것이 아니다. 여기서 당위적으로 해야 할 일은 그렇게 하는 것이 공정하기 때문이며 그 점에서 의무이기 때문이다.[12]

그러므로 '무엇을 해야 할 것인가' 하는 질문은 그 질문이 제기되

12 Ibid., 8.

는 문제 상황을 어떻게 인식하느냐에 따라 세 가지 형태의 실천적 사고를 요한다. 문제가 사실적 상황에 관한 것일 때, 다시 말하면 주체의 관심이 오직 주어진 상황에서 특정한 목표를 달성하는 데 가장 효율적인 수단을 선택하거나 실제적 목표를 사정하는 데에만 있을 경우, 그 질문은 목적합리성을 기준으로 한 추론활동을 필요로 한다. 이 형태의 실천적 이성이 지니는 한계는 예컨대, 매킨타이어 등과 같은 철학자들이 비교적 체계적으로 밝혀 놓았다.[13]

다른 한편으로, 문제가 공동체적 삶의 맥락 속에서 확인된 행위 주체의 자기 이해에 관한 것일 경우, 위의 질문은 행위 주체의 고유한 삶과 관련하여 파악된 좋은 행위와 자신의 사적 인생관의 실현 문제를 묻는 윤리적-실존적 질문의 성격을 띠게 된다. 잘 알려져 있는 바와 같이, 이 형태의 실천적 이성은 아리스토텔레스에 의해서 형식화된, 고대 그리스의 도시국가 시민들의 규범적 삶 속에서 그 전형을 찾아볼 수 있다. 그러나 윤리적 실천이성은 '어떻게 살아야 하는가'의 문제를 철저히 개인적 문제로 간주함으로써 근대적 개념으로서의 도덕성을 제대로 반영하지 못한다는 점에서 한계를 지니고 있다.

> 근대 사회에서의 개인은 더이상 자신의 행위를 기존에 지니고 있던 가치체계에 호소하는 방식을 통해서 조정해 나갈 수 없게 되었다. 이제 '어떻게 살아야 하는가'의 문제는 불가피하게 '어떻게 하면 타인과 함께 잘 살 수 있는가'의 문제를 피해 갈 수 없게 된 것이다.[14]

13 예를 들어, 매킨타이어는 그의 *After Virtue* 초두에서 계몽 이후 근대윤리학의 한 흐름을 이른바 정의주의(情意主義 emotivism)로 명명하고, 베버가 체계화한 관료주의적 합리성을 정의주의적 한계와 연결 지어 비판하고 있다.

14 Ciaran Cronin, "Translater's Introduction," in Jürgen Habermas, *Justification and*

따라서 '무엇을 할 것인가' 하는 질문이 개인과 개인 간의 관계 상황에서 제기될 때 그에 상응하는 실천적 이성의 작용, 곧 도덕적 추론활동은 우리의 공존의 질서가 이해 관심 간의 대립으로 무너짐으로써 초래된 그러한 관계에 있어서의 갈등상황에서 어떤 행동이 적법할 것인지를 명백히 하는 일에 집중된다. 도덕적으로 사고함으로써 행위의 주체는 자기 자신의 필요와 이익만을 고려하지 않고 그것을 넘어서 타인의 필요와 이익을 함께 고려한다. 도덕적 실천이성은 행위자들 상호 간의 권리와 의무를 규정하는 규범들을 정당화하고 그것들을 적용하는 일에 주로 개입한다. 이러한 형태의 담론작업이 궁극적으로 의도하는 바는, 규범에 따른 행위의 영역 내에서 갈등을 해소하는 방식에 관해 참가자 모두로부터 합의점을 도출하는 일이다.

하버마스의 담론윤리학은 바로 이와 같이 해석된 도덕성 개념을 뼈대로 하고 있다. '도덕적 관점'의 기본 아이디어는, 간단히 말해, 행위를 수행하는 데 있어서 다른 사람의 이익을 고려한다는 점이다. 다른 사람의 이해(利害)와 가치를 고려하고 그럼으로써 그들과의 사이에서 발생하는 갈등을 공평한 입장에서 처리한다는 이러한 아이디어는 어렵지 않게 짐작할 수 있듯이 정언명령으로 형식화된 칸트의 보편성 원리에 이미 나타나 있다. 그의 담론윤리학에서 하버마스는 칸트의 도덕이론을 그 밑바탕에서 지탱하고 있는 인지주의적, 보편주의적 토대를 재확인함으로써 자율성과 실천이성의 개념을 재해석한다. 그러나 하버마스는 이 일을 칸트가 정언명령을 설명

Application: Remarks on Discourse Ethics, trans. Ciaran Cronin (The MIT Press, 1993), xxiii.

할 때 의존했던 형이상학적 가정들에 의존하지 않고 그 대신 보편성의 원리를 담론의 체계 내에서 재구성하는 일을 통해 이루려고 한다. 그렇다면 두 이론은 어떤 점에서 서로 다른가? 하버마스는 단지 칸트 윤리학을 반복하고 있을 뿐인가? 이하에서 이 문제를 다루어 보고자 한다.

칸트의 보편성의 원리

앞선 논의에서 언급하였듯이, 하버마스의 담론윤리학은 칸트의 도덕이론, 특히 그의 보편성 논제를 재구성한 것이라 할 수 있다. 매카시(Thomas McCarthy)가 지적한 것처럼, "하버마스는 그의 도덕이론을 전개하는 데 있어서 칸트의 전통에 대단히 근접해 있다."[15] 하버마스의 담론윤리학은 그 인지주의적인 특징에서, 그리고 공평성과 자율성 개념을 해석하는 데 있어서 보이는 보편주의적 특징에서, 칸트주의적인 색채를 짙게 풍긴다.[16] 아닌 게 아니라 칸트의 도덕이론에 대해서 이미 알고 있는 사람이라면 담론윤리학은 그 보편주의적 논제에서 칸트의 윤리학을 많이 닮아 있다고 생각할 것이다. 하버마스의 담론윤리학을 보다 본격적으로 다루기 전에 이 절에서 칸트의 도덕이론을 검토하는 데 다소의 지면을 할애하고자 하는 것도 바로 이 이유에서이다. 아래에서는 칸트의 저작, 『도덕의 형이상학

15 Thomas McCarthy, "Introduction," in Jürgen Habermas, *Moral Consciousness and Communicative Action*, trans. Christian Lenhardt and Shierry Weber Nicholsen (Cambridge: The MIT Press, 1990), vii.

16 Cronin, "Tanslator's Introduction," vi.

을 위한 기초』(*Grounding for the Metaphysics of Morals*)에 등장하는 정언명령의 개념 속에서 보편성의 아이디어가 어떻게 논의되고 있는지, 그리고 그것을 통하여 도덕성의 현대적인 개념이 어떻게 정립될 수 있는지를 파악하고자 한다.

책의 서문에서 칸트 자신이 밝히고 있듯이, 『도덕의 형이상학을 위한 기초』의 목적은 '도덕성의 최고 원리'를 탐색하고 그것을 개념적으로 정립하는 데에 있다. 이 책의 전체 구조 속에서 보면, 도덕적인 것과 그렇지 않은 것은 우리의 행위가 그렇게 성립된 원리에 부합하는가 그렇지 않은가에 따라서 판명된다. 잘 알려져 있는 것처럼, '도덕성의 최고 원리'라는 것은 세 가지 형식으로 표현된 저 유명한 '정언명령'을 가리킨다. '정언명령'의 세 가지 형식 모두를 관통하고 있는 공통적이자 기본적인 아이디어는 도덕성은 **보편성**을 필수적으로 요청한다는 점이다. 한 행위가 도덕적인 행위이기 위해서는 보편성을 지니지 않으면 안 된다는 것이다.

내 행위가 도덕적인 행위이기 위해서는 나는 나의 그 행위가 도덕적인가 그렇지 않은가를 판별할 수 있게 하는 기준, 곧 도덕적 행위에 대한 정의(定義)를 먼저 가지고 있어야 한다. 그런데 이 일이 가능하려면, 내 행위 또한 그 어떤 특정한 규칙에 따라서 수행되지 않으면 안 된다. 그래야만 내 행위가 따른 규칙과 앞에서의 도덕적 행위에 대한 정의를 비교함으로써 전자가 후자와 일관되는지를 판단할 수 있기 때문이다. 다행히 인간이 행하는 모든 합리적 행위는 예외 없이 특정한 규칙이나 격률의 형태로 표현될 수 있는 개념의 안내를 받아 이루어진다. 그러므로 만약 내가 그 어떤 행위를 수행할 때 격률을 지니고 있었다면 이후에 그 격률을 도덕성의 기준을 토대로 검사할 수 있을 것이고, 또한 행위를 수행하기 전에 격률을 지니고 있다면 내가 도덕적으로 행위하고자 하는 한 내 행위에 영향을 미치게 될 것이다.

그 어떤 명령이 도덕적인 명령이 되려면 반드시 '정언적인 것' 혹은 '절대적인 것'이어야 한다. 앞에서 우리는 인간의 모든 합리적 행위는 규칙에 따른 행위라고 했으므로, 명령은 행위자에게 자신이 그와 같은 규칙들을 따르는 마땅한 이유가 무엇인지를 말해 준다. '정언명령' 혹은 정언적인 명령의 특징은 행위자에게 자신이 수행하는 행위의 이유를 그 행위 자체로부터 추론하도록 한다는 데 있다. 정언명령이 명한 행위를 하는 이유는 그 행위가 다른 어떤 가치를 실현하기 위한 것이라는 데에 있는 것이 아니라, 그 행위 자체의 가치를 실현하는 데에 있다는 것이다. 따라서 누군가가 나에게 '당신은 왜 정언명령이 명한 행위를 수행하려고 하는가' 하고 묻는다면, 나에게는 '그것은 그 행위가 도덕적으로 올바른 행위이기 때문'이라고 대답하는 것 외에 다른 방법이 없다. 정언명령의 성격을 이와 같은 식으로 이해하는 일이 결코 쉽지 않은 것은, 통상 우리는 그 어떤 행위의 가치를 정당화할 때 그 행위가 결과적으로 성취하게 될 다른 그 무엇의 가치에 비추어 그것의 가치를 판단하는 방식에 익숙해 있기 때문이다. 그러나 정언명령에 따라서 수행되는 행위, 곧 도덕적 행위의 가치는 이와는 차원이 다른 방식으로 정당화된다는 점에 주목하여야 한다.

우리의 행위는 그것이 정언명령이 명하는 바에 부합할 때 비로소 도덕적인 행위가 된다. 그런데 여기서 '정언명령이 명하는 바'라는 것은 곧 보편성의 원리를 만족시켜야 한다는 것이다. 『도덕의 형이상학을 위한 기초』에서 정언명령, 곧 보편성의 원리는 세 가지 형식으로 표현되어 있다. 첫째, 그 어떤 것이 나에게 올바른 것으로, 혹은 나에게 하나의 임무로 요구된다고 하면, 그것은 다른 사람들에게도 똑같이, 올바른 것으로 혹은 임무로 요구되는 것이라야 한다. 우리가 행위를 수행할 때에 따르는 규칙은 다른 사람들에게 적용되었을 때에도 동일한 행위를 수행하도록 하는 그런 규칙이어야 한다. 여기서 '동일한 행위'는 객관적으로 동일한 행위를 의미한다. 예컨대, 나에게 다른 사람을 속여서 이득을 취하라는 명령, 곧 '갑에게 거짓말을 하라—왜냐하면, 그렇게 함으로써 내가 이익을 볼 수 있기 때문이다'는 규칙은 보편성의 원리를 충족시키지 못한다. 갑을 속이는 행위를 수행할 때 내가 택했던 그 규칙을 반대로 갑이 자신의 행위에 적용했을 때, 앞의 경우와 반대로 이번에는 내가 속임을 당하는 결과가 초래되기 때문이다. 동일한 규칙을 나에게 적용했을 때와 다른 사람에게 적용했을 때 상이한 결과가 초래된다는 점에서 보편성의 원리에 위배된다는 것이다. 마찬가지로, 전쟁터에서 '내가 쏘는 이 총알이 모든 적을 무찌르게 하옵소서'와 같은 기도는 결코 도덕적인 기도가 될 수 없다. 동일한 기도를 내가 하는 경우와 나의 적이 하는 경우에 상반된 결과—한 편의 승리와 상대편의 패배—를 초래하기 때문이다.

정언명령의 두 번째 형식은 행위를 할 때에 나와 다른 사람 모두를 수단이 아닌 목적으로 대우하여야 한다는 것이다. '수단'과 '목적'은 서로 상대적인 개념이므로, 당연한 말이겠지만, 대상을 목적으로 대한다는 말은 곧 그것을 수단으로서 대하지 않는다는 말을 의미한다. 이 두 번째 형식은 사람들이 서로를 단지 수단-목적의 관계로 대해서는 안 된다는 점을 말해 주는 것이라고 하겠다. 중요한 것은 이 두 번째 형식도 첫 번째 형식으로부터 따라 나온 것이라는 점이다. 만약 내가 '갑'이라는 사람을 그 어떤 다른 목적을 성취하기 위한 수단으로 대한다고 하면, 거꾸로 그 사람이 나를 자신의 목적을 성취하기 위한 수단으로 삼는 일이 언제든 가능하다. 어느 경우이든 간에 한 쪽은 수단이 되고 다른 한 쪽은 그것을 수단으로 하여 목적을 성취하고자 하는 쪽이 된다. 그러므로 이는 보편성의 원리에 어긋난다.

정언명령의 세 번째 형식은 우리가 그 어떤 행위를 수행할 때 우리는 항상 우리 행위의 주인이 되고 우리 행위 규칙의 입법자가 된다는 것이다. 그 어떤 규칙에 따라 행위한다는 말은 곧 내가 나 자신을 그 규칙에 복종시킨다는 의미이지만, 이는 동시에 그 규칙에 대하여 내가 주인이 된다는 말을 의미한다. 나는 규칙을 따르지만 또한 그 규칙을 성립시키기도 한다. 곧 나는 내가 성립시킨 규칙을 따르는 것이다. 내가 따르는 규칙은 그 어떤 외부의 힘에 의해서 나에게 강요된 것이 아니라 내 스스로가 부과한 것이므로, 비록 그 규칙에 나 자신이 복종한다고 하지만 그렇게 함으로써 나는 나의 자유로운 의지를 유지하고 있는 것이 된다.

보편성의 원리와 개인의 자율성 개념을 토대로 한 정언명령은 우리가 '근대'라고 지칭하는 시기에 형성된 철학적 인식의 산물이다. 그것은 인간 행위의 도덕성을 이러저러하게 다양한 형태를 한 전통적인 이데올로기들이 아닌, 이성 그 자체 위에 건조(建造)하고자 하는 노력의 일환이다. 그것은, "근대에 들어 독특하게 제기된 문제는 이성은 이제 이성 그 자체 이외의 다른 어떤 것—전통, 신화, 종교 등—에도 의지할 수 없게 되었다는 점"[17]을 인식하는 일로부터 시작된, 이른바 '근대성'에 대한 담론으로부터 나온 것이다. 그런데

---

17 David M. Rasmussen, *Reading Habermas* (Oxford: Basil Blackwell, 1990), 8.

이와 같은 관점은 도덕성의 토대를 수립하는 데 있어서 공동체의 역할을 중시하는 관점들, 곧 아리스토텔레스의 도덕이론을 기반으로 한 관점들과 첨예하게 대립되는 성격을 띤다. '신아리스토텔레스주의' 도덕이론가들은 도덕성을 개인의 자율성 개념 위에 구축(構築)하고자 하는 근대적인 노력을 아리스토텔레스의 관점에서 비판한다. 여기서 아리스토텔레스의 관점이란, "폴리스라는 형태의 공동체를 모든 행위자가 자신의 사고와 행위를 실천적인 목적과 이상적인 품성으로 이끄는 데 있어서의 유일한 기준으로"[18] 보는 관점을 가리킨다. 그에 비하여 근대적인 관점은 이제 오직 합리적 의지의 명령에 따라서 행위하는 개인을 모든 도덕적 가치의 근원으로 간주하게 된다. 문제는 하버마스가 자신의 담론윤리학에서 핵심적인 개념으로 삼고 있는 보편성의 원리는 지금까지 간단히 살펴본 칸트의 보편성 원리와 중요한 점에서 차이가 있다는 점이다.

칸트 보편성 개념에 대한 매킨타이어의 비판

칸트의 실천이성은 그것 자체 이외에 그 어떤 다른 기준도 채택하지 않는다. 매킨타이어에 의하면, 이는 "경험으로부터 유래한 그 어떤 내용도 개입시키지 않는다는 것"[19]을 의미하며, 따라서 실천이성에 의해서 입안된 원리가 적용되는 데서는 그 어떤 차별도 허용되지 않는다. 이성이 입안한 행위의 원리는 보편성의 기준을 충족시

18 Cronin, "Translator's Introduction," xix.

19 Alasdair MacIntyre, *After Virtue* (Notrem Dame: University of Notre Dame Press, 1984), 45.

켜야 하는 것이고, 따라서 이 원리는 그 어떤 상황이나 조건과도 상관없이 합리적인 행위자라면 모두가 따라야 할 원리가 된다. "따라서 내가 선택하고자 하는 행위의 격률이 올바른 것인지를 테스트해 보는 일은 그리 어렵지 않다. 그 격률을 모든 사람에게 일관되게 적용할 수 있는지를 분석해 보면 된다."[20]

그러나 매킨타이어가 보기에, 이와 같은 방식을 통해서 도덕성의 기준을 결정하는 일은 결코 성공할 수 없다. 보편성에 대한 요구, 그리고 그것의 일관된 적용만으로는 사람들을 비도덕적인 행위로부터 완전히 격리시킬 수 없다. 보편성을 활용한 칸트식의 도덕성 테스트는 여러 다양한 비도덕적인 행위들과 그 밖에 사소하게 이루어지는, 도덕성과 무관한 행위 격률들을 걸러 내지 못한다. 예컨대, '네 평생에 한 번만 빼 놓고 다른 모든 약속은 지키라,' '이단 종교를 신봉하는 자들은 모두 처단하라,' '삼월 한 달간 매주 월요일에는 홍합을 먹으라' 등과 같은 격률은 칸트의 도덕성 테스트를 통과할 수 있다. 이와 같은 격률들은 모두가 보편화 가능한 것들이기 때문이다.[21]

매킨타이어는 계속해서, 타인을 단지 수단이 아닌 목적으로 대하여야 한다는 원리 또한 그리 신뢰할 수 있는 것이 못된다고 주장한다. 타인을 목적으로 대하여야 한다고 했을 때 칸트가 의미했던 것은 타인에게 그 어떤 행위를 제안할 때 타당한 이유를 들어서 해야지, 여타의 비합리적인 방식으로 그 사람에게 영향을 행사하려고 해서는 안 된다는 것이었다. '행위의 타당한 이유'를 제시하는 일은 제시된 이유에 대해서 상대방이 공평한 평가를 할 수 있는 기회를

---

20 Ibid., 45.

21 Ibid., 46. 여기서 제기된 칸트에 대한 비판에서 드러나고 있듯이 매킨타이어는 '윤리적인 것'과 '도덕적인 것'을 특별히 구분하지 않고 있다.

제공하는 일을 포함한다. 따라서 매킨타이어에 의하면, 제시된 이유가 타당한 이유인지 아닌지를 스스로 판단할 때까지 행위자는 제시된 그 행위를 수행해야 할 이유가 없다.[22]

매킨타이어의 관점에서 보면, 칸트에서 목격할 수 있는 도덕성에 대한 합리적 정당화의 실패는 보다 일반적으로는 계몽주의 시대 전체에서 찾아볼 수 있다. 이는 디드로(Denis Diderot), 흄(David Hume), 칸트(Søren Kierkegaard), 키르케고르 등의 계몽주의 작가들이 모두 결국에는 자신들의 노력이 실패할 수밖에 없게 만들었던 특성을 공유하고 있기 때문이다. 그들이 지닌 공통점은 그들 모두가 도덕성을 정당화하는 작업에서 동일한 패턴을 보이고 있다는 점이다. 일단은 인간은 본성적으로 몇 가지 특성을 지니고 있다는 전제가 있고, 도덕성의 규칙은 그러한 본성을 소유한 존재가 받아들일 것으로 기대되는 그런 규칙들로 설명되고 정당화된다. "자신들이 이해한 바의 인간 본성에 대한 전제들로부터 도덕적 규칙과 명령의 권위에 대한 결론을 이끌어 내는 식으로 주장을 전개했던 것이 이들이 보인 공통점이다."[23] 그런데 매킨타이어의 주장에 따르면, 여기서 문제는 인간 본성에 대한 그들의 전제와 도덕적 규칙과 명령에 대한 그들의 공통된 시각 사이에 도저히 해결될 수 없는 모순이 개입되어 있다는 점이다. 양자 간에는 도대체 어떤 모순이 존재하고 있는 것일까?

도덕성을 합리적으로 설명하고자 했던 계몽주의적 기획이 결국 실패로 끝날 수밖에 없었던 원인을 설명하는 매킨타이어의 논의는 『니코마코스 윤리학』에 나타난 아리스토텔레스의 도덕이론에서부터 시작된다. 이 책에는 인간의 상태에 관한 두 가지 개념이 등장하고 있

22 Ibid., 46.
23 Ibid., 52.

는데 하나는 '자연적 상태',[24] 곧 인간이 교육을 받기 이전의 상태이고, 다른 하나는 '이상적 상태',[25] 곧 인간의 텔로스이다. 인간은 윤리학을 배움으로써 앞의 상태에서 뒤의 상태로 변화될 수 있다. 이 점에서 "윤리학은 인간으로 하여금 전자에서 후자로의 이행이 어떻게 이루어지는지를 이해하도록 해 주는 학문 영역"이라고 할 수 있다.[26] 윤리학은 인간의 숨은 잠재성이 무엇인지, 곧 합리적 존재로서의 인간 본질이 무엇인지를 설명해 주며, 그와 동시에 인간의 텔로스가 무엇인지, 그리고 잠재성의 실현을 통하여 그러한 텔로스를 성취하는 데에 필요한 교훈들—따라야 할 미덕과 금하여야 할 악덕—을 제공함으로써 인간 존재의 진짜 목적으로 향하는 길을 보여 주는 학문 영역이다. 그것은 그들 교훈을 사용함으로써, 그와 같은 행위 습관을 함양함으로써 우리가 욕구와 열정을 통제할 수 있게 하고 우리 스스로를 교육할 수 있게 한다. 따라서 이와 같은 문맥에서 실천적 이성은 우리 존재의 진짜 목적—우리의 텔로스—이 무엇인지를 알게 하고 그것에 도달하는 일이 어떻게 가능한지를 보여 주는 것이다.

매킨타이어는 이와 같은 아리스토텔레스 윤리학을 세 겹의 요소로 이루어진 구조물로 개념화하고 이 구조물 내에서 각각의 요소들이 서로 어떻게 연관되는지를 설명한다. 그 세 요소는 첫째, 아직 길들여지지 않은 인간 본성의 요소와 둘째, 합리적 윤리학이 제공하는 교훈의 개념, 그리고 셋째, 인간이 추구하는 텔로스—그러한 교훈들을 통해서 계발된 인간의 본성—의 개념이다.

이 삼중(三重)의 도덕적 구조는 일신론(一神論) 신앙이 지배했을

24 "man-as-he-happens-to-be"

25 "man-as-he-could-be-if-he-realized-his-essential-nature"

26 Ibid., 52.

때에도 계속해서 유지되었다. 아리스토텔레스 시대와 이 시대 간에 차이가 있었다고 하면, 그것은 이제 윤리학의 교훈은 단지 목적론적 명령 체계로서만이 아니라 성스러운 신의 명령으로 이해되게 되었다는 점이다. "미덕과 악덕의 목록이 다소의 수정과 보완을 거치게 되었고, 죄악의 개념이 아리스토텔레스의 오류 개념에 덧보태어졌다. 신의 법칙은 새로운 형태의 존경과 경외를 요구하게 된다. 이제 인간 존재의 진짜 목적은 더 이상 이 세계에서는 이룰 수 없는 것이 되었다."[27] 도덕적으로 올바른 것 혹은 그른 것, 해서 마땅한 것 혹은 해서는 안 될 것은 이제 신이 명령한 법칙에 의해서 결정되었으며, 이성은 그러한 법칙을 분별하는 기능을 담당하게 되었다. 따라서 그 법칙들은 그 자체 속에 인간이 따라야 할 행위는 어떤 것인지를 담고 있었다. 대부분의 중세 신학자들은 도덕적 문장들은 그 자체가 신의 계시(啓示)이며, 따라서 인간의 이성은 그것이 무엇인지를 발견하여야 한다고 믿었다. 요컨대, 중세 때까지 이와 같은 삼중의 윤리학—① 아직 교육 받지 못한 인간 본성, ② 텔로스를 실현했을 때의 인간 본성, ③ 앞의 것에서 뒤의 것으로 이행하는 데 필요한 도구로서의 합리적 윤리학의 명령 체계—은 모든 규범적 사고와 판단을 이해하는 일에 핵심적인 요소로 작용하고 있었다.

매킨타이어에 따르면, 이러한 삼중 구조는 프로테스탄트 개신교와 얀센파 가톨릭교—그리고 이들의 출현에 배경을 제공한 중세 후기 신학자들—가 등장하면서 더 이상 존속되지 못한다. 그것은 이들 새로운 신념 체계들이 채택한 새로운 이성 개념 때문이다. 중세의 이성은 인간의 참된 본성이 무엇이며 그것에 도달하려면 어떻게

27 Ibid., 53.

해야 하는지를 보여 주었으나, 새로운 이성은 이제 인간의 참된 목적이 무엇인지를 순수하게 파악하게 하는 기능을 가지고 있지 않았다. "이성의 힘은 인간의 타락으로 인해 파괴되어 버린 것이다."[28] 이전에는 이성이 담당하던 일이 이제는 은혜로서 가능하게 되었다. 이제 이성은 본질을 파악하거나 잠재성이 행위로 변화되는 과정이 어떻게 이루어지는지를 이해하는 일과는 상관이 없어져 버렸다. 이성이 담당하게 된 새 역할은 순수히 계산적인 기능에 국한되게 된 것이다. 이성은 "사실적인 진리와 수학적 관계를 사정(査定)할 수 있게 되었지만 그것으로 끝이다. 그러므로 실천의 영역에서 그것이 할 수 있는 일이란 고작 수단을 강구하는 것에 그치게 되었다. 목적에 관해서 그것은 침묵하여야 한다."[29] 지금까지 이성의 개념에 붙박여 있던 인간의 목적론적 본성의 개념은 이제 제거되어 버렸다. 참된 목적을 규정해 왔던 본성, 그리고 그것의 주체로서 존재해 온 인간에 관한 관점들이 이성의 영역에서 사라져 버린 것이다.

매킨타이어는 바로 이 점이 도덕성의 합리적 정당화라는 계몽주의적 기획이 실패할 수밖에 없었던 원인이라고 주장한다.

> 프로테스탄티즘과 가톨릭교 모두에 대한 세속적 반감과 더불어 아리스토텔레스주의에 대한 과학적, 철학적 저항으로 말미암아 '텔로스를 실현하였을 때 이룰 수 있는 이상적 인간상'과 관련된 일체의 개념은 모두 폐기되었다. 윤리학이라는 것의 의미는 인간의 과거 상태로부터 그의 참된 목적으로 변화되게 하는 데에 있으므로, 인간의 본성과 텔로스에 관한 개념들이 그것에서 제거되었다는 것은 곧 이제는 그 상관관계가 불분명한 채로 나머

28 Ibid.
29 Ibid., 54.

지 두 요소만이 그 자취를 유지하고 있다는 것을 의미한다.[30]

이 새로운 체계 안에서, 비록 일련의 도덕적 명령들은 여전히 남아 있다고 하지만, 이것들은 이제 그 목적론적 맥락을 상실한 채로 남았다. 도덕적 명령들은 원래 우리 인간들이 궁극적으로 추구하게 되어 있었던 참된 목적에 대한 가정들로부터 연역되어 나온 것들이다. 그것들이 목적론적 맥락으로부터 분리되었다는 것은 인간 본성—아직 교육 받기 이전의 인간 본성—이 십중팔구 거역하려고 하는 그런 명령들이 되어 버렸다는 것을 의미한다. 그러므로 남은 두 요소는 서로 간에 일관성을 잃어버린 것들이 될 수밖에 없는 것이다.

칸트에 있어서 보편성의 원리는 도덕적 규칙들이 결코 행복이나 신의 의지 등과 같은 개념으로부터 도출되어서는 안 된다는 점을 요구한다. 매킨타이어는 '규범적인 혹은 도덕적인 내용으로 이루어진 결론은 결코 사실적인 전제들로부터 도출될 수 없다'는 주장에 대한 자신의 비판을 토대로 이 관점을 비판하고 있다. 매킨타이어에 따르면 언뜻 보아 내난히 논리석인 추론 같아 보이는 이 명제는 사실은 정당화가 불가능한 명제이다.

예컨대 '이 시계는 하루에 20분씩 늦게 간다'거나 '이 시계는 너무 무거워서 손목에 차기가 아주 불편하다'는 사실적 전제들로부터 '이 시계는 나쁜 시계이다'라는 규범적인 결론을 도출할 수 있으며 이 추론은 타당하다. 또한 '그는 이 동네 농부들 중에서 한 마지기당 가장 많은 수확을 거둬들였다'거나 '그는 지금까지 알려지지 않은 가장 획기적인 객토법(客土法)을 개발했다'거나 '그가 사육한 젖소가 올해 유우(乳牛) 경진대회에서 최고상

30 Ibid., 54-5.

을 차지했다'는 사실적 전제로부터 '그는 훌륭한 농부이다'는 규범적 결론을 도출하는 일은 충분히 타당하다.[31]

매킨타이어에 의하면, 위의 '시계'나 '농부' 등과 같이 그것이 수행할 것으로 기대되는 기능이나 목적의 성취에 의해서 정의되는 개념들, 곧 '기능적 개념'들은 그 개념들 자체 속에 규범적 기준을 갖고 있다. 이 관점에서 보면, 가령 그 어떤 사물을 시계로 간주하는 데에 사용되는 기준과 그 사물을 좋은 시계로 간주하는 데에 사용되는 기준—마찬가지로 '농부' 혹은 그 밖의 다른 모든 기능적 개념들과 관련된 기준—은 서로 다르지 않다. 요컨대, 이들 기준은 모두 사실적인 기준들이라는 것이다.

여기서 매킨타이어의 목적은 명백히 위와 같은 논의들을 고전적인 도덕이론, 특히 아리스토텔레스적 전통과 연결시키는 것이다. 시계, 농부 등과 같은 개념들이 기능적인 것과 꼭 마찬가지로 고전적인 전통에서는 '인간'이라는 개념 또한 그 어떤 본질적인 성격과 본질적인 목적 혹은 기능을 가진 개념으로 파악되었다. 따라서 '시계'와 '좋은 시계'를 각각 판단하는 기준이 분리되지 않듯이, 고전적인 전통에서는 '인간'과 '좋은 (혹은 훌륭한) 인간'은 서로 분리해서 생각할 수 없는 것이었다.

그런데 아리스토텔레스가 그의 윤리학적 논의를 '인간'과 '잘 사는 것'의 관계를 '하프 연주자'와 '잘 연주하는 것'의 관계와 동일한 것으로 보는 시각에서부터 시작하고 있기는 하지만, 사실 '인간'을 기능적인 개념으로 파악한 것의 역사는 아리스토텔레스 이전에 시

31 Ibid., 57-8.

작된 것이다. 고대 사회에서 한 인간의 삶의 의미는 그가 종사하는 역할에 의해 규정되었다. 마치 시계가 시각을 정확하게 가리키지 못하면 '나쁜 시계'로 규정되듯이, 가족의 구성원으로서, 시민으로서, 군인으로서 자신이 맡은 바 역할을 잘 해내지 못하는 개인은 '나쁜 인간'으로 규정되었다. 그와 같은 상황에서 한 개인이 왜 좋은 인간으로 혹은 나쁜 인간으로 간주되는지를 파악하기는 그다지 어렵지 않다. 고대 사회에서 개인을 좋은 인간인지 나쁜 인간인지 판가름하게 하는 기준, 곧 자신의 역할을 얼마나 훌륭하게 수행하는가의 기준은 비교적 분명했으며 그 기준은 사회 구성원들 모두에게 그리 심각한 도전 없이 받아들여졌을 것이기 때문이다.

매킨타이어의 주장은 도덕성을 합리적으로 정당화하려 했던 계몽주의적 기획에서 사라진 것은 바로 이와 같이, 한 사회의 구성원들로 하여금 자신의 행위를 결정하는 데에 기준이 되는 '좋음'의 개념은 사실적인 개념이라는 점을 인식하는 일이었다. 그 어떤 대상을 '좋은 것'이라고 지칭하는 일, 특정한 행위를 올바른 것 혹은 그른 것이라고 말하는 것은 그와 관련된 상황에서 '좋은 인간'이라면 반드시 그러한 행위를 할 것으로 기대된다고 말하는 것과 같다. 이와 같은 형태의 진술은 사실적 진술이며, 이 진술들은 다른 사실적 진술들이 참이거나 거짓인 것으로 판명되는 것과 동일한 방식으로 참이거나 거짓으로 판단될 수 있다. 그러나 사회적인 맥락에서 규정되던 인간의 본질적인 목적 혹은 기능의 개념이 도덕성의 영역에서 사라지고 난 후, 도덕적 판단을 더 이상 사실적 진술로서 다루는 일은 불가능해진 것이다.[32]

32 Ibid., 59.

계몽주의적 기획은 결국 매킨타이어가 '정의주의'라고 지칭하는 윤리학적 경향을 형성하면서 실패로 끝나고 만다. 한 쪽에는 계발하고 함양하여야 할 대상, 곧 인간의 원초적인 상태가 있고, 다른 쪽에는 그러한 원초적인 상태를 계발하고 함양하기 위해서 따라야 할 일련의 도덕적 규칙들이 있다. 그러나 나머지 세 번째 요소, 곧 인간이 궁극적으로 도달하여야 할 목적으로서의 텔로스가 빠져 버린 이후, 도덕적 규칙이라는 것들은 마치 주인 잃은 빈집처럼 사람들의 행위를 규제할 아무런 권위도 지니지 못하게 된 것이다. 키르케고르의 '선택'의 개념와 심지어 칸트의 실천이성의 개념까지도, 그리고 이후 효용(utility)의 개념을 포함하여 근대에 등장한 여타의 도덕적 개념들이 결국에는 도덕적 기준에 실질적인 내용을 제공하는 데에 실패한 이유는 바로 여기에 있다. 대상에 대한 우리의 판단은 모두 감정의 차원에서 이루어지는 선택의 문제가 되어 버린 것이다. 도덕적 규칙을 우리가 왜 따라야 하는지에 대한 참된 이유를 제공해 주었던 토대가 사라져 버렸기 때문이다. 따라서 상이한 도덕적 주장들 간에 화해를 이루는 일도 더 이상 가능하지 않게 되어 버렸다. 그러나 우리가 여기서 주목하여야 할 점은 과연 그런가 하는 것이다. 과연 매킨타이어가 주장하고 있는 것처럼, 도덕성의 세계에서 보편성의 원리는 완전히 토대를 상실해 버린 것인가?

하버마스의 보편성의 원리

칸트에 있어서 보편성의 원리는 일종의 소극적 논증에서 출발한다. 경험적 동기를 도덕적 행위의 토대로 삼지 않는 데서 출발한다는 뜻이다. 도덕적 행위의 주체에게서 경험적 동기를 제거하고 난 후에 칸트의 도덕성은 주체로 하여금 오직 의무에 의해서만 행위를 수행하도록 요구한다. 그리하여 칸트에 있어서 도덕적 반성 작업은 '내 행위의 격률을 다른 사람들이 그들 행위의 기준으로 삼는 것을 나는 용납할 수 있는가', 곧 '내 행위의 격률이 보편적 법칙으로 받아들여질 수 있는가' 하는 것을 대상으로 수행된다.

하버마스도 칸트와 마찬가지로 행위의 합리적 기준을 앞에서 논의한 '합리적 선택'이라든가 '좋은 삶에 관한 윤리적 조언' 등을 토대로 추론하는 방식을 전혀 무시하지 않았지만, 그에 있어서 도덕 이론의 관심사는 일차적으로, 서로 갈등하는 이해관심을 어떻게 하면 공평하고 편견 없이 처리할 것인가 하는 문제와 무엇이 올바른 것이고 정의로운 것인가를 판단하는 문제에 대한 논의들로 구성된다. "가치 체계로 무장된 우주론의 소멸과 신성불가침적 세계의 해체는 '나는 (혹은 우리는, 혹은 인간은) 어떻게 살아야 하는가' 하는 질문에 대한 해답을 근대적 삶의 되돌릴 수 없는 다원주의 속에서 찾도록 만들어 놓았다."[33] 도덕성을 개인의 자율성과 정언적 명령의 개념 위에 구축하는 일은 하나의 역사적 필연인 듯하다. 전통사회에서 근대 사회로 변천되어 가는 과정에서 종교와 형이상학적 세계관은 개인 간의 상호작용을 규제하는 합의된 규범체제로서의 기능을 상실하게 되었고 그 대신에 자율성을 지닌 개인이 도덕적 세계의 중심으로 등장하게 된다.[34]

그러나 하버마스가 채택한 보편성 혹은 보편화가능성(universaliz-

---

33 McCarthy, "Introduction," vii.

34 Cronin, "Translator's Introduction," xii–xiii.

ability)[35]의 원리는 몇 가지 중요한 점에서 칸트의 그것과 구분될 필요가 있다. 하버마스의 담론윤리학은 칸트의 정언적 명령을 도덕적 논증의 절차로 대체해 놓았다. 이제 규범적 정당화의 작업은 '합리적 과정을 통해서 도출된 합의'의 관점에서 재규정되게 된다.

> 정언적 명령은 다음과 같이 재구성될 필요가 있다. "내 행위의 격률이 보편적 법칙으로 성립할 수 있는 이유를 다른 사람들이 그 타당성을 인정하기 때문이라는 점에서 찾는 대신, 이제는 내 행위의 격률을 다른 모든 사람들이 그것의 보편성을 담화를 통해 시험할 수 있도록 내놓아야 한다. 강조점이 개별 주체의 의도가 모순되지 않으면 일반적 법칙이 된다고 한 데서 모든 사람이 합의할 수 있어야 보편적 규범으로 성립한다는 것으로 바뀐 것이다."[36]

이 점은 전통적으로 칸트의 '형식주의'를 비판했던 관점들이 왜 하버마스의 보편성 원리에는 적용될 수 없는지를 설명해 준다. 하버마스의 보편성 원리에 있어서 가장 중요한 점은 그 보편성의 토대가 고립된 개인의 도덕의식으로부터 여러 개인이 모여서 대화를 수행하는 공동체로 전이되었다는 점에 있다. 하버마스에 의하면, "칸트의 자율의지는 의사소통하는 개인들 간의 도덕적 관계로부터 특이한 형태로 추상화된 개념이다. 칸트의 도덕적 유아론(唯我論)이 보편성을 획득할 수 있다면 그것은 오직 모든 합리적 존재들의 사고

---

35 하버마스에 있어서 보편성 개념은 의미상 universality보다는 universalizability에 더 가깝다. 다만, 그것을 '보편성'이라고 번역한 것은 그것을 일일이 '보편화가능성'이라고 번역하는 데 따르는 어색함 때문이다.

36 Habermas, *Moral Consciousness and Communicative Action*, 67. Thomas McCarthy, *The Critical Theory of Jürgen Habermas* (The MIT Press, 1996), 326에서 재인용.

과정을 사전에 일치시키는 일을 통해서만 가능하다."[37] 칸트의 도덕이론에 나타난 인지주의적, 보편주의적 주장들은 하버마스의 담론윤리학에서 대화의 개념을 토대로 재구성된다.

담론윤리학의 기본 아이디어가 하버마스의 의사소통적 행위 이론에서 나온 것이라는 점은 명백하지만, 그것의 원형은 퍼어스(Charles Sanders Peirce)의 이론에서 찾아야 할 것이다. 퍼어스에 의하면, 과학적 진리가 존재할 수 있는 것은 과학적 성취물들에 대해 그 타당성 여부를 심판하는 과학자들의 공동체가 존재하기 때문이다. 이는 과학적 탐구라는 것이 가능하려면 과학적 진리의 발견에 앞서 모종의 규범적 의사결정 활동이 선행하여야 하고, 그러한 의사결정 활동은 과학자들로 구성된 과학자들의 공동체 내에서 이루어지기 때문이다. 과학적 탐구의 절차 그 자체가 과학적 탐구의 본질에 관한 모종의 규범적 가정들을 조건으로 하여 성립하며, 이 규범적 가정들은 과학적 탐구가 가능하기 위한 선험적 조건으로 작용한다는 것이다. 퍼어스는 그러한 조건들을, 칸트에서 볼 수 있는 것처럼, 연구활동을 행하는 연구자의 직관에서 찾지 않고, 연구자들로 이루어진 일종의 이상적 공동체를 가정하고 그 구성원들이 서로 간에 합의한 바를 바탕으로 과학적 진리의 본질을 규정한다는 점에서 찾고 있다. 퍼어스에 있어서 중요한 점은 과학적 타당성의 본질을 결정하는 데 있어서 공동체적 합의가 지니는 규범적 특성을 그가 특히 강조하고 있다는 점이다. 논의의 초점을 대상 자체의 본질은 무엇인가 하는 것에서부터 공동체와 그 공동체 내에서 진행되는 담론의 본질은 무엇인가 하는 것으로 이동시켜 놓은 퍼

37 McCarthy, *The Critical Theory*, 326.

어스의 관점은 이후 윤리학에 관한 논의들의 본질을 바꾸어 놓는 결과로 이어졌다.[38]

행위나 주장의 타당성 여부는 공동체적 맥락을 토대로 결정된다는 아이디어는 하버마스 담론윤리학의 한 핵심을 구성하고 있다. 이 아이디어는 특히 도덕적 판단은 사실에 바탕을 둔다는 매킨타이어의 주장과 대조를 이룬다. 이 점에 관한 하버마스의 논의, 곧 도덕적 판단은 어떤 점에서 기술적 진술과 다르고 왜 그래야 하는가 하는 점에 관한 논의는 그의 『담론윤리학: 철학적 정당화에 관한 주해』(Discourse Ethics: Notes on a Program of Philosophical Justification)라는 글의 초두에서 찾아볼 수 있다.[39]

스트로슨(P. F. Strawson)의 윤리학적 사고에 대한 언어학적 현상학을 인용하면서 하버마스는 우리가 일상적으로 경험하는 도덕적 감정에도 객관성을 부여할 수 있다고 주장한다. 죄책감이라든지 책임감 등과 같이 우리가 일상적으로 경험하는 도덕적 감정들은 결코 어떤 자의적이고 사적인 정서상태가 아니라는 것이다. 죄책감이나 책임감 등의 감정을 경험할 때 우리는 항상 그러한 감정은 모종의 공적 맥락과 관련되어 있다는 점을 상정하지 않으면 안 된다. 스트로슨의 예를 활용하여 설명하자면,

> 특정한 개인을 대상으로 느끼는 분노라든지 원한의 감정을 도덕적인 것으로 간주할 수 있는 것은 특정한 두 개인 간의 상호작용이 그 감정으로 말미암아 중단되었다는 사실 때문이 아니다. 그것은 그 두 개인 간의 관계 이면에서 작용하고 있으면서, 그 두 사람에게만 타당한 것이 아니라 사회 구성

38 Rasmussen, *Reading Habermas*, 58–9.

39 Habermas, *Moral Consciousness*, 45–57.

> 원들 모두에게, 혹은 보다 엄밀히 말하면 행위자들 모두에게 타당한, 그 어떤 규범적 기대가 침해되었기 때문이다. … 피해를 입은 쪽의 힐책을 듣고 가해자는 상대방에게 해를 입히는 일은 비단 그것으로 끝나는 것이 아니라 개인의 사적인 영역을 뛰어넘는 그 어떤 공적인 것, 곧 상호작용의 당사자 모두가 공유하고 있는 일반화된 기대를 깨뜨렸다는 사실을 깨닫게 되고 그에 따라 양심의 가책을 느끼게 된다. 죄책감이라든지 책임감 등의 감정은 특정한 상황에 속한 특정한 개인 간에 경험되는 것이지만 그러한 감정은 그들 구체적인 개인의 관심사에 국한되는 것이 결코 아니다. 개인에게 돌아오는 정서적 반응이 어떤 일반화된 규범이나 기대를 침해하였던 것에 대한 공적 비난으로서의 성격을 갖지 않는다면 적어도 그에 한해서 그 정서적 반응은 도덕적 관심의 대상이 될 수 없다. 관심이라든지, 의지라든지, 혹은 규범이라든지 하는 것들에 도덕적 권위를 부여하는 것은 그것들이 오직 일반적 타당성을 상정하고 있기 때문이다.[40]

따라서 스트로슨에 있어서, 행위를 도덕적 관점에서 정당화한다는 것이 무엇을 의미하는지를 이해하려면, 우리는 우리의 관심을 일상생활에서 진행되는 의사소통적 실제 속에 붙박여 있는 '도덕적 감정의 망'으로 집중시키고, '무엇을 해야 할 것인가'의 질문을 인간의 태도와 감정들로 구성된 그러한 그물망 혹은 일반적 구조 속에서 탐색하여야 할 필요가 있다.

하버마스는 이 점을 감정과 지각을 처리하는 우리의 일상적 방법에 대한 툴민(Stephen Toulmin)의 관점을 통해 발전시킨다. 툴민에 의하면, 가령 '어떻게 그럴 수가!' '넌 그 사람을 도와야 해,' '그 사람 진짜로 나를 힘들게 하는군,' '그 여자, 일을 참 잘해' 등과 같은 정서적 표현에 대해 우리가 반응하는 방식과 '이 막대기는 휘어졌어' 등

40 Ibid., 48–9.

과 같은 표현에 대해 반응하는 방식 간에는 모종의 유사점이 존재한다. 누군가가 후자의 진술을 반박한다고 하면 보통 우리는 그것이 진짜로 그러하다는 점을 입증해 보이거나, 혹은 만약 우리가 그것을 잘못 지각해서 그렇게 말했다면 왜 우리가 그렇게 말했는지를 설명하고 그 진술을 수정하려고 할 것이다. 막대를 왜 휘어진 것으로 지각했었던가에 대한 설명은 실지로는 곧은 막대를 휘어진 것으로 잘못 지각했던 문제 상황을 다소간 명료화해 줄 것이다.

이와 동일한 방식으로, 도덕적 정당화는 문제가 된 행위에 대해 양해를 구하거나, 그것을 비판하거나, 혹은 부가적인 설명을 덧보탬으로써 그 행위를 보다 명확히 밝히는 기능을 한다. 요컨대, "일상적 경험에 관한 오류를 이론적으로 비판하는 일을 통해서 신념과 기대를 수정할 수 있는 것과 꼭 마찬가지로, 도덕적 비난을 통해 우리는 우리의 행위 양식을 변경하고 판단 양식을 교정할 수 있다."[41] 결론적으로 말하면, 상이한 규범들 간에 어떤 것을 선택해야 하는지에 대한 질문들 또한 '참'과 '거짓'의 기준에 따라 탐구될 수 있으며, 따라서 도덕성에도 객관성의 개념을 적용할 수 있다는 믿음은 도덕적 진술 또한 진리로 간주될 수 있다는 점을 믿는 일과 같다.

얼핏 보면, 이 주장은 도덕적 판단 또한 사실적 진술이라는 매킨타이어의 주장과 별반 다를 것이 없어 보인다. 그러나 문제는 이 맥락에서 '도덕적 진리'라는 것이 무엇을 의미하는가 하는 데 있다. 이 점과 관련하여 하버마스는, 규범적 진술이 참이거나 거짓인 것은 기술적(記述的) 진술이 참이거나 거짓인 것과 의미상 동일하다는, 이를테면 무어(G. E. Moore)의 직관주의(直觀主義 intuitionism)와 같

---

41 Ibid., 51.

은 관점들을 강하게 반대하고 있다. '좋다' 혹은 '옳다'는 등의 표현은 '노랗다' 혹은 '하얗다' 등과 같은 속성을 가리키는 술어와 비교될 것이 아니라 '참이다' 등과 같이 한 차원 높은 술어들과 비교되어야 한다는 것이다. 하버마스에 의하면, '현재 상황에서는 거짓말을 하는 것이 옳다'는 문장에서 '~은 옳다'는 서술적 표현은 '이 탁자는 노랗다'는 문장에서 '~은 노랗다'는 부분과 논리적으로 완전히 다른 역할을 한다. 두 서술적 표현의 논리적 역할이 서로 다르다는 점은 쉽게 알 수 있으나, 문제는 그 둘이 어떻게 다른가, 그리고 이와 더불어 도덕적 명령을 정당화하는 일은 어떤 점에서 독특한가 하는 데 있다.

> 일상생활에서 규범적 표현을 사용할 때 우리는 그 규범의 타당성을 주장하고 그것에 대한 비판들로부터 그것을 기꺼이 방어하려고 한다. '무엇을 해야 할 것인가'의 형태로 제기되는 도덕적-실천적 질문에 관해 토론할 때, 우리는 그 질문에 대한 대답이 결코 자의적이지 않을 것이라는 점을 가정한다. 우리들에게는 올바른 규범이나 명령과 그렇지 못한 것들을 구분할 수 있는 능력이 있다는 점을 우리들 스스로 믿는다. 그러나 만약 규범적 내용을 표현하고 있는 문장들에 좁은 의미에서의 '진리'의 기준이 적용되지 않는다면, 다시 말해 기술적 문장들에서와 동일한 의미에서의 '참'과 '거짓'의 기준이 적용되지 않는다면, 우리는 '도덕적 진리'라는 말의 의미를 새롭게 규정하지 않으면 안 될 것이다. 혹은 만약 그 표현에 이미 오해를 불러일으킬 소지가 있다면 대신 '규범적 정당성'(normative rightness)이라는 말을 쓰고 그 말의 의미를 기술적 문장에서의 '진리'와 혼동되지 않도록 규정해야 할 것이다.[42]

42 Ibid., 56.

요컨대, 하버마스는 '도덕적으로 올바르다거나 그르다'는 판단을 '경험적으로(empirically) 참이라거나 거짓이다'는 판단과 동일한 종류로 간주하는 견해에 반대한다. 도덕적 판단의 과정에서 제기되는 주장은 경험적 증명을 요하는 주장들과 결코 동일하지 않다는 것이다. 특정한 도덕적 판단이 옳은가 혹은 그른가를 묻는 일은 그 판단 과정에서 제기된 독특한 형태의 '타당성 주장'을 확인하는 작업을 필요로 하며, 그러나 이 일에도 또한 공적으로 인지할 수 있는 이유를 토대로 한 합리적 비판의 과정이 적용된다. 하버마스가 그의 담론윤리학에서 의도했던 바는 규범적 정당성에 대한 주장이 어떤 점에서 합리적 대화의 주제가 될 수 있는지, 곧 규범적 정당성에 대한 주장은 어떤 점에서, 공적인 토대 위에서 전개되는 담론의 장 내에서, 담론의 주체들이 각기 제기하는 주장과 반론이 서로가 인정하는 근거들을 토대로 경합하는 가운데 합리적으로 다루어질 수 있는지를 보이는 데 있었다.[43]

하버마스에 있어서 올바름과 그름을 구분하는 일은 본질적으로 인지적인 과정이다. 특정한 규범이 한 공동체 내에서 받아들여졌다는 그 사실만으로 그 규범의 타당성 자체가 성립하는 것은 아니다. 하버마스에 의하면, 인지주의적 관점을 채택하고 있는 윤리학 이론들은 모두가 칸트의 정언명령의 개념으로부터 영향을 받았다.[44] 비록 하버마스의 일차적인 관심은 보편적 명령들이 어떤 과정을 통해서 타당성을 확보하게 되는지 하는 점에 있었지만, 그의 논의가 칸트의 정언명령의 개념에서 출발하고 있다는 점을 부정할 수는 없다.

여기서 하버마스 주장의 요점은 도덕적 규범이 절대적, 보편적

43 Cronin, "Translator's Introduction," xvi.

44 Habermas, *Moral Consciousness*, 63.

'당위'의 진술로 표현되어 있다고 해서 그것만으로 보편성의 요건을 충족시키는 것은 아니라는 점이다. 규범적 진술의 문법적 형식만으로는 타당성을 지닌 도덕적 명령의 충분조건이 될 수 없다. 이는 전혀 도덕적이지 않은 명령들도 그 문법적 형식만 본다면 충분히 보편적인 형태로 진술될 수 있기 때문이다. 칸트의 보편성의 원리를 보완하려면, 해당되는 도덕적 명령에 의해 잠재적으로 영향을 받을 수 있는 사람들까지를 포함하는 구성원 모두의 이해(利害)와 필요를 고려하여야 한다는 것이다.

> 그러므로 어떤 한 개인이 특정한 규범을 두고, 모든 사람들이 그 규범을 따랐을 때 발생하게 될 결과와 부수적인 영향을 고려한 후에 자신도 그것을 채택할 것인가, 혹은 동일한 입장에 있는 다른 모든 사람들도 그 규범을 채택할 것인가를 시험해 보는 것만으로는 충분치 않다.[45]

따라서 어떤 규범이든지 그것이 타당성을 인정받으려면 다음과 같이 형식화된 '보편화가능성'의 조건을 충족시키지 않으면 안 된다. 곧, "모든 사람들이 자신들의 이익을 만족시키려는 의도에서 그것을 준수하였기 때문에 발생하게 될 결과와 그 부작용들을 받아들일 수 있어야만 한다"[46]는 것이다. 규범은 오직 일반적인, 혹은 일반화가 가능한 이익에 상응할 때에만 올바른 것이 될 수 있다. 이제, 담론을 수행할 때 우리가 가정하는 바를 고려하면 위의 보편화가능성의 원리는 다음과 같이 약간 단순한 형태로 진술될 수 있다. 곧, 어떤 사람도 배제되어서는 안 된다. 모든 사람이 자신의 주장을 개

45 Ibid., 65.
46 Ibid.

진하고 타인의 주장을 비판할 권리를 가져야 한다. 오직 공통된 이해(利害)를 규제할 수 있는 규범만이 타당성을 부여받을 수 있다.

보편성의 원리는 특정한 상황에 처한 구성원들 모두가 공통적으로 수용할 수 있는 방식으로 문제를 해결하게 하는 실천적 논증의 절차적 원리를 제공한다. 그것은 비록 그 어떤 특정한 형태의 규범을 직접적으로 제시해 주지는 않지만 그러한 규범들이 만족시켜야 할 조건을 지정해 준다. 따라서 이러한 보편성의 원리에 입각한 실천적 담론의 구조에 의해 구성원 각자는 제안된 규범의 타당성을 조사하는 데 있어서 자신 외의 다른 모든 사람들의 관점까지 고려하지 않으면 안 된다는 것이다.

신아리스토텔레스주의의 비판에 대한 하버마스의 대응

신아리스토텔레스주의자들의 비판적 관점은 앞서 매킨타이어의 관점을 논의할 때 잠깐 언급한 바 있지만 이들에 대해 좀 더 자세히 살펴볼 필요가 있다. 왜냐하면, 신아리스토텔레스주의자들이 어떤 점에서 보편주의 도덕이론을 비판하고 있으며 또한 그 비판에 대해서 보편주의 도덕이론은 어떤 식으로 대응하고 있는지가 하버마스의 담론윤리학을 이해하는 데 대단히 중요한 요소가 되기 때문이다. "아리스토텔레스가 자신의 니코마코스 윤리학과 정치학에서 선과 이상 국가에 관한 플라톤의 이론을 비판적으로 논의한 이후로, 그리고 자신의 여러 저작에서 헤겔이 칸트의 윤리학을 비판한 이후로, 형식주의-보편주의 윤리학 이론은 이른바 구체적-역사윤리학적 공동체로부터, 혹은 헤겔의 용어로 Sittlichkeit로부터 끊임없이 도전을 받아 왔다."[47] 하버마스 또한 이 점을 염두에 두고 자신의 논문 「로렌스 콜버그와 신아리스토텔레스주의」(Lawrence Kohlberg and Neo-Aristotelianism)[48]에서 그와 같은 비판에 대하여 일련의 논의를 전개하고 있다.

하버마스에 의하면, 근대과학의 등장과 함께 아리스토텔레스 윤리학에서 신중함(prudence)과 동일한 덕목으로 간주되었던, 그리하여 항상 이미 성립되어 있는 관습과 실천적 관례의 지평 내에서 작동하는 능력으로 간주되었던 실천이성은 이제 근대적인 의미에서의 과학과 이론에 비추어 재조명될 필요가 있다. 도덕적 판단력은 경험주의자들의 세계관 앞에서 이제 이성의 영역으로부터 통째로 배제되게 되었고, 도덕적 반성은 단지 행위의 결과만을 계산하는 도구로 전락하게 되었다. 오직 칸트만이 외로이 실천이성의 영역에서 도덕적 판단력의 입지를 확보함으로써 그것에 순수한 지식의 지위를 부여하고자 하였다. 칸트에 의해서 시작된 '도덕적 관점'은 서로 갈등하는 가치 주장들을 오로지 이성을 토대로 하여 편견 없이 공평하게 처리하고자 하는 관점이다. 그러나 칸트의 노력은 도덕적 판단 행위를 다음과 같은 세 가지 측면에서 추상화함으로써 불가피하게 희생을 치를 수밖에 없었다.

첫째, 칸트의 도덕적 관점은 행위를 수행하는 자들에게서 행위 수행의 동기를 추상화할 것을 요구한다. 도덕적 관점은 '올바른 것'(the right)과 '좋은 것'(the good)을 구별하도록 요구한다. 오직 '올바른 것'에 관한 기준만이 바람직한 도덕성의 영역으로 간주될 수

---

47 Seyla Benhabib, *Situating the Self* (New York: Routledge, 1992), 24.
48 Habermas, *Justification and Application*, 113-32.

있다. '좋은 것'에 관한 기준은 주관적 기호(嗜好)의 영역으로 축소된다. 그 결과, 전통적 윤리학에서 핵심적으로 다루어진 질문, 곧 개인은 어떤 삶을 살아야 하는가 하는 질문은 이제 그 의미를 잃어버리게 된다. 신아리스토텔레스주의자들은 칸트가 도덕적 동기의 토대를 허물어뜨렸으며, 그럼으로써 한 인간은 왜 도덕적으로 행위 하여야 하는가 하는 질문에 대하여 만족스러운 해답을 제공하는 일이 불가능하게 만들어 버렸다고 주장한다.

둘째, 도덕적 관점은 행위를 특정한 상황으로부터 추상화할 것을 요구한다. 도덕적 관점에서 행위를 수행할 때, 실천이성은 오직 행위의 격률이 정당화될 수 있는지에만 초점을 맞추게 되며, 반면에 그 격률을 적용하는 일은 배경으로 후퇴하게 된다. 그리하여 실천이성은 이미 성립되어 있는 삶의 형식의 지평 위에서 작동하던 맥락의존적 신중함으로부터 특정한 상황과 무관하게 작동하는 순수이성의 능력으로 전환하게 된다. '나는 무엇을 해야 하는가?' 하는 질문을 오로지 격률의 적용 문제로 해석함으로써 칸트는 도덕적 정당화의 문제를 추상적인 원리를 구체적인 상황에 연역적으로 적용하는 것 이상으로 보지 않게 되었고, 결과적으로 주어진 상황으로부터 비롯되는 특정한 맥락은 이제 도덕적 상관성을 상실하게 되었다.

셋째, 칸트의 도덕적 관점 개념은 도덕적 행위를 기존의 제도와 삶의 형식들로부터 추상화할 것을 요구한다. 칸트의 도덕적 관점에서 보면, 문제가 되는 것은 특정한 사회에서 삶을 살고 있는 개별 인간들에게서 발생하는 개인 스스로와 그들이 속한 집단에 관한 구체적이고 실천적인 고민들이 아니라, 그들 개별 인간들 모두가 고립된 개인의 입장에서 봤을 때 자신들의 행위를 통치하는 법칙으로서 받아들일 수 있는 것이 무엇인가 하는 것이 되었다. 도덕적 판단을 행하는 개인은 이제 자신이 어떤 공동체에 속해 있고 어떤 형태의 삶을 살고 있는가 하는 문제로부터 초월하여야 하며 그 결과, 원자론적 개인의 입장에서 반성을 행하지 않으면 안 되게 되었다.

하버마스가 보기에, 위와 같은 신아리스토텔레스주의자들의 비판은 우리에게 두 가지 선택지를 제공한다. 곧, 우리는 고대 아리스토텔레스가 삶을 살았던 세계로 돌아가거나, 아니면 이들 비판을 수용하여 칸트의 원래 입장을 수정하거나, 둘 중에 하나를 선택할 수밖에 없다. 전자가 우리의 선택이라면, 우리는 오직 아리스토텔레스의 세계관 내에서나 가능한 형이상학적 사고의 틀을 복구하지 않으면 안 된다. 그러나 하버마스가 보기에 현대 신아리스토텔레스주의자들이라면 이와 같은 일이 가능하지 않다는 것을 알 것이고 그 결과, 도저히 해결할 길이 없는 난관에 봉착하게 된다.[49]

하버마스에 따르면, 우리는 현대를 사는 사람들의 삶이 아리스토텔레스가 살던 고대 그리스인들의 삶과 얼마나 다른지를 인식하여야 할 필요가 있다. 현대 사회는 대단히 다양한 모양의 삶들이 뒤섞여 있는 사회이며, 현대인들은 대단히 다양한 집단들 속에서 내단히 다양한 삶을 살고 있다. 다양한 삶의 양식이 혼재하는 사회에서는 '좋은 삶'의 기준 또한 다양할 수밖에 없을 것이다. 이와 같은 상황은 우리들로 하여금 철학이 다른 삶의 양식들을 지배하는 그 어떤 특권적인 삶의 양식을 제공한다는 주장을 더 이상 고집할 수 없게 만들었고, 그 대신에 삶에 대한 어떤 관점이든 여타의 관점들과 동일한 정도로 좋은 것이거나 아니면 적어도 여타의 것들에 못지않을 정도의 존재 가치를 지니고 있는 것이라는 점을 인정하는 현대

49 Ibid., 122.

적 관용의 원리를 채택하도록 만들었다. 그러나 매킨타이어의 관점은 바로 이와 같은 흐름에 배치된다. 아이러니컬하게도 덕성의 개념을 토대로 한 그의 윤리학 이론은 그 자체로 인하여 일종의 모순을 함의하고 있다. 한편으로 매킨타이어의 이론은 인간은 오직 하나의 특권적인 삶의 형태의 맥락—고대 그리스의 폴리스—내에서만 자신의 진정한 본질을 실현하고 선(善)을 성취할 수 있다는 논제를 토대로 하고 있다. 그러나 다른 한편으로 그의 이론은 부득이 현대인들의 삶이 지니는 다양성을 고려하지 않을 수 없다. 이와 같은 개념적 딜레마로 인하여 매킨타이어의 이론은 일종의 불가공약성의 논제를 피해갈 수 없게 된 것이다.

하버마스가 지적하고 있는 신아리스토텔레스주의자들의 두 번째 난점은 그들이 계속해서 유지하고자 애쓰고 있는 실천적 이성의 역설적인 성격과 관련되어 있다. 신아리스토텔레스주의자의 한 사람으로 분류되고 있는 윌리엄스(Bernard Williams)는 도덕적 의식의 인지적(認知的) 위치를 확보하고자 하고 있지만, 이미 그 형이상학적 기초를 상실한 실천적 이성을 상식으로 받아들여야 할 것인지 아니면 반성적 지식의 한 가지로 받아들여야 할 것인지는 그리 분명한 문제가 아니다. 윌리엄스의 의도는 도덕적 의식을 경험적 지식이나 철학과 구별되는 지식의 한 형태로 간주하고자 하는 데 있으나, 하버마스가 보기에 양자의 차이는 그리 분명하지 않다. 하버마스는 만약 실천적 이성이 생활세계를 사는 사회 구성원들에게 그들에게 최선의 것은 무엇이며 공동의 삶을 규제하기 위해서 해야 할 일들은 무엇인가를 지시해 줄 수 있다고 하면, 그와 같은 형태의 실천적 이성은 이미 그들 사회 구성원들 각자의 생활세계의 지평 너머를 참조할 수 있어야 한다고 주장한다. 우리가 우리 스스로를 타인에게 개방하는 정도가 심하면 심할수록, 우리의 국지적(局地的) 지식과 자민족 중심주의적 태도를 극복하려는 의지가 강하면 강할수록, 실천적 지식은 지식으로서의 입지를 더욱 공고하게 다질 수 있다. 그러나 이와 같은 과정은 결국 칸트주의자들이 '도덕적 관점'이라고 지칭하는 관점에 접근하게 된다.

셋째, 하버마스에 의하면 만약 우리가 아리스토텔레스주의에 충실하고자 한다면 '도덕적 보편주의'의 가능성을 단념하고 그와 더불어 잠재적 착취와 억압이 존재하고 있는 사회에서 목격되는 '구조적 폭력'에 대해 도덕적인 비판을 가하는 일이 불가능해진다는 점을 받아들일 준비가 되어 있어야 한다. 역시 신아리스토텔레스주의자의 한 사람인 테일러(Charles Taylor)는 하버마스의 이러한 주장에 대하여 모든 형태의 삶을 넘어서는 최고의 선(善)을 통한 일종의 보편주의적 윤리학이 가능하다는 점을 들어 반론을 제기하고 있다. 그러나 그가 들고 있는 그와 같은 최고의 선의 예는 플라톤, 스토아학파(the Stoics), 기독교 등의, 말하자면 이성과 보편적 자연법, 혹은 선험적 절대자의 권위를 기초로 한 전통들로부터 나온 것이며, 이것들이 토대로 삼고 있는 우주론적 · 종교적 세계관은 오히려 아리스토텔레스의 목적론적 세계관보다 더 현대의 탈형이상학적 사고체계와 화해하기 어려운 것들이다.

신아리스토텔레스주의에 담긴 이론적 난점들을 언급한 후에 하버마스는 자신의 담론윤리학이 앞에서 든 세 가지 추상화 논제를 어떻게 이겨 낼 수 있는지를 논의한다. 첫 번째 비판, 곧 행위 수행동기의 추상화 논제에 대하여, 하버마스는 다양한 가치가 공존하는 세계에서 삶을 영위하는 우리는 윤리적 질문과 도덕적 질문을 구분하여야 할 필요가 있으며, 좋은 삶은 어떤 삶인가 하는 윤리적 질문과 달리 도덕적 질문은 사람들이 특정한 방식으로 행위를 수행하도록 동기를 부여하여야 하는 것은 아니라고 대답한다. 책임 있게 행위하려는 기질적 성향은 개인이 사회화되는 과정에서, 그리고 정체성을 형성하는 일을 얼마나 성공적으로 이루어 냈는가에 따라서 형성되는 것이다. 도덕이론은 사람들에게 다만 도덕적 문제를 해결하고자 할 때 따라야 할 절차를 보여 줄 수 있을 뿐이며 그 밖의 모든 구체적인 결정은 행위자들의 몫이다.

둘째, 주어진 상황으로부터의 추상화와 관련하여, 하버마스는 칸트의 도덕적 관점 개념은 규준을 정당화하는 문제와 규준을 구체적인 사태에 적용하는 문제를 분리할 것을 요구한다고 말한다. 정언명령은 결코 격률(格率)과 행위 자체로 직접 적용되는 도덕 법칙으로 이해되어서는 안 된다. 정언명령에 의해서 우리는 다만 하나의 규준이 적용될 때 갖추어야 할 조건이 어떠해야 하는가를 보여 줄 수 있을 뿐이다. 정언명령은 특정한 상황에 적절한 특정한 행위를 정확하게 결정하기 위한 것이라기보다, 그러한 결정을 할 때 기초로 작용하는 규준의 타당성을 성립시키기 위한 것이라고 보아야 한다. 타당한 규준에 관한 지식은 구체적인 상황에서 어떻게 행위하여야 할 것인가에 관한 지식으로 직접 연계되지 않는다. '적용'에 관한 논의를 위해서는 '정당화'에 관한 논의와는 별개의 자료와 원리가 필요하다.

셋째, 구체적인 윤리적 삶으로부터의 추상화 논제에 대하여, 하버마스는 신아리스토텔레스주의자들의 비판을 수용한다. 하버마스의 담론윤리학은 이 점을 신아리스토텔레스주의와 공유하고 있다. 그러나 개인주의적 접근법도 전혀 장점이 없는 것만은 아니다. 칸트가 염두에 두고 있었던 것은 우리의 도덕적 통찰력을 다수의 편견으로부터 혹은 심지어 사회 전체의 편견으로부터 방어하고, 그렇게 함으로써 개인의 자율성과 양심의 자유를 보호하는 것이었다. 하버마스에 의하면 퍼어스, 로이스(Josiah Royce), 미이드(George H. Mead)와 같은 미국 출신의 프래그머티스트들은 이전에 우리 각자의 양심 속에 표현되어 있었던 도덕적 내용들을 훼손하지 않은 채 개인주의의 약점을 극복하는 일을 이루어 낸 사람들이다. 담론윤리학 또한, 이상적인 의사소통적 공동체의 개념을 기반으로 하여, 인간을 철저하게 사회적인 존재로 보고자 한다. 담론윤리학은 인간은 오직 서로서로를 인정하는 가운데 자신의 정체성을 구성하고 재생산할 수 있다는 점을 인정하고 있다. 담론윤리학의 목표는 개인은 사회적 환경 내에서 삶을 영위하고 있다는 점을 결코 도외시하지 않으면서 자율성의 실질적인 규범적 개념을 제공하는 데에 있다.

이 목적을 달성하려면 '이해를 지향하는 행위' 모형을 우리 논의의 출발점으로 삼아야 한다. 의사소통적 행위를 수행하는 가운데 대화 쌍방은 각자의 관심은 상호 교환 가능하다는 점을 가정한다. 대인 관계를 형성하면서 그들은 상대방을 각자의 행위를 타당성 있는 행위로 입증할 능력을 지닌 책임 있는 주체로서 대하게 된다. 쌍방이 서로의 행위에 대하여 기대하는 바들은 상호 연결되어 생활세계의 규범적 맥락을 구성하게 된다. 바로 이와 같은 방식으로, 의사소통적 행위의 필수적인 가정들은 일종의 도덕적 핵(核)을 중심으로 의사소통의 기초-'강요되지 않은 상호 주관성'-를 구성하게 된다.

제6장

합리성과 비판적 사고

* * *

'비판적 사고'(critical thinking)는 합리성과 관련하여 교육이론가들 사이에 가장 빈번하게 논의되는 개념 가운데 하나이다. 비판적인 마음, 비판적인 생각, 비판적인 사고 등과 같은 아이디어가 지니는 교육적 중요성은 고대 그리스 시대 이후부터 지속적으로 강조되어 왔지만, 그것의 현대적인 형태는 특히 북미 교육철학자들에 의해서 20세기 중반에 들어 개념화되었다고 할 수 있다. 그것의 현대적 개념이 처음으로 소개되었을 때 비판적 사고는 합리성의 전통적인 아이디어와 결부되어 있던 개념적 요소들, 특히 그것의 논리적 측면과 밀접하게 관련되어 있었다. 그러나 비판적 사고의 논리적 측면은 시간이 흐를수록 상이한 관점을 지닌 이론가들에게 관심의 대상이 되었고, 그 결과 오늘날에는 비판적인 사고의 원래 의미를 극복하려는 쪽으로, 그리고 보다 확장된 관점을 토대로 그것의 의미를 재구성하는 쪽으로 논의가 진행되고 있는 추세이다. 이 장의 목적은 합리성의 개념이 어떻게 비판적 사고의 개념과 관련이 있는지, 특히 합리성의 어떤 측면이 비판적 사고의 아이디어를 형성하는 데 가장 중요한 것으로 고려되고 있는지, 그리고 비판적 사고에 관한 최근의 논쟁들 속에서 합리성의 한계는 어떤 형태로 노출되고 있는지를 검토하는 데에 있다.

다소 의아한 일이기는 하지만, 비판적 사고를 전문으로 연구하는 사람들 중에 비판적 사고를 합리성과 같은 것으로 간주하고자 하는 사람들조차 합리적인 것과 비판적인 것이 어떻게 서로 연관되는지를 직접적으로 보여 주지 못하고 있으며, 양자 간의 관련이라고 하는 것도 그 형태나 정도에 있어서 대단히 다양하게 규정되고 있다. 그럼에도 불구하고 합리성이 비판적 사고의 핵심을 차지하고 있다는 점은 부정할 수 없는 사실이다. 합리성은 한편으로 비판적 사고의 개념적 구조가 성립되는 데 기초를 제공하고 있거나, 다른 한편으로 비판적 사고에 비판적인 최근의 이론가들에게 자신들의 비판을 시작하는 출발점을 제공하고 있다.

필자가 보기에 비판적 사고를 둘러싼 논쟁들 속에서 합리성이 지니는 중요성은 한편으로 비판적 사고와 관련하여 합리성을 옹호하고 있는 사람들이거나 반대로 비판적 사고에서 차지하는 합리성의 역할에 대해서 의심을 품고 있는 사람들이거나를 막론하고, 합리성과 비판적 사고 간의 관련 그 자체는 전적으로 부정하고 있지 않다는 점에 있다. 그 대신에 논의의 중심은 합리성을 어떤 방식으로 재정의하고 재해석함으로써 그것을 바탕으로 하고 있는 비판적 사고의 아이디어가 어느 한 쪽으로 편향되거나 지나치게 좁은 의미로 해석되지 않도록 할 것인가 하는 쪽으로 옮겨 가고 있다.

이 장에서 필자가 논의하고자 하는 것은 대체로 다음 두 가지이다. 첫째, '합리적인 것'과 '비판적인 것'이 서로 개념적으로 연결되어 있다는 가정 아래, 그 연결의 기본적 구조가 어떤 식으로 이루어져 있는지를 탐색할 것이다. 비판적 사고 이론들에서 '비판적인 것'은 어떤 식으로 이해되고 있으며 '합리적인 것'의 어떤 면이 그것에 반영되어 있는가? 둘째, 합리성 개념이 여러 다양한 각도에서 비판을 받고 있는 만큼, 비판적 사고 이론가들로부터 심각한 도전의 대상이 되고 있을 것이라고 추정할 수 있다. 필자의 관심은 특히 전통적인 의미에서의 비판적 사고를 비판하고 있는 경향과 앞에서 논의한 바의 합리성에 대한 양면적인 태도 간에 유사점은 없는가 하는 점이다. 전통적인 의미에서의 비판적 사고, 전통적인 의미에서의 합리성은 현대 비판적 사고 이론가들로부터 극복하여야 할 것으로 다루어지고 있지만, 만약 그럼에도 불구하고 그것에 여전히 지켜 내야 할 부분이 있다면 그것은 어떤 것들이며 왜 그러한가?

비판적인 것과 합리적인 것

버뷸러스(Nicholas Burbules)와 버크(Rupert Berk)에 의하면, "비판적 사고는 합리성의 아이디어와 긴밀히 연결되어 있으며, 합리성을 개발하는 일을 교육에 있어서 하나의 주요한 목적으로 보고 있다."[1] 월터즈(Kerry Walters) 또한 "다소의 이견이 있기는 하나, 비판적 사고의 방법을 교육에서 가장 중요한 것으로 생각하는 대부분의 교

1 Nicholas C. Burbules and Rupert Berk, "Critical Thinking and Critical Pedagogy: Relations, Differences, and Limits," in *Critical Theories in Education*, eds. Thomas S. Popkewitz and Lynn Fendler (New York: Routledge, 1999), 48.

사, 심리학자, 철학자들은 암시적으로나 명시적으로 그것을 합리적 사고와 동일시하기 때문에 그와 같이 생각하는 것"[2]이라고 말하고 있다. 합리성이 어떤 점에서 비판적 사고와 동일한 방식으로 정의되는지, 그리고 양자가 어떤 방식으로 연결되는지에 관한 문제는 좀 더 탐색해 볼 문제이지만, 지금 시점에서 보면 합리성은 비판적 사고의 아이디어에 내용을 제공한다는 주장은 틀린 주장이 아니다. 아래에서는 합리성이 어떤 방식으로 비판적 사고의 아이디어와 연계될 수 있는지에 관한 몇 가지 기본적인 생각들을 검토해 보겠다.

두말할 것도 없이, 비판적 사고 교육은 비판적인 태도를 개발하는 것을 목표로 한다. 비판적 사고를 가르치는 일은 일상적으로 의심 없이 받아들여지고 있는 의견들에 대해서 회의적인 생각을 품도록 학생들을 가르치는 일을 가리킨다. 물론 '비판적인 것'에 대한 아이디어는 20세기에 들어 새로 발명된 전혀 새로운 개념이 아니다. 서양철학의 전통에서 비판적 사고는 꽤 오랜 역사를 지니고 있다고 보아야 할 것이다. 비스타(Gert J. J. Biesta)와 스탬즈(Geert Jan J. M. Stams)에 의하면, '비판적 태도'(criticality)의 역사는 철학 그 자체의 역사와 동일한 역사를 갖고 있다.[3] 소크라테스는 당대에 이미 받아들여지고 있는 의견들에 대하여 끊임없이 의문을 제기하고 결국에는 그것들이 거짓된 의견이라는 점을 폭로함으로써 비판적인 태도의 한 전형적인 예를 보여 주었다. 소크라테스에 있어서 '비판적인

2 Kerry S. Walters, "Critical Thinking, Rationality, and the Vulcanization of Students," *in Rethinking Reason: New Perspectives in Critical Thinking*, ed. Kerry S. Walters (Albany: State University of New York Press, 1944), 65.

3 Gert J. J. Biesta and Geert J. M. Stams, "Critical Thinking and the Question of Critique: Some Lessons from Deconstruction," *Studies in Philosophy of Education* 20, 57.

것'은 '진짜 지식'—에피스테메—을 가지는 것, 그리고 그것을 단순한 의견—독싸—과 구분하는 것을 의미했다. 이후로 비판적인 태도의 전통은 서양철학의 역사 전체를 통틀어 철학이 이루어야 할 주된 과업으로서 간주되었으며, 비판적 사고에 관한 논의들 또한 이러한 전통과 전혀 별개로 진행될 수 없었다. 비스타와 스탬즈는 비판적 사고에 관한 이론의 역사를 이와 같은 오랜 전통의 연장선상에서 20세기 들어 발전된 것으로 보고 있다.

테이어-베이컨(Barbara Thayer-Bacon)의 저작에서도 이와 유사한 관점을 발견할 수 있다. 자신의 저서 초두에서 테이어-베이컨은 비판적으로 사고하는 사람을 저 유명한 로댕의 조각, '생각하는 사람'의 이미지에 비유하고, 이 이미지를 고대 그리스 철학에 뿌리를 둔 사고의 패러다임과 연결 짓고 있다.[4] 그녀가 보기에 비판적 사고에 관한 최근의 연구 동향은 여전히 플라톤과 아리스토텔레스의 가르침에서 비롯된 합리적 사고 모형을 되풀이하고 있다. 테이어-베이컨이 의도하는 바는 고대 그리스의 인식론적 관점에서 시작된 그와 같은 '남성 중심적' 관점을 고발하고, 새로운 관점에서 개념화된 사고의 모형, 곧 '천 조각 짜기와 같은 구성적 사고'(constructive thinking as a quilting bee)의 모형을 제시한다. 남성 중심적 관점은 고대 그리스로부터 시작하여 합리적 사고의 서구적 패러다임을 형성하였고 결국에는 현재의 비판적 사고 이론에 토대를 제공하였다는 것이다. 그녀의 논의에서 특히 흥미로운 점은 최근의 비판적 사고 이론—그 대부분은 20세기 후반 미국을 중심으로 발전한—은 고대 그리스 철학에서 그 완성된 형태를 볼 수 있는 합리성의 전통 내에서

4 Barbara J. Thayer-Bacon, *Transforming Critical Thinking: Thinking Constructively* (New York: Teachers College Press, 2000), 17.

탄생하였다는 점이다.

테이어-베이컨의 의도는 명백히 지식에 관한 고대 그리스적 관점이 지닌 한계를 노출시키고 그것을 자신의 관점—'천 조각 짜기' 관점—에서 비판하는 데에 있다. 이 이유 때문에 플라톤과 아리스토텔레스의 인식론으로 대변되는 합리성 개념 또한 그녀의 비판의 표적이 된다. 그녀가 합리적 사고의 서구적 패러다임의 근원이라고 말하고 있는 것은 첫째로 모든 개별적인 존재에 공통적으로 적용되는 보편적인 본질에 관한—개별적인 존재 그것들에 관한 것이 아니라—그 어떤 것, 둘째로 사람들의 마음속에서 개별적으로 발생하는—그들 개별적인 사람들 사이에서 일어나는 일이 아니라—그 어떤 것, 셋째로 합리적 사고는 그 어떤 사고의 규칙, 곧 논리적 규칙—플라톤에 있어서는 무모순(noncontradiction)의 법칙, 아리스토텔레스에 있어서는 삼단논법—을 따라야 한다는 것, 넷째로 합리성은 신체가 아닌 마음에 속하므로 신체와 연관된 요소들—욕망, 감정, 정서 등—은 합리성과 전혀 관계가 없다는 것, 그리고 다섯째로 합리적 사고의 대상, 곧 합리적 지식은 우리의 사고 능력과 상관없이 그 자체로 존재한다는 생각 등이다.

그러나 합리적 사고에 대한 테이어-베이컨의 입장은 합리적 사고의 그와 같은 특성들이 비판적 사고 그 자체와 어떻게 연관되는지에 대해서는 그다지 만족할 만한 설명을 해 주지 못하고 있다. 그것을 합리적 사고라고 부르건 아니면 비판적 사고라고 부르건 간에 그와 같은 사고가 가능하기 위해서는 '비판적으로' 사고하는 일이 반드시 필요하다. 그러나 적어도 지금까지 살펴본 테이어-베이컨의 논의 맥락 내에서는 플라톤과 아리스토텔레스 인식론의 비판적 측면이 그리 잘 드러나지 못한 면이 있다. 그녀의 논의는 고대 그리스적 합리성의 개념에 들어 있는 비판적 태도의 요소를 발견하기 위한 것이라기보다는 양자의 공통된 특성을 드러내기 위한 것으로 보인다. 그러므로 우리 앞에 여전히 해결을 기다리고 있는 문제는 합리적 사고는 그 자체로 비판적 사고와 관련이 있는가 하는 것이다. 합리적인 사고는 개념적으로 비판적 사고를 함의하는가?

자신의 1981년 책에서 맥펙(John McPeck)은 비판적 사고는 "현재 고려의 대상이 되고 있는 문제 영역 내에서 반성적 회의주의를 적절하게 사용하는 것"이라고 정의 내리고 있다. 비판적 사고는 회의적인 태도를 동반하지만 그러한 회의주의는 반드시 신중하게 작용하여야 한다는 것이다. 비판적 사고에 동반되는 회의주의는 경험에 의해 제련(製鍊)되어서 현재의 문제에 대하여 보다 만족스러운 해결책을 제공할 수 있도록 하여야 한다. 여기서 '신중한' 회의주의와 부적절한 혹은 경솔한 회의주의를 가르는 기준은 현재 문제가 되고 있는 주제 영역과 관련하여 결정된다. 따라서 "우리는 한 사람이 그 어떤 주제 X—수학이든 정치학이든 아니면 등산이든—에 관하여 반성적 회의주의의 태도를 적용할 경향과 능력이 있을 때 그 사람을 비판적 사고인(思考人)이라고 한다."[5] 맥펙에 의하면, 이와 같은 특성을 토대로 할 때 비판적 사고는 합리성과, 비록 서로 동일하지는 않지만, 완벽하게 양립 가능한 성격을 지니고 있다고 할 수 있다.[6]

---

5 John E. McPeck, *Critical Thinking and Education* (Oxford: Martin Robertson, 1981), 7.

6 명백히 맥펙의 관심은 비판적 사고를 합리성과 직접적으로 연결 짓거나 혹은 합리성을 기반으로 해서 비판적 사고의 성격을 설명하는 데 있지 않으며 이 점에서 시결(Harvey Siegel)과 큰 차이를 보인다. 이 점과 관련하여 시결이 맥펙을 어떻게 비판하고 있는지는 이후 논의하기로 하겠다. 여기서 필자의 관심은 비판적 사고와 합리성이 어떻게 서로 같지 않은지 하는 것에 있다기보다는 양자가 어떻게 서로 개념적으로 관련되어 있는지 하는 것에 있다.

그러나 합리성과 비판적 사고 간의 관계에 관하여 맥펙은 이 이상 더—특히 시걸(Harvey Siegel)과 비교하여 보면—자신의 생각을 분명하게 노출시키지 않고 있다. 양자의 관계를 비판적 사고가 합리성의 한 차원 혹은 그것의 부분집합이라는 식으로 규정하고 있기는 하지만, 양자가 왜 그와 같은 관계를 형성하고 있는지에 대하여 그 이상 더 자세하게 설명하지는 않고 있다는 것이다. 맥펙은 단순히 합리성을 "특정한 문제를 해결하기 위하여 동원 가능한 증거들을 지적(知的)으로 사용하는 일"이라고 정의하고, 계속해서 그와 같은 행위를 수행하는 과정에서 특정한 시점에—그 어떤 형태의 증거는 무시하는 것이 합리적이라고 판단될 때—필요한 것이라고 말하고 있다.

그렇다고 해도 필자가 보기에 맥펙은 합리성의 이념을 사실은 이보다 훨씬 광범위하게 활용하고 있다. 비판적 사고와 교육의 관계에 대하여 논의하는 가운데 맥펙은 지식을 획득하는 일과 관련하여 우리가 가지고 있는 일련의 가정들을 사용하고 있으며, 그것들을 토대로 양자는 논리적으로 관련되어 있다는 점을 보이고자 시도하고 있다. 그 일은 다음과 같이 전개된다. (1) 교육은 지식의 획득을 반드시 필요로 한다. (2) 지식을 소유하고 있다는 말은 자신이 알고 있는 바를 진정으로 믿는다는 것을 의미하며 자신이 알고 있는 바를 진정으로 믿으려면 그 믿고 있는 바를 정당화할 수 있어야 한다. (3) 그 어떤 지식이든 그것을 정당화하는 일이 가능하려면 "주어진 신념과 그것의 증거들 간의 내적 일관성을 평가하고 그 다음에 그 신념을 기존의 신념 체계 내에 통합할 수 있을 정도의 시간을 두고 일단은 잠정적으로 보류하는 일"[7]이 요청된다. (4) 판단을 잠정적으로

7 Ibid., 37.

보류한다는 말은 스스로를 비판한다거나 혹은 현재 지니고 있는 신념 체계와 관련하여 비판적인 마음을 갖는다는 말을 달리 표현한 것이다. (5) 따라서 "새로운 신념과 증거들을 통합하고 내면화하는 일은 비판적 사고를 필요로 한다."[8]

위에 열거한 것들이 우리에게 말해 주는 바는 합리성의 아이디어는 지식을 획득하는 과정에서 반드시 고려하여야 할 요소라는 점, 그리고 합리성에 의해서 비판적 사고와 교육은 서로 논리적으로 연결될 수 있다는 점이다. 합리성이 없이 그 어떤 신념을 그와 유관한 증거들을 들어 정당화하는 일은 결코 가능하지 않다.

맥펙이 비판적 사고와 합리성을 연관짓는 방식, 곧 전자를 후자의 부분집합으로 보는 방식을 두고 시걸은 그것은 도저히 받아들일 수 없는 방식이라고 주장한다. 시걸이 보기에, 맥펙은 비판적 사고의 범위를 부당하게 축소하고 그 반면에 합리성의 영역은 무제한으로 확장시키는 오류를 범하고 있다. 비판적 사고는 오직 유관한 증거들이 문제시되는 경우에만 적용되는 것이고, 반면에 합리성은 문제 해결에 동원되는 모든 종류의 증거를 활용하는 영역에 모두 적용되는 식으로 규정하고 있다는 것이다. 시걸에 따르면, 맥펙에 있어서 "비판적 사고는 특정한 종류의 문제 해결의 맥락에서 이루어지는 하나의 특정한 종류의 합리적 사고에 불과하다."[9] 이러한 특정한 종류의 문제 해결의 맥락은 제시된 이유와 증거들이 그 어떤 형태로든 문제시되고, 따라서 그 이유 혹은 증거들이 왜 문제시되고 있는지를 밝혀야 될 필요가 있는 맥락이다. 그러나 시걸은 맥펙이 비판

8 Ibid.

9 Harvey Siegel, *Educating Reason: Rationality, Critical Thinking and Education* (New York: Routledge, 1988), 29.

적 사고를 그와 같은 제한적인 상황에만 적용한 것은 비판적 사고의 의미에 대한 그 자신의 '인식론적 접근'과 모순을 빚는다고 지적한다. 비판적 사고에 대한 맥펙의 '인식론적 접근'에 따르면 비판적 사고는 '적절한 이유'를 탐색하고 그것을 이해하고 그것들을 토대로 자신의 신념을 형성하고 행위를 수행해 나가는 능력과 경향성을 의미한다.[10] 비판적 사고에 대한 자신의 인식론적 접근과 일관성을 유지하려면, 맥펙은 비판적 사고를 합리성의 어느 특정한 부분으로 볼 것이 아니라 그것과 동일한 것으로 보아야 한다는 것이다. "합리성이 정당한 이유를 근거로 믿고 행위하는 것이라고 한다면, 그리고 우리가 맥펙의 인식론적 접근을 수용한다고 하면 … 우리는 바로 그 점에서 비판적 사고를 합리성의 한 차원으로서가 아니라 그것과 동일한 것 혹은 그것의 교육학적 동의어로 간주하여야 한다."[11]

시걸이 보기에 비판적 사고는 합리적 사고와 동일한 정신적, 심리적 활동이다. 시걸은 비판적 사고인[12](critical thinker)은 타당한 이유에 의해서 마음이 움직이는 사람을 의미하며, 비판적 사고인에 대한 이 규정은 아무런 수정 없이 그대로 합리적 사고인의 의미를 규정하는 데에 적용될 수 있다.

따라서, 타당한 이유를 통해서 생각하고 행위한다는 점에서, 비판적 사고

10 Ibid., 29. '인식론'이라는 말을 시걸과는 많이 다르게 사용하고 있기는 하지만 맥펙은 비판적 사고를 "다양한 신념들과 관련하여 어떤 것이 좋은 이유로 간주될 수 있는지를 분석하는 일"로 정의하고 그것을 "진술과 주장들을 합리적으로 사정(査定)하는 일"과 연결 짓는다.

11 Siegel, *Educating Reason*, 30.

12 시걸의 한 가지 공헌은 '비판적 사고'(critical thinking)의 의미를 '비판적 사고인'(critical thinker)의 의미를 통해서 규정하려고 한다는 점이다. 이 부분에 관해서는 다음 절에서 논의하겠다.

> 인과 합리적 인간은 서로 개념적으로 대단히 견고하게 연결되어 있다. 결과적으로 비판적 사고의 개념은 합리성의 교육학적 동의어로서 이해할 때 가장 잘 이해할 수 있다. 비판적 사고는 신념과 행위에 있어서의 합리성과 관련된 일체의 요소들과 결합되어 있다. 따라서 비판적 사고를 지향하는 교육은 합리성을 함양하는 교육, 합리적 인간을 기르는 교육과 다른 것이 아니다.[13]

시걸은 합리적 사고인 혹은 비판적 사고인을 다음과 같이 묘사하고 있다. (1) 합리적으로 사고하는 사람 혹은 비판적으로 사고하는 사람은 타당성을 지닌 이유의 중요성, 그리고 그것이 지닌 설득력을 수용하고 그것에 공감한다. (2) 그 어떤 요청을 사정하거나, 판단을 내리거나, 일의 진행 과정을 평가하거나, 대안을 숙고할 때 합리적/비판적 사고인은 타당성 있는 이유를 찾고 자신의 판단과 행위의 근거를 그들 이유와 연결 짓는다. (3) 타당성 있는 이유를 탐색할 때 합리적/비판적 사고인은 일련의 원리를 인지하고 그 원리에 따라 탐색을 진행한다. 왜냐하면, 선정된 이유가 어느 정도 타당성과 설득력을 지니는가는 그것이 어떤 원리에 따라 선정된 것인가에 따라 결정되며, 그 점에서 합리적/비판적 사고인의 행위를 편견에 치우치지 않도록 하고 일관되게 하며 자의적이지 않도록 해 주기 때문이다.

여기서 비판적 사고의 의미를 규정하기 위해 시걸이 개념화한 합리성의 아이디어는 셰플러(Israel Scheffler)가 개념화한 합리성의 맥락 속에 놓고 볼 때 더 잘 이해될 수 있다. 셰플러는 자신의 저서 『이성과 가르침』(*Reason and Teaching*)의 초두에서 교육에 관한 자

13 Ibid., 32.

신의 두 가지 중요한 믿음을 피력하고 있다. 그 하나는 교육적 활동을 계획하고 조직하는 데 있어서 제일 중요한 것은 '비판적 사고'라는 확신이요, 다른 하나는 그와 같은 활동을 계획하는 데 있어서 통일된 관점을 제공하는 것은 합리성의 이념이라는 생각이다.[14] 그의 저서 전반을 통해 비판적 사고와 합리성의 관계는 대단히 견고하게 유지되고 있거니와, 교육에 관한 셰플러의 철학적 논의의 토대를 제공하고 있다. 비판적 사고와 합리성 간의 관계를 시걸의 그것처럼 구조화하지 못하고 있기는 하지만, 셰플러의 논의도 나름으로 양자 간의 관계에 관하여 대단히 강력한 메시지를 담고 있다.

셰플러가 논의하고 있는 합리성 이념의 첫 번째 특징은 합리성은 지력보다 훨씬 광범위한 개념으로 사용되고 있다는 점이다. 그것은 사실적인 정보를 다루고 있는 교과목에 정통하는 일의 수준을 훨씬 뛰어넘는다. 이는 합리성은 "원리와 목적을 파악하고 그것들을 타당성 있는 이유들에 비추어 비판적으로 평가하는 능력"을 포함하고 있기 때문이다. 합리성은 "그 어떤 삶의 영역에서든지 규칙과 원리를 개방된 자세로 비판적으로 평가하는 일에 참여하는 능력"[15]을 가리킨다.

둘째, 합리성은 이성이라고 불리는 우리 마음의 특수한 능력에 소속되어 있지 않으며, 논리적 연역을 수행하는 데에 필요한 일련의 한정된 규칙과 동일시되어서도 안 된다. 또한 합리성을 '경험'이라든지 혹은 '정서'라든지 하는 것들과 상반되는 것으로 볼 이유도 전혀 없다. 합리성은 이유를 제시하는 일에 관한 것이며, 따라서 합리

---

14 Israel Scheffler, *Reason and Teaching* (Indianapolice: Hackett Publishing Company, 1983), 1.

15 Ibid., 62.

성을 교육하는 일은 모든 학문 영역에서 자유롭고 비판적인 태도로 타당성 있는 이유를 탐색하는 일이 가능한 한 광범위하게 이루어지도록 하는 일에 해당한다.[16]

셋째, 합리성 개념은 항상 일관성을 함의하고 있거니와 이는 합리성이 일반적 규칙이나 원리를 따르는 것을 가리키는 말이기 때문이다. 합리성의 일반적 개념은 원리, 이유, 일관성이라는 세 개념에 의해서 규정된다. 요컨대, 합리성 개념은 "학생의 자율적인 판단, 확실성과 성실함 위에서 자신의 주장을 뒷받침하는 타당성 있는 이유를 탐색하는 일, 그리고 그러한 이유들을 원리에 따라 취급하여야 한다는 것을 인식하는 일"을 가리킨다.[17]

필자가 이 책에서 비판적 사고를 거론하고자 하는 것은 비판적 사고와 합리성 간의 이와 같은 강력한 연계 때문이다. 필자가 보기에 비판적 사고와 합리성 간의 연결고리를 적극적으로 부각시키려고 하고 그것에 대한 반론들에 맞서 그 연결고리의 중요성을 방어하려고 하는 사람들 가운데 가장 눈에 띄는 인물은 시걸이다. 아래에서 비판적 사고에 관한 시걸의 주장들을 주요 논의 거리로 삼는 이유는 여기에 있다. 이하에서는 그간 비판적 사고와 합리성 간의 관계에 대하여 가장 이론(異論)이 분분했던 부분들을 검토하고, 그들 논쟁들이 합리성을 교육의 중요한 이념으로 삼고자 하는 논의들에 어떤 시사점을 제공할 수 있는지를 살펴보겠다. 그 첫 주제는 비판적 사고와 관련된 '기질'의 문제이다. '기질'의 문제와 관련하여 에니스(Robert Ennis)와 시걸이 제시한 논점들을 검토하고, 그 가운데 그리 분명하

16 Ibid.

17 Ibid., 78.

지 않은 점들과 혼란스러운 요소들을 다소 자세히 분석해 보겠다. 두 번째 주제는 비판적 사고의 개념과 관련하여 시걸이 주장하고 있는 보편주의적 논의이다. 특히 맥펙의 '교과상관적'(subject-specific) 관점과 비교하여 시걸의 보편주의적 주장이 어떤 점에서 강점과 약점을 지니고 있는지를 논의할 것이다. 그리고 마지막으로 합리성의 '비논리적'(non-logical) 측면에 관한 월터즈(Kerry Walters)의 관점을 살펴 볼 것이다.

합리성과 기질[18]

비판적 사고에 관한 이론들은 비판적 사고에 있어서 기질적 요소의 중요성이 부각된 이후로 일대 전환기를 맞는다. 비판적 사고에 관해 논의할 때 일반적으로 받아들여지는 의견은 비판적 사고에 관해 최근에 이루어지고 있는 논쟁들은 대체로 에니스(Robert Ennis)가 자신의 1962년 논문[19]에서 비판적 사고를 처음으로 개념적으로 정

18 여기서의 '기질'은 영문 'disposition'의 번역어이다. disposition은 기질이라는 번역어 외에도 경향, 취향 등으로도 번역할 수 있는데, 이후에 자세하게 논의되겠지만, 전자는 인지적 '능력' 혹은 '기능'의 상대어로서 한 행위자가 특정한 방향으로 행위를 수행하는 데에는 인지적인 능력을 갖추는 것만으로는 부족하다는 점, 곧 그 방향으로 행위를 실지로 수행하고자 하는 기질적 요소를 함께 지니고 있어야 한다는 점에 초점을 두고 있고, 다른 한편 후자는 영문 'be disposed to'와 같은 구문에서의 'disposed'의 명사형으로서, 곧 특정한 인지적 능력을 갖춘 사람이 실지 행동을 통해서 그 능력을 발휘하는 경향성 혹은 성향이 있다는 점에 초점을 둔다. 어느 쪽을 쓰건 간에 의미상 큰 차이는 없다. 이 장에서는 문맥에 따라 두 번역어를 섞바꾸어 쓰도록 하겠다.

19 Robert H. Ennis, "A Concept of Critical Thinking", *Harvard Educational Review* 32, no. 1, 1962, 81-111.

의하면서 시작되었다는 점이다. 현재 에니스의 논문은 비판적 사고에 관한 하나의 고전으로 남아 있는데, 에니스는 이 논문에서 비판적 사고를 '진술을 정확하게 평가하는 일'이라고 정의하고 있다. 그러나 비판적 사고에 관한 이와 같은 에니스의 이론은 이후 '순전히 기능에만 치우친' 접근[20]으로 알려지게 되었고, 관련된 이론가들로부터 비판적 사고를 오직 능력 혹은 기능의 측면에서만 파악하고 있다는 비판을 받게 된다. 비판적 사고를 이와 같이 '순전히 기능에만 치우친' 관점에서 파악하는 것을 비판하는 사람들은, 비판적 사고는 단지 비판적으로 사고할 줄 아는 능력만을 의미하는 것은 아니라고 주장한다. 그것은 그와 더불어 비판적으로 사고하고자 하는 경향성을 함께 의미한다는 것이다. 이 절에서 논의하고자 하는 것은 비판적 사고에 관한 이론들에서 이와 같은 기능/기질(skill/disposition) 구분이 상정하고 있는 바는 무엇이며, 그것들을 합리성 개념과 관련지었을 때 불분명한 부분들은 어떤 것들인가 하는 것이다.

기능/기질 구분에 관한 논쟁을 촉발한 논점들은 대체로 다음과 같은 주장을 포함하고 있다. 곧, 비판적 사고를 위해서는 단지 비판적 사고에 숙달하는 것만으로는 충분치 않다. 그러한 비판적 사고 능력을 활용하고자 하는 기질 또한 갖추지 않으면 안 된다는 것이다.[21] 이 주장은 물론 비판적 사고의 의미에 대한 에니스의 최초 정의를 대상으로 한 것이다. 시걸에 따르면, 이와 같은 비판적 사고의 최초 정의는 "전적으로 특정한 종류의 진술을 정확하게 진단하고 평가하는 기능에만 초점을 맞추고 있다."[22] 따라서 이 최초 정의에

---

20 Thayer-Bacon, *Transforming Critical Thinking*, 57.

21 Ibid., 60.

의하면, 비판적으로 사고하는 데 필요한 기능 혹은 능력만 갖추고 있으면 누구든지 비판적 사고인으로 불릴 수 있다. 비판적 사고를 이와 같이 '순전히 기능에만 치우친' 시각에서 파악하는 관점은 에니스의 후기 논문에서 '기능에 경향성을 부가한' 관점으로 수정된다. 이제 비판적으로 사고하는 사람은 특정한 주장이나 진술을 정확하게 진단하고 평가하는 데 필요한 기능 혹은 능숙함과, 그러한 기능 혹은 능숙함을 기꺼이 발휘할 경향성을 함께 갖춘 사람을 가리킨다.

비판적으로 사고하는 경향성이라는 부분이 비판적 사고의 최초 정의에 첨가된 이유는 분명하다. 에니스의 최초 정의에 따를 때, 우리는 그 누구이든 비판적으로 사고하는 기능만 지니고 있으면, 다시 말하면 비판적으로 사고하여야 할 경우이지만 비판적으로 사고하지 않을 경우에라도 여전히 비판적 사고인으로 불릴 수 있을 것이기 때문이다. 실지로 비판적으로 사고하여야 하는 상황에 처하여 비판적 사고 능력을 발휘하여야 함에도 불구하고 그렇게 하지 않는 사람의 경우, 단지 그가 비판적 사고 능력을 갖추고 있다는 점을 들어 비판적 사고인으로 불릴 수 있다는 말이 된다. 비판적 사고의 최초 정의에 결함이 있는 것은 비판적 사고 능력은 반드시 실지로 비판적 사고를 행할 것을 보장하지 않는다는 점 때문이다. 어찌 보면 참으로 어색하기 짝이 없는 이와 같은 논쟁은 에니스의 최초 정의가 비판적 사고의 능력과 그 성향을 구분지어 파악하도록 하는 여지를 제공하고 있기 때문이다.

비판적으로 사고하는 기능(혹은 능력)과 그 성향(경향성)이 별개로

22 Siegel, *Educating Reason*, 6.

분리되어 있다고 가정하면 형식상 네 가지 조합이 가능하게 된다. 첫째는 비판적 사고의 능력과 그것을 활용하고자 하는 성향, 둘을 모두 지니고 있는 경우, 둘째는 능력은 있지만 성향이 없는 경우, 셋째는 성향은 있지만 능력이 없는 경우, 넷째는 둘 다 없는 경우이다. 여기서 셋째와 넷째의 경우는 고려할 필요가 없으므로 논의에서 제외하겠다. 무엇인가를 할 줄은 모르지만 그러한 성향이 있다는 것은 현실적으로 가능하지 않다. 그리고 능력이나 성향이나 모두 없는 경우는 현재 우리의 논의 대상이 아니다. 따라서 분석의 대상이 되는 것은 첫째 경우, 곧 비판적 사고의 능력과 성향을 모두 갖추고 있는 경우와 둘째 경우, 곧 능력은 갖추고 있으나 그럴 경향성은 없는 경우이다. 이 두 가지 경우가 '비판적으로 사고하지 않는 것'과 어떻게 관련되는가? 비판적 사고의 능력과 성향, 양자를 모두 갖추고 있는 사람은 항상 비판적으로 사고하는가? 능력은 지니고 있으나 성향은 없는 경우는 어떤 경우이며, 왜 그런 경우가 생기는가? 우리는 비판적 사고의 경향성을 그 능력과 별도로 가르쳐야 하는가?

쉬운 예를 들어 보겠다. 나는 트럭 운전기사이다. 트럭 운전기사가 되기 위하여 나는 4주 간의 유료 연수를 받고, 마침내 연수 마지막 날 치르는 시험을 통과하여 내게 트럭을 운전할 수 있는 능력이 있다는 것을 증명하고 그것을 증빙하는 증명서도 획득하였다. 내 주위에 나를 아는 사람들은 모두가 내가 트럭을 운전할 수 있다는 것을 안다. 나는 곧 한 운송회사에 지원하여 그 회사의 트럭 운전기사로 채용되었다. 이제 나는 정식 트럭 운전기사이다. 이 말은 곧 나는 트럭 운전기능을 보유하고 있으며 이 기능으로 생계를 해결하고 있다는 의미이다. 그런데 몇 주 전에 우리 회사에서 동료 트럭 운전기사들이 파업에 돌입했다. 나 또한 조합원 중에 하나이고 해서,

파업 중에 트럭을 운전하지 않았다. 그런데 내가 트럭을 운전하지 않으려 했음에도 불구하고 내 주위에 나를 아는 사람 가운데 그 누구도 나의 트럭 운전 능력을 의심하는 사람은 없었다. 나는 여전히 트럭을 멋지게 운전할 수 있다는 말이다. 그렇다면 파업 중에 나는 트럭 운전기사였는가? 트럭을 운전하지 않는 기간 중에도 내가 여전히 트럭 운전기사라고 불릴 수 있었다고 한다면 그것은 무엇 때문인가? 더 중요한 것은, 내게는 트럭을 운전할 수 있는 탁월한 기능이 있었음에도 불구하고 왜 트럭 운전하는 일을 멈추게 되었는가? 내게 트럭을 운전할 능력이 있기는 하지만, 단지 그 성향만 없다는 것인가?

트럭을 운전할 능력은 충분히 있으나 운전을 하지 않는 또 다른 경우를 생각해 보자. 전쟁이 일어났다. 전쟁이 시작된 지 얼마 지나지 않아 우리 마을을 적군이 점령해 버렸다. 적군은 자동차 공장에서 그들이 몰수한 트럭을 운전할 기사를 우리 마을의 젊은 사람들 중에 차출했다. 여기에 차출된 마을 사람들 중에는 의지가 약해서 적군의 지시대로 트럭을 운전하는 사람도 있었지만 끝내 그것을 거부하는 사람들도 있었다. 트럭 운전 능력이 얼마나 뛰어나건 간에 적군이 몰수한 트럭을 운전하는 것은 조국에 대한 배신 행위에 해당한다. 따라서 이 경우 나는 명백히 뛰어난 내 운전 실력에도 불구하고, 그리고 내 신체에 가해질 위험을 감수하고, 트럭 운전을 거부할 것이다. 나는 여전히 트럭 운전기사로 불릴 수 있는가? 뛰어난 트럭 운전 실력을 보유하고 있음에도 불구하고 나는 이 경우 왜 트럭 운전하기를 거부하는가? 그것은 내게 트럭을 운전하고자 하는 경향성이 없기 때문인가?

위의 트럭 운전기사 비유로부터 우리는 적어도 두 가지를 알 수 있다. 첫째, 무언가에 관한 기술을 갖추고 있다거나 혹은 무엇을 할 줄 안다는 것은 확실히 그 기술 혹은 능력을 실지로 행하는 것과 다른 것이다. 이는 그 어떤 기술을 지니고 있다고 해서 그것이 곧바로 그 기술을 사용하는 것은 아니라는 것을 의미한다. 다소 이상하게 들릴지 모르나, 트럭 운전기사라고 해서 항상 트럭을 운전하는 것은 아니다. 트럭 운전능력을 충분히 갖추고 있는 사람이라고 하더라도 그 사람을 '트럭 운전기사'라고 부르는 일은 다소간은 정도의 문제인 듯하다. '트럭 운전기사'라는 말이 보통은 특정 직업의 이름이나 혹은 트럭 운전하는 일을 직업으로 가진 사람을 지칭하는 말이라는 점에 너무 지나치게 얽매이지 않는다면, 이 말은 트럭을 운전하는 일에 어느 일정 기간 동안 종사하고 있는 사람을 가리키는 말로도 사용된다고 할 수 있다. 한 사람이 트럭 운전기술을 가지고 있는가 아닌가 하는 점은, 그 사람이 트럭 운전기사인가 아닌가 하는 점을 배타적으로 결정하지는 않는다 하더라도, 그 사람이 트럭 운전기사로 불리는 데에 필요조건이 된다는 점은 분명한 것 같다.

둘째, 그 어떤 기술을 보유하고 있는데도 불구하고 그 기술을 실천에 사용하지 않는 데에는 수많은 이유가 있을 수 있다. '트럭 운전기사'라고 하더라도 트럭을 운전하지 않는 경우는 충분히 있을 수 있으며, 여기에는 수많은 다양한 이유가 있을 수 있다. 물론 애인과 데이트를 할 때라든지 애완견과 산책을 즐길 때에 그는 트럭을 운전하지 않을 것이다. 이런 경우는 제외하고, 위에서 예로 든 두 가지 경우처럼, 건강한 정신과 신체를 소유한 트럭 운전기사가 자신의 운전 실력을 의도적으로 사용하지 않는 경우는 충분히 있을 수 있으며, 이런 경우라고 하더라도 그는 여전히 트럭 운전기사로서 불릴 자격이 충분히 있다. 물론 예컨대 너무 피곤해서라든지, 아니면 단순히 그냥 운전을 하고 싶지 않은 것과 같은 경우도 있을 수 있다. 혹은 운전기술은 있으되 운전기사라는 직업을 가지고 평생을 살고는 싶지 않은 경우도 있을 수 있다. 운전기술을 익힌 것은 그의 약혼자가 그러기를 원했기 때문일 수도 있다. 요컨대, 트럭 운전기사가 트럭을 운전하지 않으려고 하는 경우는 얼마든지 있을 수 있으며 그럼에도 그는 여전히 트럭 운전기사로 불릴 수 있다는 것이다.

그렇다면 위의 비유에서 '성향을 지니고 있다' 거나 아니면 그 반대로 '성향을 지니고 있지 않다' 는 말은 무엇을 의미하는가? 이를테면, '나는 뛰어난 운전 실력을 보유하고 있지만 그것을 활용하고자 하는 성향이 없다' 고 하는 말은 무슨 말인가? 도대체 이러저러한 성향이 있다는 말은 무엇을 뜻하는가? 이것보다 저것을 더 좋아한다는 말인가? 혹은 다른 선택지가 있는데도 불구하고 습관적으로 이것만을 골라서 한다는 말인가? 걸어서 삼분 거리에 있는 학교를 굳이 트럭을 운전해서 다니려고 하는 것이 '운전기술을 활용하고자 하는 성향이 있다' 는 말인가?

위에서 실력 있는 트럭 운전기사라고 하더라도 트럭을 운전하지 않으려고 하는 상황을 여러 가지 제시한 바 있다. 파업에 참가하기 위해서 트럭을 운전하지 않는다든지, 트럭을 운전하게 되면 적군을 이롭게 하는 일이 되기 때문에 트럭 운전을 거부한다고 할 때, 이를 두고 이 사람은 트럭 운전 실력을 활용하고자 하는 성향이 없다고 말해야 하는가, 아니면 이 사람에게는 그러한 성향이 충분히 있기는 하지만 단지 자신의 운전 실력을 발휘하지 말아야 하는 다른 이유가 있는 것이라고 말해야 하는가? 트럭 운전기사라고 하더라도 하루 24시간을 한시도 쉬지 않고 운전석에 앉아 있는 것은 아니라고 한다면, 그러나 그럼에도 불구하고 여전히 그를 트럭 운전기사라고 지칭하는 데에 어색함이 없다고 한다면, 그와 같이 트럭을 운전하지 않는 동안에도 그가 트럭 운전기사라는 점을 우리는 어떻게 알 수 있는가? 내가 보기에 이와 같은 질문들은 모두가 '성향'이라는 말이 지닌 모호성에서 비롯된다.

'비판적 사고 능력을 지니고 있다'는 말과 '실지로 비판적 사고를 행하다'는 말의 관계도 이와 유사한 방식으로 이해될 수 있다. 어떻게 사고하는 것이 비판적으로 사고하는 것인지를 알고 있는 사람이라고 하더라도 무비판적으로 사고하거나 혹은 전혀 사고를 하지 않는 이유는 얼마든지 있을 수 있다. 비판적 사고는 매우 복잡하고 시간이 많이 소요되는 일이므로 충분한 시간이 없을 때에는 비판적으로 사고하는 일이 불가능할 수 있다. 혹은 그 사람이 자라 온 전반적인 환경이 비판적 사고와 같은 일을 그다지 용인하지 않는 분위기이기 때문일 수도 있다. 예컨대, 종교적인 공동체에서 드물지 않게 기존의 신념 체계에 대해서 그 구성원들이 비판적인 질문을 제기하는 일을 금기시하는 경우가 있다. 그와 같은 공동체에 속해 있는 사람들은 알게 모르게 자신들의 신념 체계에 대하여 비판적으로 사고할 수 없도록 강요당하고 있다고 할 수 있다. 혹은 비판적 사고라는 것이 대체로 일반적인 사고와 달리 많은 노력을 들일 것을 요구하므로, 게으른 생활 습관을 지닌 사람들일 경우 비판적으로 사고하려 하지 않을 수 있다. 혹은 체계적인 방식으로 비판적인 사고를 거부하게 되는 경우도 있을 수 있다. 가령, 한 사람이 특정한 훈련 과정을 거쳐서 비판적인 사고에 대단히 능숙하게 되었지만, 전체 훈련 과정을 마치고 난 다음에 비판적 사고라는 것은 돈을 많이 버는 데에는 결코 도움이 안 된다는 것을 깨닫게 되었고, 그 시점부터 비판적 사고에 대해 매우 냉소적인 태도를 보이게 되는 경우도 있을 수 있다.

혹은 이 사람이 한 여인과 사랑에 빠지게 되었는데, 하필 그 여인이 매사에 비판적인 태도를 별로 좋아 하지 않는 사람이거나 심지어 무비판적인 것을 보다 더 남성다운 것으로 여기는 사람이라, 결국 이 사람은 '이성에 대한 열정의 우위'를 선택하게 된 경우도 충분히 있을 수 있다. 여기서 지적하고자 하는 바는, 그 의미가 모호하다는 점 이외에, '성향'이라는 것은 사람들이 비록 비판적 사고의 능력을 지니고 있음에도 불구하고 실지로 비판적으로 사고하지 않는 많은 이유들 가운데 단지 한 가지 이유에 불과하다는 점이다.

그 어떤 기술 혹은 능력을 발휘하는 성향을 지니고 있다는 말은 무엇을 의미하는가? 1980년에 간행된 자신의 논문[23]에서 에니스는 합리적 사고인의 성격을 비판적 사고인의 그것과 매우 비슷한 방식으로 규정하고 있다. 여기서 그는 합리적 사고인이 숙달해 있어야 하는 활동의 종류를 일곱 개의 집단으로, 그리고 합리적 사고인이 그 성향을 지니고 있어야 할 활동을 아홉 가지 유형으로 열거한 다음, 그 맨 마지막을 '훌륭한 판단을 수행하는 것'으로 마무리 짓고 있다.

에니스에 따르면, 전체 목록에 성향 요소를 첨가한 이유는 "능숙함만으로는 충분치 않으며, 능숙함을 실행으로 옮기고자 하는 성향이 있어야" 하기 때문이다. 합리적 사고인이 갖추어야 할 성향들의 목록은 그 맨 처음에 위에서 일곱 개의 집단으로 분류된 능숙함을 실천하고자 하는 성향을 시작으로 다음과 같은 것들로 이루어져 있

---

23 Robert H. Ennis, "A Conception of Rational Thinking," in J. R. Coombs, Ed., *Philosophy of Education 1979: Proceedings of the Thirty-Fifth Annual Meeting of the Philosophy of Education Society* (Bloominton: Philosophy of Education Society, 1980), pp. 3-30.

다. 곧, 합리적 사고인은 (1) 전체 상황을 고려하는 성향, (2) 정보에 정통하고자 하는 성향, (3) 해당 주제와 관련하여 최대한 정확성을 기하고자 하는 성향, (4) 복잡한 상황을 구성하고 있는 요소들을 질서 있게 다루고자 하는 성향, (5) 자신의 관점과 다른 관점들을 대단히 면밀하게 검토하고자 하는 성향, (6) 증거나 이유가 불충분할 때에는 판단을 보류하는 성향, (7) 증거나 이유가 명백히 그것을 요청할 때에는 입장을 분명하게 취하거나 다른 입장으로 전환하는 성향, (8) 판단은 충분한 정보를 토대로 이루어질 필요가 있다고 여기는 성향 등의 여덟 가지를 더 갖추고 있는 사람이다. 에니스에 의하면, 이들 여덟 가지 추가적인 성향들은 "어떤 의미에서는 이미 능숙함의 목록에 포함되어 있는 것들이지만, 그 중요성을 감안할 때 별도의 주의가 필요한 것들이다."[24]

그러나 여기서도 여전히 '성향'이라는 것이 무엇을 뜻하는지는 그리 분명하지 않다. 위의 목록은 합리적 사고인이라면 갖추고 있어야 할 성향들에 어떤 것들이 포함되는지를 열거하고 있기는 하지만 여전히 '성향' 그 자체가 어떤 유형의 활동인지를 말해 주고 있지는 않다. 이를테면, 일반화에 능숙한 실력을 보유하고 있는 사람이 어떤 때에 그러한 능숙함을 발휘하고 있다고 말할 수 있는가? 그것은 예컨대 내가 타인의 생각에 동의하기를 주저할 때 습관적으로 팔짱을 끼는 '성향이 있다'고 할 때의 그 성향과 동일한 것인가? 에니스가 제시하고 있는 '능숙함의 목록'에서 여섯 번째 항목은 '귀납적 추리를 평가하는' 능력이다. 귀납적 추리를 평가하는 일에 있어서 내가 지닌 능숙함을 발휘하고자 하는 성향이 있다는 말은 무슨

24 Ibid., 17.

말이며 또한 그러한 성향이 없다는 말은 무슨 말인가?

이들 질문에 접근하는 한 가지 길은 우리는 그와 같은 주장을 할 때에 사전에 그 어떤 맥락을 상정하고 있어야 한다는 점을 인식하는 것이다. 만약 '성향'(혹은 경향성)을 습관과 유사한 그 어떤 것이라고 하면, 특정한 성향을 언급할 때에 우리는 항상 그것과 관련된 맥락 혹은 상황의 존재를 상정하지 않으면 안 된다는 것이다. 타인의 의견에 동의하지 않을 때 내게 '팔짱을 끼는' 습관이 있다고 말하는 것이 유의미하기 위해서는 내가 그러한 습관을 내보이게 되는 상황 혹은 맥락을 언급하는 일—이 경우에는 '타인의 의견에 동의하지 않을 경우'—이 반드시 필요하다. 만약 누군가에게 "나는 팔짱을 끼는 습관이 있어"라고 말한다면, '어떤 때'에 그와 같은 습관이 나타나느냐는 질문이 곧바로 제기될 것이다. 왜냐하면, 사람들 모두는 내가 아무 때나, 시도 때도 없이 팔짱을 끼고 있는 것은 아니라는 점을 잘 알고 있기 때문이다. 다른 사람의 의견에 동의하지 않는 경우에, 다른 때보다 상대적으로 더 빈번하게 내가 팔짱을 끼는 모습을 보일 경우, 내게는 전자의 경우에 후자의 행동을 취하는 성향이 있다고 말할 수 있다. 무언가를 보고 대단히 흥분하였을 경우 나는 거의 팔짱을 끼지 않는다. 그러므로 내게는 흥분하였을 때에는 팔짱을 끼는 성향이 없다고 말할 수 있다. 요컨대, 한 사람이 특정한 성향을 지니고 있다고 말할 때 그것이 유의미하려면 어떤 경우에, 어떤 상황에서 그가 그와 같은 성향을 보이는지를 함께 말하여야 한다.

이와 마찬가지로, 내게 귀납적인 추리를 평가하는 능력이 있으며 그와 함께 그 능력을 활용하는 성향이 있다고 말한다면, 그 즉시로 제기될 만한 질문은 어떤 경우에 그 성향이 표현되는가 하는 것일 것이다. '기능' 요소에 '성향' 요소가 첨가된 것이 합리적 사고인이 자신의 ‘기능’을 활용하지 않을 것을 우려하였기 때문이라고 한다면, 우리는 이와 더불어 합리적 사고 능력을 지닌 사람이 그 능력을 발휘하여야 할 특정한 상황 혹은 맥락이 있다는 점을 상정하고 있다. 비록 우리가 학생들에게 귀납적 추리를 평가하는 능력을 지니도록 가르치고 그와 함께 그들이 그러한 능력을 발휘하는 성향도 함께 갖출 것을 요구한다고 할지라도, 그것을 발휘할 적절한 맥락이나 상황을 구분하여 고려하지 않고 학생들이 아무 때나 그러한 능력을 발휘할 것을 기대하는 것은 대단히 이상한 일이다.

합리적 사고 능력을 지닌 사람은 자신의 합리적 능력을 어떤 때에 발휘하여야 할지도 모르고 그러한 능력을 습득하였는가? 우리는 합리적 사고인이 자신의 능력을 오직 그것이 필요할 때에만 발휘하여야 한다는 점을 가정하고 있지 않은가? 이를테면, 우리는 합리적 사고인이 자신의 ‘귀납적 추리를 평가하는’ 능력을 모차르트의 오페라를 듣고 있는 중에, 혹은 400m 트랙을 돌고 있는 중에 발휘할 것으로 기대하지 않는다. 이와 같은 상황들은 그들이 귀납적 추리를 평가하는 자신의 능력을 발휘하는 성향을 지녔는지를 판단하는 일과 아무런 관련이 없기 때문이다. 모차르트의 오페라를 듣고 있을 때나 400m 트랙을 돌고 있는 중에 ‘귀납적 추리를 평가하는’ 능력을 발휘하지 않았다고 해서 그들에게 그러한 능력을 실행하는 성향이 없다고 말하는 것은 참으로 어이없는 일이다. 귀납적 추리를 평가하는 능력을 실행하는가 그렇지 않은가를 묻는 일이 유의미한 맥락이 있고 그것이 전혀 무의미한 맥락이 있다는 것이다.

가령, 내 친구와 내가 논리적 추리에 관한 강의를 한 학기 들었다고 가정하자. 우리 둘은 학기말에 시험을 치르고 두 사람이 모두 동일한 논리적 추리 실력을 갖추었다고 평가 받았다. 며칠 전에 그 친구와 나는 한 정치가의 선거 유세 연설을 들을 기회를 가졌다. 이 정치가의 연설을 똑같은 시간 동안 청취하고 나서 우리는 그 사람의 연설에 대해 토론을 하게 되었다. 친구는 내게 자기는 그 정치가의 카리스마 넘치는 외모와 목소리에 감명을 받아 결국 그에게 투표를 하기로 결정했다고 한다. 그러나 그와 정반대로 그의 연설에서 내가 경험한 것은 그가 자신의 연설을 이어가면서 보인 서투르기 짝이 없는 정치관과 연설문 속에 빈번하게 등장했던 비논리와 모순들이었다. 내 친구와 나는 동일한 정도의 논리적 추리 실력을 갖추고 있지만, 나는 그것을 적절한 상황에서 활용한 반면, 내 친구는 그렇게 하지 않았다. 바로 이와 같은 경우가 '성향을 지니고 있는가 그렇지 않은가'의 질문이 유의미하게 적용될 수 있는 경우라 할 수 있다. 내 친구에게 유사한 상황에서 유사하게 반응하는 일이 비교적 빈번하게 반복해서 일어난다고 하면—예컨대, 그녀는 영화를 볼 때 스토리의 전개가 어떻게 이루어지는가를 분석하기보다는 음향과 색채, 화면의 구도 등에서 훨씬 더 감명을 받는다—그녀에게 진정으로 자신의 귀납적 추리 능력을 활용하고자 하는 성향이 있는지 그렇지 않은지를 묻는 일은 적절한 일이라 할 수 있다.

그런데 여기서 다시 두 가지 질문이 제기될 수 있다. 첫째, 위와 같은 경우에 내 친구에게 논리적 추리의 측면이 아닌 다른 측면에 더 관심을 기울이도록 한 것은 무엇인가? 나와 동일한 정도로 논리적 추리 실력을 갖추고 있음에도 불구하고 그녀에게는 그 실력을 활용하고자 하는 성향이 없다고 말할 정도로 그녀에게 논리적 추리에 대한 관심이 없다면, 이는 무엇 때문인가? 이는 혹시 논리적 추리의 측면보다 훨씬 더 중요한 다른 어떤 기준이 그녀에게 있기 때문은 아닌가? 뒤집어 말해서, 그녀가 관심을 두는 측면들을 나 또한 볼 수 있음에도 불구하고 나는 왜 논리적 추리력을 활용하려고 하는가? 둘째, 특정한 상황에서 논리적 추리 실력을 활용하는 성향이 내게 있다고 한다면 나는 그러한 성향을 어떻게 획득하게 되었는가? 그 성향이라는 것은 마치 내가 논리적 추리 실력을 학습했던 것과 같은 방식으로 학습한 것인가? 아니면 단순히 비슷한 행동을 반복함으로써 획득된 것인가? 동일한 행동을 자주 반복하는 것이 성향을 결정하는 것이라고 한다면 얼마나 자주 동일한 행동을 반복하여야 하는가?

필자가 보기에 앞에서 언급한 '성향'이라는 말의 불명료함과 함께 이와 같은 질문들은 모두 비판적 사고를 일련의 논리적 추리 기술로 이해하는 관점으로부터 비롯된 것들이다. 결국 비판적 사고와 합리성은 그 어떤 특정한 기술을 획득하고 난 다음에 다시 그것을 실행하는 성향을 갖추고 하는 등의 문제보다는 훨씬 복잡한 요소들을 포함하고 있다고 보아야 한다. 이 문제는 시걸의 '기질' 개념을 논의할 때 좀 더 깊게 탐구하기로 한다.

에니스의 비판적 사고 개념에 대한 시걸의 논의를 검토해 보면 위에서 제기한 여러 가지 질문들에 대한 답을 얻을 수 있다. 시걸에 의하면, 에니스가 자신의 비판적 사고 개념에 '성향'을 추가한 것은 틀림없이 환영할 만한 일이지만, 그가 비판적 사고를 정의하는 데 있어서 그 '성향' 요소들은 '능력' 요소들에 비해서 부당하게 소홀히 다루어지고 있다. 에니스가 열거하고 있는 능력 요소들의 목록은 대단히 상세하고 정교하게 만들어져 있으며 각 요소마다 설명이 붙어 있는 반면에, 성향 요소들은 각 요소에 대한 설명이 없이 그 이름들만으로 목록이 구성되어 있을 뿐이다. 결국 에니스의 비판적 사고 개념은 고도로 복잡하게 이루어져 있는 능력 요소들의 목록과 그 능력들의 실천에 대하여 간단히 주의를 환기시키는 것으

로 구성되어 있다는 것이다.[25]

시걸에 따르면, 비판적 사고에 관한 에니스의 논의에는 두 가지 불충분한 점이 있다. 첫 번째는 비판적 사고인들에게 자신이 지닌 비판적 사고 능력을 실지로 활용하고자 하는 성향이 있어야 한다면 이는 왜 그러한가 하는 것에 대한 설명이다. 시걸은 여기서 "왜 그러한 성향을 지니고 있어야 하는가"라고 질문하고 있지만, 이 질문은 "어떻게 해서 그러한 성향을 가지게 되는가"라는 질문으로 바꾸는 것이 훨씬 더 적절하며, 이는 이 절 초두에서 제기한 질문들 가운데 하나에 해당한다. 특정한 활동을 수행하는 성향이라는 것은 예컨대 그 활동을 제법 오랜 기간 동안 계속해서 반복함으로써 형성되는, 따라서 그 만큼의 기간이 지난 후에는 해당하는 상황에 처하면 행위자가 의식하지 않고도 자동적으로 동일한 활동이 이루어지는 그런 것을 말하는가? 혹은 그것은 그것이 시작되는 순간부터 행위자의 의식적인 노력을 동반하는 그 어떤 것인가? 특히 교육적 관점에서 이 질문은 대단히 중요하다. 왜냐하면, 만약 비판적 사고의 능력을 지니고 있는 사람이 항상 비판적으로 사고하는 것이 아니라든지 혹은 결코 비판적으로 사고하는 경우가 없다고 한다면, 당연히 그것은 왜 그러하며 어째서 그런 일이 발생하는가 하는 질문이 제기되기 마련이기 때문이다. 이 질문에 대한 시걸의 대답은 비판적 사고의 능력을 이미 지니고 있는 사람이 그 능력을 실지로 활용하는 것은 그가 비판적 사고의 가치를 인식하고 있기 때문이라는 것이다. 이 주장에서 시걸이 의미하는 바가 정확하게 무엇인지를 포착하기가 그리 쉽지는 않지만,[26] 적어도 여기서 시걸이 '실지로 비판적으로 사

25 Siegel, *Educating Reason*, 7.

고하려고 하는 성향'을 '실지로 그렇게 하는 것이 지니게 될 가치에 대한 인식'에 의해 설명하려고 하고 있다는 점은 분명한 것 같다. 이 점에 대한 논의는 이 절 말미에 가서 다시 진행하기로 하겠다.

시걸이 보기에 에니스가 자신의 논의에서 불충분하게 다루고 있는 두 번째 문제는 비판적 사고와 비판적 사고인 간의 구분, 다시 말하면, 비판적 사고라고 불리는 정신적 활동 그 자체와 그 활동을 수행하는 주체 혹은 행위자 간의 구분이다. 시걸의 주장에 따르면 비판적 사고에 대한 에니스의 정의는 이 둘 사이를 분명하게 구분하고 있지 않다. 그가 세밀하게 구분하고 설명해 놓은 능력 요소들은 명백히 비판적 사고활동에 관한 것이며, 그러한 능력들을 활용하는 성향은 그 활동들과는 구분되는, 그 활동들을 수행하는 행위자, 곧 비판적 사고인에 속하는 것이다. 시걸의 관점에서 보면 이 둘을 구분하는 일은 대단히 중요하다. 왜냐하면, 비판적 사고와 비판적 사고인을 구분함으로써 우리는 비판적 사고의 아이디어는 단지 어떤 활동을 비판적 사고로 간주할 것인가의 기준뿐만 아니라 어떤 사람을 비판적 사고인으로 지칭할 것인가의 기준 또한 제공한다는 사실

---

26 예를 들면, 능력을 지니고 있다는 것만으로는 가치와 아무 상관이 없는가? '비판적 사고의 가치'는 능력과 별도로 가르치고 배워야 하는 그 어떤 것인가? 능력이 가치를 지닌다는 것은 불가능한 일인가? 그 어떤 능력을 그것의 가치를 인식하지 않고 습득한다는 것이 가능한가? '비판적 사고의 가치'는 비판적 사고 능력을 실지로 활용하는 것의 가치이지 그것을 단지 지니고 있는 것의 가치를 의미하는 것이 아니라는 말인가? 비판적 사고의 가치를 인식하는 것은 실지로 비판적 사고를 행하는 데에 필요조건이 되는가? 비판적 사고 능력을 실지로 활용하는 일의 가치를 인식하고 나면 그 다음부터는 그 어느 때이건 예외 없이 그 능력을 활용하게 되는가? 그것의 가치를 인식하지 않더라도 실지로 비판적 사고를 행하는 것도 때로는 가능하지 않겠는가? 그 어떤 가치를 인식하는 일은 어떻게 가능한가? 그것은 인간의 자연적 반응인가? 비판적 사고의 가치를 포함하여 인간은 누구나가 그 어떤 대상 혹은 일의 가치를 인식하는 '능력과 성향'을 타고나는가?

에 주의를 집중할 수 있기 때문이다.

에니스에 대한 시겔의 비판은 명백히 비판적 사고활동—능력 혹은 기능 부분—과 그 활동을 수행하는 사람—성향 혹은 경향성 부분—을 모두 동시에 고려하는 비판적 사고의 개념을 확립하고자 하는 데에 그 의도가 있다. 이제 비판적 사고 개념에 대한 시겔의 논의는 비판적 사고활동 그 자체를 직접 정의하는 일 대신에 비판적으로 사고하는 사람의 특성이 어떠한가를 분석하는 일에서 시작된다. 비판적 사고인은 어떤 사람인가? 한 사람을 비판적 사고인으로 불리게 하는 특징들에는 어떤 것들이 있는가? 이 질문들에 대한 대답은 다음과 같다. 곧, "비판적 사고인은 이유에 의해 적절하게 움직이는 사람이다."[27] 한 사람이 이유에 의해서 적절하게 움직이려면, 그에게 그 어떤 인지적인 능력이 있어야 한다는 점, 곧 시겔의 용어로 말하면, 여러 다양한 상황에서 이유가 지닌 힘을 적절하게 진단하고 평가하는 능력을 지니고 있어야 한다는 점은 명백하다. 그런데 이와 동일한 정도로 중요한 것은 그가 그와 같이 진단하고 평가한 이유가 실천적 의미와 중요성을 지니고 있다는 점을 또한 받아들이지 않으면 안 된다는 점이다. 시겔은 이 후자의 요소를 '비판적 태도' 혹은 '비판적 정신'이라고 부른다. 여기서 필자의 관심은 이 후자의 요소가 무엇을 의미하는지, 그리고 이것이 비판적 사고의 기질적 측면을 얼마나 잘 설명하고 있는지 하는 것이다.

앞서 우리는 비판적 사고 논의에 성향의 요소가 개입된 것은 비판적 사고의 능력을 갖추었다는 점만으로는 실지로 비판적 사고를 수행할 것이라는 점을 보장하지 못하기 때문이라는 점을 논의한 바 있

27 Ibid., 23.

다. 비판적 사고 능력을 가진 사람이 그것을 실지로 수행하도록 하기 위해서는 부가적인 요소가 필요하다는 것이다. 그 어떤 활동이든지 그것을 할 수 있다는 점만으로는 그것을 실지로 행하기 위한 충분조건이 되지 못한다. 이 점은 현재 우리의 논의 맥락에서 특히 중요한데, 그것은 이 속에 교육의 가장 기본적인 아이디어, 곧 변화에 관한 아이디어가 포함되어 있기 때문이다. 실지로 학생들을 변화시키는 것이 학생들이 지닌 능력이 아니라 그들의 기질(disposition)이라고 한다면, 이제 우리는 학생들의 마음, 행동, 성격, 태도 등을 변화시키기 위해서 이것들과 관련된 기질을 학생들에게 길러 주어야 한다. 아닌 게 아니라 시겔은 그의 다른 글에서 이 점을 다음과 같이 지적하고 있다.

> 사고의 기질에 관해서 관심을 가지고 있는 학자들 대부분은 아니라 하더라도 그 중에 많은 학자들은 기질을 함양하는 것을 하나의 중요한 교육적 목적으로 본다. 왜 그러한가? 그것은 우리가 학생들에게 특정한 기질을 길러 주면 그들의 사고, 판단, 행위를 변화시킬 수 있기 때문이라고 생각하기 때문이다. … 기질을 육성하는 것이 교육적으로 유의미한 것은 우리가 학생들에게 길러주고자 하는 기질이 이와 같이 그들의 사고, 판단, 행위 등에 영향을 주기 때문이다.[28]

교육적인 맥락에서 기질이 대단히 중요하다는 점을 받아들인다고 할 때에 그 다음으로 제기되어야 할 질문은 특정한 방식으로 사고하는 기질이 있다거나 혹은 경향성이 있다는 말이 정확하게 무엇을

28 Harvey Siegel, "What (Good) Are Thinking Dispositions?" *Educational Theory* 49, no. 2 (1999): 215.

의미하는가 하는 것이다. 위의 논문에서 시걸은 기질(disposition)을 "특정한 상황에서 특정한 방식으로 행동하거나 행위하려는 성향, 경향성, 기호(嗜好)"[29]라고 정의하고 있다. 따라서, 당연하겠지만, 사고의 기질은 특정한 상황에서 특정한 방식으로 사고하는 성향, 경향성, 기질을 의미한다고 할 수 있다. '갑(甲)은 다른 사람의 말을 비판적으로 평가하는 기질 혹은 성향이 있다'는 말은 그가 지니고 있는 성향으로 볼 때 그와 같이 행위한다고 주장하는 말과 같으며, 그가 통상 혹은 일상적으로 그와 같이 행위한다는 사실이 바로 그러한 주장의 근거가 된다.

'기질' 요소에 대한 시걸의 논의에서 한 가지 주의를 기울여야 할 것은 기질 그 자체와 그것의 표현 간의 구분이다. 시걸은 이 구분을 설명하기 위해서 콰인(W. V. Quine)의 '설탕 비유'를 인용하는데, 그 설명은 이러하다. 곧, 설탕이 물에 녹는 성질은 그것이 물에 실지로 녹는 것과는 별개라는 것이다. 설탕은 물에 녹는 성질이 있다고 말할 때 우리는 그 설탕이 반드시 실지로 물에 녹고 있을 때만을 가리켜서 그렇게 말하는 것이 아니다. 유리병 속에 담겨 있는 설탕을 보고도 우리는 '저 설탕은 물에 녹는 성질이 있다'고 말한다. 따라서 "그 어떤 기질 혹은 성향을 가지고 있다는 것은 그 기질 혹은 성향이 현재 실지로 표현되고 있는 것과는 별도로 성립한다. … 그 기질이 표현되는가 그렇지 않은가는 그에 적절한 환경이나 조건이 갖춰져 있는가 그렇지 않은가에 따라 결정된다. 예컨대, 설탕의 경우에 포화상태가 아닌 적절한 온도의 액체에 담글 때 물에 녹는 기질이 표현되는 것이다."[30] 요컨대, 그 어떤 성향을 지니고 있다는 말은

29 Ibid., 209.

반드시 그 성향이 표현되고 있다는 말이 아니다. 한 사람에게 특정한 방향으로 행위하는 성향이 있다고 말하는 것은 그 사람이 현재 실지로 그렇게 행위하고 있는가 하는 것과 상관없이 성립한다.

그러나 이 시점에서 이 주장과 관련하여 적어도 세 가지 질문이 제기될 수 있다. 첫째, 그 어떤 성향 혹은 기질을 가지고 있다는 것이 그 성향 혹은 기질이 표현되는 것과 별개로 인지될 수 있다면, 우리는 어떻게 그것을 인지할 수 있는가? 이 질문에 대해서는 다음과 같이 대답할 수 있을 것이다. 우리가 설탕이 물에 녹는 성질을 지니고 있다는 것을 알 수 있는 것은 그것이 실지로 물에 녹는 현상을, 곧 그 성향의 표현을 목격하고 귀납적 추리에 의해 그것을 일반화하였기 때문이다. 다시 말하면, 설탕이 물에 녹는 성질을 지니고 있다고 말할 수 있는 것은 설탕이 그와 같은 성질을 지니고 있다고 말할 수 있을 만큼 충분히 자주, 설탕이 실지로 물에 녹는 것을 보았기 때문이다. 이와 마찬가지로 갑(甲)에게 다른 사람의 의견을 비판적으로 평가하는 성향이 있다고 우리가 말하는 것은 그만큼 자주 그가 그와 같은 방식으로 행위하는 것을 우리가 목격해 왔기 때문이다. 말하자면, 갑은 규칙적이고도 일상적으로 그와 같이 행위한다는 점을 보여 주는 증거가 우리에게 있기 때문이다.

이와 같은 대답은 다음과 같은 결론을 유도한다. 곧, 그 어떤 기질 혹은 성향을 갖고 있는가 그렇지 않은가 하는 것은 과학적인 방법으로 결정된다는 것이다. 나에게 그 어떤 성향이 있다는 말은 나에게 그러한 성향이 있다는 점을 일반화된 명제로 진술할 수 있을 정도로 빈번하게 내가 지금까지 그러한 방식으로 행위를 해 왔다는

30 Ibid., 210.

것을 의미한다. 한 사람에게 그 어떤 성향이 있다는 말은 과거에 특정한 상황에서 특정한 방식으로 이루어진 그의 행위를 귀납적인 방법으로 일반화한 결과를 진술한 것이다. 내가 그 사람에 대해서 그와 같은 귀납적인 지식을 갖고 있을 때, 이제 나는 그와 동일한 상황이 발생하였을 때 그가 어떻게 행위할 것이라는 것을 예측할 수 있다. 필자가 보기에 이와 같은 결론은 '기질 혹은 성향이 있다'는 말을 설탕이 물에 녹는 성질에 비유하여 설명하는 일로부터 자연스럽게 도출되는 결론이다.

둘째 질문은 기질 혹은 성향은 행위 주체가 특정한 상황에 처할 때 반복적으로 수행하는 행위방식을 일반화한 형태로 진술한 것이라고 할 때, 특정한 성향이 표현되는 바로 그 '상황'에 대한 것이다. 내게 팔짱을 끼는 성향이 있다는 말이 의미를 갖기 위해서는 어떨 때 내가 팔짱을 끼는 성향이 있는지, 다시 말하면 다른 사람의 의견에 동의하지 않을 때에 나는 팔짱을 끼는 성향이 있다고 말해야 하는 것과 같이, 그 어떤 성향에 대해서 진술할 때에는 그 성향이 표현되는 특정한 상황을 함께 말해야 한다. 그러므로 설탕의 경우에는 설탕을 '물에 넣는다'는 것을 말해야 한다. 설탕은 물에 넣었을 때, 혹은 그에 준하는 상황을 만났을 때 비로소 녹는 성향이 있다는 것이다. 설탕을 물에 넣었을 때 그것은 녹는다는 것을 알았으므로, 이제 설탕을 물에 넣는 것을 보았을 때 우리는 그 설탕은 곧 녹을 것이라는 것을 예측할 수 있다. 이 말은 곧 설탕의 '녹는 성향'을 보고 싶으면 그것을 물에 넣어야 한다는 말이다. 갑에게 다른 사람의 말을 비판적으로 평가하는 성향이 있는지를 알아보려면 그에게 그 어떤 의견을 말해 주고 그가 실지로 그것을 비판적으로 평가하는지를 봐야 한다. 문제는 이 시점에서 발생한다.

설탕의 용해와 같은 자연적 성질을 확인하기 위하여 그에 관련된 상황을 확인하고 재연하는 일은 비교적 간단하다. 단지 설탕 한 숟가락 정도를 투명한 유리컵에 담긴 물속에 집어넣기만 하면 될 것이다. 물론 여기에는 이 과정에서 통제하여야 할 몇 가지 요인들이 있다. 가령, 물의 온도는 몇 도에서 몇 도까지 되어야 한다든가, 물은 이미 포화상태가 아니어야 한다든가 하는 것들이다. 그러나 이와 같은 경우에도 우리는 그들 요인들을 필요한 만큼 통제할 수 있고 결국 설탕이 녹는 상황을 만들어 낼 수 있다. 다시 말하면, 우리는 정확하게 어떤 상황에서 설탕의 녹는 성향이 표현되는지를 알 수 있다는 것이다. 인간이 개입되었을 때에도 우리는 동일한 정도로 확실히 상황을 알 수 있는가?

아마도 우리 언어의 복잡성이라는 문제가 여기에 개재되어 있을 수 있다. 성향이라는 것은 단순히 반복적으로 이루어지는 행동을 가리키는 것은 아니라는 점을 지적하면서, 시걸은 동일한 성향이 상이한 행동들을 유발할 수도 있다고 설명한다. 예컨대, 순이가 지니고 있는 '권위에 도전하는 성향'은 다양한 맥락에서 다양한 형태로 표현될 수 있다. 권위적인 인물을 보면 이를테면 소리를 지른다든가, 비웃는다든가, 무시한다든가 하는 등으로 말이다. 시걸은 이들 행동들이 하나의 동일한 성향—권위에 도전하려는 성향—이 상이한 형태로 나타난 것이라고 주장하지만, 필자가 보기에 순이가 가지고 있는 '권위에 도전하려는 성향'이라는 것 자체가 특정한 행위 형태들과 연결 짓기에 너무 모호한 말이다. 달리 말하면, '권위에 도전하는 것'을 하나의 성향이라고 하고 나머지 '권위적인 인물을 보면 소리를 지른다거나, 조롱한다거나, 무시하는 것 등'을 그 성향이 상이하게 표현된 행동들이라고 하는 것이 맞는 말인지, 아니면 전자는 단순히 후자의 행동들을 집합적으로 이르는 어휘에 불과한 것인지가 그리 분명하지 않다는 것이다. 우리는 반드시 전자를 하나의 성향이라고 하고 후자는 그 성향이 다른 형태로 표현된 것들이라고 해야 하는가? 후자들에 대해서도 모두 각각을 하나의 성향—권위적인 인물을 보면 소리를 지르거나 비웃거나 무시하는 성향—이라고 말하는 것은 언어를 잘못 사용하는 것인가?

'상황'이라는 말의 모호성은 시걸이 앞에서 자신이 한 주장을 확장하여 "성향은 반드시 그 어떤 외현적 형태로 표현되어야만 하는 것은 아니다"[31]라고 하는 부분에서 보다 분명한 형태로 드러난다. 시걸이 든 예를 그대로 사용하면 다음과 같다. '나에게는 철학적 논쟁에 참여하려고 하는 성향이 있다. 그러나 나의 이 성향은 예컨대 피로나 분노나 호기심이나 기쁨이나 좌절감이나 성욕이나 식욕 등에 묻혀 버려서 결국에는 겉으로 드러나지 않을 수 있다.' 필자가 여기서 지적하고자 하는 것은 전형적으로 이와 같은 종류의 상황에서, 기질이라는 말은 시걸이 정의하는 것처럼 '특정한 상황하에서 특정한 방식으로 행동하려는 경향이나 성향 혹은 기호(嗜好)'라고 정의할 때, 특정한 기질이 정확하게 어떤 상황에서 표현되거나 혹은 표현되지 않거나 하는지를 알기가 쉽지 않다는 것이다. 이 정의에서 '상황'이라는 말은 순수하게 객관적인 의미를 지니고 있는가? 설탕이 물에 녹는 성질을 보이는 상황, 다시 말하면 설탕이 물에 녹는 상황은 순수하게 객관적인 상황이라고 할 수 있다. 설탕이 물에 녹을 때에 굳이 설탕 그 자체가 어떤 상태에 있는지를 고려할 필요는 없기 때문이다. 그러나 '철학적 논쟁에 참여하는 성향이 있는 철학자'의 경우는 사정

31 Ibid., 213.

이 이와 다르다. 철학적 논쟁에 참여하는 성향이 있는 것은 분명하지만, 오늘따라 피곤해서 혹은 화가 나서 혹은 성적인 충동을 느껴서 그렇게 하지 않는다고 할 때, 이와 같은 여러 다양한 심리적 상태들 또한 이 철학자가 철학적 논쟁에 참여하는 성향이 표현되는 그 '상황'을 구성하는 요소가 되는 것은 아닌가? 순이에게는 권위에 도전하는 성향이 있다. 그녀는 권위적인 인물을 만나면 소리를 지르거나 비웃거니 무시하거나 한다. 그러나 권위적인 인물을 만날 때에라도 그녀가 너무 피곤하거나 너무 기쁠 때에는 그 같은 행동을 하지 않는다. 그렇다면 적어도 행위자의 심리 상태 정도는 '특정한 성향이 표현되는 상황'을 구성하는 요소로 포함시켜야 하는 것이 아닌가? 만약 그래야 한다면, 이제 시걸의 진술, 곧 '내게는 철학적 논쟁에 참여하는 성향이 있지만 이 성향은 특히 내가 피곤할 때라든가 화가 나 있을 때라든가 성적인 충동을 느낄 때와 같은 때에는 표현되지 않는다'는 진술은 '철학적 논쟁에 참여하려는 내 성향은 내가 피곤하거나 화가 나 있거나 성적인 충동을 느낄 때를 제외하면 항상 표현된다'는 식으로 고쳐야 할 것이다. 그러나 이 경우, 그렇다면 우리는 특정한 성향이 표현되는 그러한 상황이라는 것들을 어느 정도나 구체적으로 기술하여야 하는가 하는 질문이 새로 제기될 수 있다. 그게 아니라면 여전히 우리는 여러 다양한 상황에서는 그것이 표현되지 않는데도 불구하고 누구에게는 이러저러한 기질이 있다고 말할 수 있는가? 우리는 왜 특정한 방식으로 한번도 행위한 적이 없는데도 불구하고 그렇게 행위하는 기질이 있다고 말해야 하는가?

마지막으로, 기질과 그것의 표현을 구분하는 시걸의 논점에 대한 세 번째 질문은 그 어떤 기질을 가진다는 것이 어떤 뜻인가에 관한 것이다. 시걸에 의하면, 기질이 교육적으로 중요한 것은 사람을 변화시킬 수 있는 비결이 그 속에 숨어 있기 때문이다. 학생의 행위에 직접적인 영향을 미치는 것은 기질이므로, 학생을 특정한 방향으로 변화시키고자 하는 교육자들은 기질에 대해서 관심을 가지지 않을 수 없다. 그러나 필자가 보기에 이것보다 더 중요한 것은 어떻게 하면 학생들로 하여금 이러저러한 기질을 가지게 할 것인가 하는 문제이다. 설탕이 어떻게 하여 물에 녹는 성질을 가지게 되었는지 하는 것은 비교적 분명해 보인다. 그것은 대자연에 의해서 그렇게 만들어졌기 때문일 것이다. 인식론적으로는 과학자들의 실험과 귀납적 추론에 의해서 그와 같은 성질을 '지니게' 되었다고 말할 수 있다. 그렇다면 우리 인간은 어떻게 하여 특정한 기질을 갖게 되는가? 그 어떤 외적인 영향에 의해서 결정되는 것인가, 아니면 그것은 인간의 내부로부터 발현되는 것인가? 그것은 유전적으로 결정되는가? 그것은 우리가 의식하는 과정이 없이 저절로 생기는 것인가, 아니면 그 어떤 기질을 가지기 위해서 우리는 특별한 노력을 기울여야 하는가? 이와 같은 질문들을 명시적으로 다룬 것은 아니지만, 시걸은 여기저기에서 산발적으로 그 해답에 대한 실마리를 제공하고 있다.

이 절 초두에서 언급한 바와 같이, 시걸은 자신의 *Educating Reason*에서 에니스가 비판적 사고의 성향 측면, 특히 비판적으로 사고하는 사람들은 왜 그러한 성향을 지니고 있는가 하는 점에 주의를 기울이지 않은 점을 비판하고, 그것은 그들이 비판적 사고의 가치를 인식하기 때문이라고 스스로 답변하고 있다. 시걸은 이 점에 대해서 더 이상 논의를 진행하고 있지 않지만, 그의 이 논의는 현재 맥락에서 우리가 하고 있는 질문, 곧 사람들은 어떻게 해서 이러저러한 기질을 가지게 되는가 하는 질문에 대해서 중요한 실마리를 제공하고 있다.

사람들이 특정한 방식으로 행위하는 기질 혹은 성향을 지니게 되는 것은 그렇게 행위하는 것이 가치있다고 인식하기 때문이다. '특정한 방식으로 행위하는 경향이 있다'는 말을 '특정한 방식으로 행위하는 것의 가치를 인식한다'는 말과 연결 짓는 것이 틀린 것이 아니라면, 다시 말하면 전자를 후자를 통해서 설명하는 것이 틀린 것이 아니라면, 이제 기질은 그것에 대해서 아무런 지식이 없이 획득하는 그 어떤 것이거나 혹은 행위를 순전히 습관적으로 반복함으로써 획득하게 되는 그런 것이 결코 될 수 없다. 그것은 오랜 기간 동안, 체계적이고 잘 계획된 지적 노력의 과정을 거쳐서 비로소 획득하게 되는 그 어떤 것이다. 만약 기질이 그와 같은 것이라면, 우리는 여전히 그것을 '기질'(disposition)이라고 불러야 하는가? 우리는 왜 비판적 사고인은 '그냥' 비판적으로 사고한다고 하지 않고 비판적으로 사고하는 기질을 지녔다고 해야 하는가? 학생들은 비판적으로 사고하는 기질을 지녀야 한다고 말하지 않고, 학생들은 비판적으로 사고하는 것이 중요하기 때문에 비판적으로 사고하여야 한다고 말할 때 우리는 어떤 점을 못 보고 놓치게 되는가? 비판적 사고, 보다 일반적으로 합리성이 우리가 학생들에게 가르쳐야 되는 그 무엇이라고 한다면, 그것을 '기질'이라고 보는 방법 이외에 다른 식으로 그것을 개념화하는 방법이 있어야 하는 것은 아닌가?

필자가 보기에, 우리 인간에게 진짜로 이러저러한 방향으로 행위하는 성향 혹은 기질이 있고 그 기질이라는 것이 하나의 추상이 아니라 진짜로 우리가 지니고 있는 그 어떤 것이라고 하더라도, 우리가 특정한 방향으로 행위를 하는 것은 그것 때문이라고 할 수 없다. 시걸이 실로 아이러니컬하게 지적하고 있는 것처럼, 기질이라는 것은 반드시 표현되어야 하는 것도 아니요 그 어떤 행위를 유발하여야 하는 것도 아니다. 달리 말하면, 우리는 항상 우리의 기질대로 행위하는 것이 아니라는 것이다. 우리의 행위에 영향을 미치는 요인들은 너무나도 많다. 사람들이 일반적으로 그러한 성향이 있어서 그런 것인지는 불확실하지만, 우리는 대체로 법률이 정해 놓은 기준에 따라 행위하며, 그러나 때때로 그것을 위반하기도 한다. 우리는 매일의 삶을 살면서 여러 가지 다양한 목적을 설정해 두고 그러한 목적을 성취하기 위해 노력한다. 우리는 예컨대 아버지로서 혹은 학생으로서 혹은 노동자로서, 우리 각자에게 부여된 사회적 기대를 충족시키는 방향으로 행위한다. 그리고 앞서 언급한 바와 같이 우리는 우리가 가치 있다고 여기는 기준에 따라 행위한다. 시걸의 주장대로 우리는 반드시 실지 행동으로 표현되지는 않는 그 어떤 기질을 지니고 있는 것이 아니다. 우리가 실지로 이러저러하게 행위하는 데에는 수많은 이유가 작용하며, 기질은 그 이유들 가운데 하나일 뿐이라는 것이다.

보편적 기준으로서의 합리성

비판적 사고에 관한 시걸의 논의에서 가장 눈에 띄는 부분은 아마도 합리성을 하나의 보편적 개념으로 규정하고자 하는 시도일 것이다. 시걸의 관점에서 '좋은 이유'와 '좋지 않은 이유'를 가르는 기준은 시대와 장소, 심지어 그것이 어떤 영역인가를 막론하고 모두 동일한 방식으로 성립한다. 상이한 문화권에 사는 사람들도 서로 공통적인 기준을 갖고 있으며 따라서 동일한 방식으로 자신의 판단과 행위를 계획하고 판단하며 정당화한다. 어느 한 주제 영역에서 좋은 것으로 혹은 선한 것으로 판단된 행위는 다른 주제 영역에서도 마찬가지로 좋은 것으로 혹은 선한 것으로 판단된다. 시걸의 주장에 따르면, 이는 좋은 이유와 그렇지 않은 이유를 판단하는 인식론적 기준은 어떤 문화권에서건, 어떤 주제 영역에서건 동일하기 때문이다.

합리성에 대한 이러한 보편주의적 관점은 다시 상대주의에 대한 시걸의 근본적인 부정과 연결된다. 비판적 사고의 기반이 되는 인식론을 따르는 사람이라면 한편으로는 상대주의를 부정하고 다른 한편으로는 절대주의를 지지하여야 한다고 시걸은 주장한다. 시걸은 하나의 교실 상황의 예를 들어 상대주의적 주장은 필시 자기모순을 범할 수밖에 없다는 점을 보임으로써 상대주의의 오류를 지적한다. 이 절에서는 이와 같은 시걸의 반상대주의적 주장을 그의 두 저서—*Educating Reason*과 *Rationality Refuted?*[32]—를 통해서 검토하고, 합리성 개념과 관련하여 보편주의와 상대주의는 각각 어떻게 규정되며, 시걸은 어떤 식으로 보편주의를 옹호하고 상대주의를 부정하는지를 분석할 것이다.

앞선 논의에서 언급하였듯이 시걸은 비판적 사고를 합리성과 동일한 것으로 간주한다. 비판적으로 행위한다는 말은 곧 합리적으로 행위한다는 말과 같다. 그리고 합리적으로 행위한다는 말은 이유에 따라 행위한다는 말과 같다. 합리적이라는 말의 의미 속에는 행위 주체가 현재 수행하고 있는 일이 무엇이며 왜 그 행위를 하고 있는지를 알고 있어야 한다는 것이 포함되어 있다. 따라서 합리적인 사

32 Harvey Siegel, *Rationality Refuted?: Further Dialogues on an Educational Ideal* (New York: Routledge, 1997).

람은 자신이 행하고 있는 일의 이유를 제시할 수 있어야 한다. 이 과정은 대체로 자신의 행위를 그 어떤 기준과 연결 짓는 방식으로 이루어진다. '이유를 제시'하는 것—정당화—은 '왜냐하면 이러저러하기 때문이다'라는 형태로 자신의 행위에 관해 진술하는 것이다. 그러므로 합리적이기 위해서는 내가 현재 하고 있는 일이 무엇이며 그것을 왜 하고 있는지를 제시할 수 있어야 한다. 요컨대, 합리적인 사람은 자신의 행위를 정당화할 수 있는 사람을 가리킨다.

다른 사람의 행위를 판단하는 데에 적용되는 기준은 행위자 자신의 입장에서 보면 행위자가 자신의 행위를 정당화하는 기준이 된다. 시걸의 논의에서 이와 같은 기준은 행위자가 자신의 행위를 정당화할 때 따르게 되는 일련의 원리가 된다. 따라서 합리적 행위자가 되려면, 일련의 원리에 따라 행위하여야 하고 그 원리에 따라 자신의 행위를 정당화할 수 있어야 한다. '합리적'이라는 말은 이유를 탐색하는 일에 일관성이 있으되, 그 탐색의 과정을 내적 요소들이 논리적으로 연결되어 있는 일련의 원리에 따라 진행하는 것을 의미한다.

시걸은 위와 같이 주장하는 가운데 그 내용 영역의 종류에 상관없이 성립하는 원리들이 있을 수 있다고 주장한다. '내용 중립적인' 원리들의 전형은 보통, 형식논리와 비형식논리를 모두 포함하여, '논리적인' 규칙과 관련된 원리들을 가리킨다. 귀납적 추리를 정확하게 수행하거나 오류를 피하거나 연역적 추리를 정확하게 수행하거나 하는 것들에 관한 원리가 그 예가 될 수 있다. 필자가 보기에, 시걸의 주장대로 그 내용이 어떤 것이든지 간에 그들 상이한 내용들로부터 공통된 추리의 과정을 추상해 내는 일은 결코 불가능한 일이 아닌 것 같다. 시걸에 따르면, '좋은 이유'를 탐색하는 일은 그것이 어떤 내용 영역에서 이루어지는지 하는 것과 상관이 없다. 물론 상이한 내용 영역에서 정당화의 근거로 제시되는 이유들의 종류는 다르겠지만—이는 내용 영역이 서로 다르기 때문이며 너무도 당연한 말이다—그들 이유가 왜 '좋은 이유'로 선택되었는지 하는 것은 모든 내용 영역에서 동일하다. 탐구의 영역이 어떤 것이든지 간에 각각의 영역에서 좋은 정당화의 근거를 찾는 일에 관여하는 우리의 인식론은 동일하기 때문이다.

바로 이 점이 시걸이 말하는 보편주의를 이해하는 데 주된 열쇠로 작용한다. 시걸은 "비판적 판단은 … 그 판단에 작용하는 기준이 보편적이고 객관적이라는 점, 그리고 그 점에서 구속력이 있다는 점을 가정하고 있다"[33]고 주장한다. 다시 말하면, 보편적 판단 기준의 존재는 비판적 사고가 가능하기 위한 논리적 가정이 된다. 보편적 기준이 존재하지 않는다면 비판적으로 사고하는 것, 합리적으로 사고하는 일 등은 애당초 불가능하다는 것이다. 이러한 보편적 기준은 우리가 합리적인 사고를 하려고 하는 한, 무슨 일에 종사하고 있든, 어디에 있든, 어느 시대에 살고 있든 간에 상관없이 적용된다. 이는 합리성이라는 것은 동일한 인식론을 기반으로 하고 있기 때문이다. 어느 내용 영역을 다루고 있건 간에 좋은 이유를 선택하게 하는 원리는 동일하다는 것이다.

시걸은 다음과 같은 간단한 예를 통해 이 점을 설명한다.

> 내 차의 연료 계기판 바늘이 'E'(Empty)를 가리키고 있다. 나는 이것을 보고 내 차 연료탱크가 비었다고 판단하게 된다. 또한 운전석의 다른 계기판

---

33 Siegel, *Educating Reason*, 34.

에 불이 들어온 것을 보고 나는 차문 어느 하나를 완전히 닫지 않았다거나, 배터리가 나갔다는 것을 알게 된다. 그런데 이들 경우에, 연료탱크가 비었다는 것과 배터리가 나갔다는 것은 결코 '상이한 인식론'을 통해서 도달하게 된 결론이 아니다. 동일한 이유—여기서는 운전석 계기판에 켜진 여러 경고등—가 이 모든 판단들에 똑같이 작용하고 있는 것이다.[34]

이 예에는 두 가지, 종류가 다른 내용 영역이 등장한다. 하나는 '연료가 다 떨어졌다고 판단'하는 내용 영역이며, 다른 하나는 '배터리가 방전되었다고 판단'하는 내용 영역이다. 그런데 연료 계기판의 바늘이 'E'를 가리키고 있는 것을 보고 연료가 다 떨어졌다고 추론하는 일은 배터리 경고등을 보고 배터리가 죽었다고 추론하는 일과 그 성격이 다르지 않다. 그러므로 우리는 각각의 서로 다른 결론에 도달하는 과정에서 동일한 추론의 과정을 거친 것이 된다. 시걸에 따르면, "현재 주장하고자 하는 것이 어떤 주장인가에 따라서 다른 종류의 기준이 적용되는 것은 사실이지만, 그러한 기준이 적용되는 데에는 모두 공통적인 인식론이 작용한다."[35] 어떻게 해서 이러저러하게 서로 다른 이유들이 각각의 내용 영역에서 모두 좋은 이유로 간주되며, 왜 그러한가 하는 것은 그 내용 영역들의 상이함과 상관없이 동일하다. 각각의 영역에서 이유가 적절한지 아닌지를 판단하는 일은 보편적으로 동일하다.

시걸의 '보편적 인식론 주장'은 이 점에서 '좋은 이유와 좋은 이유를 사정(査定)하는 일'은 영역에 따라 달라진다고 하는 맥펙(John McPeck)의 주장과 차이를 보인다. 맥펙에 따르면, 비판적 사고는 예

---

34 Siegel, *Rationality Redeemed?*, 32.
35 Ibid., 32.

외 없이 그 어떤 특정한 내용 영역에서 가능하며, 따라서 어느 한 영역에서 비판적으로 사고하는 사람이 이와 다른 영역에서도 반드시 비판적으로 사고한다고 믿어야 할 이유는 없다.[36] 맥펙의 관점에서 보면, '인식론'이라는 말은 여러 다양한 신념 영역에서 그러한 신념들을 지니게 된 '좋은 이유'를 분석하는 일을 가리키는 말이며, 이 경우 그와 같은 '좋은 이유'의 개념과 그들 '좋은 이유'를 선택하게 하는 기준들은 그것이 어떤 종류의 신념인가에 따라 제각각 다를 수 있다. 그러므로 '인식론'이 무엇인가 하는 것은 현재 우리가 어떤 내용 영역을 대상으로 하고 있는가에 따라 달리 결정된다.

> 지식에 서로 다른 종류가 있는 것과 마찬가지로, 이유에도 서로 다른 종류가 있을 수 있으며, 그것들을 정당화하는 과정과 그 증거도 또한 다를 수 있다. 한 신념 영역에서 좋은 이유로 판단되었던 것이 경우에 따라서는 전혀 다른 종류의 신념을 지지하는 아주 나쁜 이유로 둔갑할 수 있다. … 그 어떤 내용 영역에서건, 좋은 이유가 어떤 것인지를 이해하기 위해서 최소한으로 충족되어야 할 조건은 그러한 좋은 이유를 표현하고 있는 그 영역에 특수한 언어를 충분히 이해하고 있지 않으면 안 된다는 점이다. 다시 말하면, 특정 영역에서 좋은 이유들을 찾는 일에는 해당되는 진술의 의미를 이해하는 일이 전제조건이 된다.[37]

따라서 중요한 것은 진술들 간의 논리적—혹은 문장론적—관계가 아니라, 그 진술의 의미—혹은 의미론적 내용—가 된다. 인식론

---

36 McPeck, *Critical Thinking and Education*, 7; John E. McPeck, "Critical Thinking and the 'Trivial Pursuit' Theory of Knowledge," in *Rethinking Reason: New Perspectives in Critical Thinking*, ed. Kerry S. Walters (Albany: State University of New York Press, 1994), 102.

37 McPeck, *Critical Thinking and Education*, 23.

또한 이와 마찬가지로 진술이나 주장의 의미론적 측면을 보다 중점적으로 다루어야 한다.

그러나 시걸이 보기에, 이와 같은 맥펙의 주장은 받아들이기 힘든 주장이다. 맥펙은 '이유'와 '인식론'의 성격을 잘못 이해하고 있기 때문이다. 시걸에 따르면, "좋은 이유를 사정하는 기준들이 내용 영역에 따라 체계적으로 상이할 수 있다는 점이 사실이라고 하더라도, 그 점을 근거로 상이한 내용 영역에는 제각각 다른 인식론이 작용한다고 결론지을 수는 없다."[38] 다만, 내용이 서로 다른 주장들은 각각의 주장에 맞는 상이한 종류의 증거를 필요로 할 뿐이며, 이런 경우에도 그들 간의 차이가 내용 영역에 따라서 체계적으로 달라지는 것은 아니다. 차이는 증거의 종류에 있어서의 차이일 뿐이며, 각각의 영역에서 증거를 채택하는 데에 작용하는 인식론이 다르다는 말은 결코 아니라는 것이다.

시걸은 맥펙이 '인식론'이라는 말을 사용하는 용법은 다분히 혼란스럽기까지 하다고 주장한다. 맥펙은 "신념이 다르면 각각의 신념을 뒷받침하는 이유도 상이하며, 따라서 어느 내용 영역이냐에 따라서 그 상이한 종류의 수만큼 다양한 인식론이 존재한다"고 주장한다.[39] 그러나 시걸의 관점은 이것과 사뭇 다르다. 시걸에 따르면, 인식론은 근거, 이유, 정당화에 관한 일반적 탐구 분야를 가리키는 이름이다. 그러므로 예컨대 '과학의 인식론' 같은 것이 있어서 이것은 다른 영역에서의 인식론과 완전히 별개의 인식론이라고 생각하는 것은 잘못이다. 물론 과학을 배우고 있는 학생은 과학적 증거를

---

38 Siegel, *Rationality Redeemed?*, 31.
39 Siegel, *Educating Reason*, 36. 맥펙의 이 주장은 McPeck, *Critical Thinking and Education*, 155에서 재인용된 것이다.

사정하는 데 적용되는 특수한 원리와 기준들을 이해하기 위해 노력하여야 한다는 점에는 틀린 것이 없으나, 이보다 중요한 것은 그와 같은 이해는 그러한 증거, 이유, 정당화 과정 일반에 대한 보다 깊은 이해를 통해서 보완되어야 한다는 점이다. 이 점에서 '인식론'에 대한 맥펙의 이해는 인식론의 의미를 지나치게 협소하게 규정하고 있다고 시걸은 주장한다.

> 비판적 사고에 대한 맥펙식의 인식론적 접근은 '인식론적 접근' 그 자체의 의미를 충분히 이해하지 못한 결과라고 보아야 한다. 왜냐하면 그의 접근에서는 '이유, 근거, 정당화에 대한 탐색'으로서의 인식론은 그가 '특정 주제에서의 인식론'으로 설명하고 있는, 특정한 내용에 있어서의 이유의 타당성을 분석하는 일이 가능하기 위한 토대를 제공한다는 점을 인식하지 못하고 있기 때문이다.[40]

시걸이 주장하고자 하는 바는, 그것이 수학이든지 아니면 사회과학이든지 아니면 예술이든지, 그 어떤 이유가 좋은 이유인지 아닌지를 이해하려면 '이유'라고 하는 것 그 자체의 일반적인 성격을 먼저 이해하는 일이 반드시 필요하다는 것이다.

앞선 논의에서 우리는 비판적 사고는 이유에 의한 사고를 의미하고 이 이유라는 것들은 그것들을 통제하는 원리에 따라 사정되어야 한다는 점에서, 비판적으로 사고하는 사람은 원리에 따라 사고하는 사람이라고 한 적이 있다. 그런데 맥펙에 대한 시걸의 비판에서 포착할 수 있는 한 가지는 그와 같은 원리는 크게 '내용 상관적인' (subject-specific) 원리와 '내용 중립적인'(subject-neutral) 원리라는

---

40 Siegel, *Educating Reason*, 37.

두 종류의 원리로 구분될 수 있다는 점이다. 내용 상관적인 원리는 말 그대로 특수한 내용 영역이나 탐구 분야에만 적용되는 원리이다. 예를 들면, "소립자 물리학에서 거품상자 사진을 적절하게 해석하는 원리라든가, 혹은 예술 작품이나 소설이나 역사적 문건(文件)이나 욕실의 배관설비 디자인을 평가하는 활동을 통제하는 원리"[41] 따위가 여기에 해당한다. 다른 한편으로 내용 중립적인 원리는 우리가 통상, 형식적인 것과 비형식적인 것을 통틀어서 '논리적인' 것으로 칭하는 원리들, "예컨대 귀납적 추리에 관한 원리나 오류를 피하는 원리, 혹은 연역적 추리에 관한 원리들"[42]이 여기에 해당한다. 시걸은 이 두 가지 원리 가운데 비판적 사고를 수행하는 데에 어느 것이 더 기본적이거나 원천적인지를 우리는 사전에 알 수 없다고 언급한다.

시걸이 내용 상관적인 원리와 내용 중립적인 원리를 서로 구분하는 것은 룩스(Steven Lukes)가 두 가지 종류의 합리성의 기준을 구분한 것과 매우 유사하다. 룩스에 따르면, 합리성의 기준에는 '보편적인' 기준과 '맥락 의존적인' 기준이 있는데, 전자는 그야말로 모든 맥락에 적용되는 기준이요, 후자는 특정한 맥락에서만 발견되는 기준이다.[43] 그런데 인류학자 한슨(F. Allan Hanson)은 룩스의 첫 번째 기준을 비판적으로 해석하여 그것의 범위를 부정(negation), 동일률, 모순률 등과 같은 순수하게 형식적인 기준에 국한한다. 여기서 한슨의 의도는 명백히 이방인들의 신념과 행위를 연구하는 일과 관련하여 맥락 의존적인 합리성의 중요성을 부각시키는 데에 있다.

---

41 Ibid., 35.

42 Ibid., 35-6.

43 F. Allan Hanson, *Meaning in Culture* (London: Routledge & Kegan Paul, 1975), 50.

처음에 우리에게 비합리적인 것으로 보이는 신념들은 필시 그 어떤 보편적인 기준을 적용했기 때문에 그렇게 보이는 것이다. 그러나 우리는 이와 동시에 맥락 의존적인 기준을 찾아내어 그것이 어떤 것인지를 확인할 수 있고 그것에 따라, 이전에는 비합리적인 것으로 보였던 신념이 이제는 합리적인 것으로 해석될 수 있는 가능성을 발견할 수 있다.

… 그 어떤 (관습적인) 신념을 경험적으로 정당화된, 검증 가능한 과학적 가설이나 혹은 '상식'과 일관되지 않는다는 의미에서 비합리적인 것으로 간주할 수도 있겠지만, 그것이 그 자체의 내적 일관성을 어느 정도 유지하고 있는가 하는 기준에서 보면 결코 비합리적이지 않다. 마치 음악이나 드라마 등과 같은 예술 작품들에서 볼 수 있는 것처럼, 그 신념 체계 자체 내에서 개념 요소들이 서로 연결되고 분류되어 있는 방식은—비록 '과학적'이지는 않을지 모르지만—그 나름으로 완벽한 의미를 제공할 수 있다.[44]

한슨은 여기서 맥락 의존적인 합리성의 개념은 우리가 의미라고 지칭하는 것과 전혀 다를 바가 없는 것이라고 말하고 있다. 약간 복잡하게 표현해 보면, 그것은 여러 신념들이 서로 간에 관계를 맺고 있을 때, 여러 신념과 관례들이 그 어떤 양식이나 체계를 이루면서 조직될 때, 그것들이 '함의하고 있는 바의 의미'라고 할 수 있다. 상이한 문화들 속에서 발견되는 신념 체계들은 우리가 그것들의 의미를 이해했을 때 비로소 우리에게 합리적인 것으로 받아들여질 수 있다. 따라서 한슨의 논의에서, 이방인들의 신념 체계의 합리성에 관한 질문은 곧 그것들의 의미를 묻는 질문이라고 할 수 있다. 그것들이 합리적인가 그렇지 않은가의 문제는 "그 신념들이 서로 간에 어떻게 관련되어 있는지, 곧 그것들이 상호 어떻게 논리적으로 연

44 Ibid.

결되어 있는지를 확인함으로써"[45] 결정될 수 있다.

'내용 중립적인 것' 대 '내용 상관적인 것' 혹은 '보편적인 것' 대 '맥락 의존적인 것'에 관련된 논의에서 발견되는 시겔과 한슨 간의 가장 큰 차이는 이들 두 사람이 각각의 구분으로 무엇을 말하고자 하는가일 것이다. '보편적인 것' 대 '맥락 의존적인 것' 간의 구분을 통하여 한슨이 말하고자 하는 바는 맥락 의존적인 합리성의 가능성을 우리는 결코 부정할 수 없다는 점, 그리고 바로 이 가능성 때문에 우리는 다른 문화를 이해할 수 있다는 점이다. 한편, 시겔은 내용 중립적인 것과 내용 상관적인 것 간의 구분을 통하여 내용 중립적인 원리의 중요성을 강조하고 그렇게 함으로써 합리성 개념의 보편주의적 측면을 묘사하고자 한다. 시겔은 이유의 타당성을 진단하는 일에 있어서 내용 상관적인 기준이 적용될 수 있다는 점을 인정하기는 하되, 그 점을 근거로 인식론적 상대주의를 정당화하는 것에는 찬성하지 않는다. 적어도 표면적으로 시겔은 상대주의를 매우 강력하게 반대하며, 더불어 상대주의적 주장이 자기모순을 범하고 있다는 점을 성공적으로 입증하고 있다고 주장한다.

그러나 필자가 보기에, 합리성에 관한 시겔의 '보편주의적' 주장은 합리성에 관한 우리의 논의를 오도(誤導)할 가능성이 있다. 가장 먼저 지적되어야 할 점은 우리의 행위가 합리성의 아이디어를 토대로 하여 이루어진다고 할 때 여러 다양한 대안들 가운데 어떤 행위를 선택하여야 할지를 충분히 안내해 주지 않는다는 점이다. 이는 시겔의 합리성 개념은 합리적인 것과 비합리적인 것을 구분하게 하기는 하지만, 상이한 종류의 합리성들 간의 비중을 구분케 하는 원리를 제

---

45 Ibid., 50-1.

공해 주지 않는다는 점 때문이다. 시걸의 보편주의적 아이디어는 한편으로 서로 다른 내용 영역들에 공통적인 합리성 개념이 존재한다는 점을 주장한다. 그러나 이 주장은 그것을 뒤집어 보면 그 어떤 내용 영역이든지 나름대로의 합리성이 존재한다는 주장과 같다. 내용 영역의 종류에 상관없이 적용되는 '일반적 인식론'에 따라 연료 계기판의 바늘이 'E'를 가리키고 있는 것을 보고 내 차의 연료가 떨어졌다고 판단하는 일과 배터리 경고등이 켜져 있는 것을 보고 배터리가 방전되었다고 판단하는 일은 모두 합리적인 판단이다. 그러나 우리가 일상생활에서 겪게 되는 대부분의 실천적 상황들은 이와 같이 자동차 계기판을 읽고 판단하는 것과 같이 분명한 상황들이 아니다. 한 가지 상황에 여러 가지의 상이한 내용 영역들이 개재되어 있는 경우가 허다하다. 형사 사건 하나에 법률적 상황은 물론이고 도덕적 상황, 정치적 상황 등이 개입되어 있는 경우가 충분히 있을 수 있다. 시걸의 형식적 개념은 그와 같이 여러 다양한 상황이 중첩되어 있는 경우에 그들 중에 어느 것을 가장 적절한 것으로 고려하여야 할지를 안내해 주지 않는다는 맹점을 갖고 있다. 우리는 시걸이 말하고 있는 것과 같은 형식적 혹은 비형식적 논리에 따라서 합리적으로 사고한다. 그러나 문제는 그러한 형식적 혹은 비형식적 논리가 종류가 다른 내용 영역들에 동일하게 적용된다는 데에 있다. 우리가 당면하고 있는 문제는 비합리적인 상황을 어떻게 처리할 것인가 하는 것이 아니라, 여러 다양한 종류의 합리적인 상황들을 어떻게 처리할 것인가 하는 것이다. 문제는 그 어떤 대상이 합리적인가 비합리적인가 하는 것이 아니라, 그것이 어떤 맥락에서 합리적인가 하는 것이다.

합리성과 상대주의

시걸의 보편주의적 주장에서 발견할 수 있는 한 가지 흥미로운 점은 그의 강력한 반상대주의(反相對主義)이다. 바꾸어 말하면, 합리성에 관한 시걸의 논의는 절대주의적 관점을 반영하고 있는데, 이는 그의 인식론이 "그 어떤 주장의 근거로 제시된 이유가 좋은 이유인가 그렇지 않은가 하는 것은 그 이유를 누가, 언제, 어느 문화권에서 제시하였는가에 상관이 없으며, 단지 그 이유의 타당성을 사정하는 데 동원된 기준과 증거의 적절성에 의해서 결정된다"[46]고 주장하고 있다는 점에서 그러하다. 이 주장은 앞서 시걸이 내용 중립적인 것과 내용 상관적인 것을 구분할 때 했던 주장과 크게 다르지 않다. 시걸이 보기에 내용 상관적인 것은 우리의 합리적 사고과정에 그다지 중요하게 작용하지 않으며, 설사 그것을 불가피하게 고려하여야 할 때에라도 그것이 상대주의적 경향을 유발할 정도로 심각하게 고려되어서는 안 된다. 시걸의 논의에서 상대주의는 어떤 이유 때문에 부정되고 있는가?

시걸이 상대주의를 인정하지 않는 것은 상대주의는 비판적 사고의 개념과 논리적으로 모순을 일으키기 때문이다. 비판적 사고를 수행하는 일이 가능하려면 우리는 상대주의를 거부하여야 한다. 왜냐하면, 상대주의는 일반적 기준의 존재를 인정하지 않기 때문이다. 판단의 주체가 그 어떤 타자의 주장을 평가하는 일이 가능하기 위해서는 판단을 행하는 사람과 그 판단의 대상이 되는 타자의 주장에

46 Siegel, *Rationality Redeemed?*, 34.

공통적으로 적용되는 일반적 기준의 존재를 상정하지 않으면 안 된다. 그러한 일반적 기준을 상정하지 않는다면 다른 사람의 주장을 합리적이라든가 비합리적이라든가 하는 식으로 평가하는 일 자체가 무의미해진다. 이 점은 특히 교육활동의 영역에서 중요하다. 교육활동 영역에서는 교사가 학생에 비하여 합리적 사고의 능력이 더 우수하며 그 점에서 여러 이유들 가운데 어느 것이 다른 것보다 더 타당한지를 사정하는 일을 학생들보다 훨씬 더 잘한다는 점을 상정하여야 하기 때문이다.

> 이유의 타당성이 상대적으로 성립하는 것이라고 한다면, 우리는 이제 어느 한 주장이 다른 것보다 더 좋은 주장이라는 말을 할 수 없게 된다. 더 나아가, 우리는 이제 한 사람의 교사로서 우리가 지니고 있는 판단의 기준들이 우리가 가르치는 학생들의 판단 기준에 비해 더 타당한 것이라고 말할 수 없게 된다.
>
> 학생들로 하여금 비판적으로 사고하도록 가르친다는 말이 의미가 있으려면, 우리는 이성적으로 사고하는 사람들 모두에게 공통적으로 적용되는 기준이 있다는 점, 우리의 판단이 얼마나 타당한가 하는 것은 바로 그 공통된 기준에 의해서 결정된다는 점, 그리고 학생들이 그런 공통된 기준에 정통하여 그것들을 자신의 사고에 자유롭게 활용하는 일이 좋은 일이라는 점을 받아들이지 않으면 안 된다.[47]

아닌 게 아니라 비판적 사고라는 것이 공통된 혹은 일반적인 기준을 상정할 때에라야 비로소 가능한 것이라고 한다면, 상대주의는 비판적 사고와 양립할 수 없다고 보아야 한다. 달리 말해, 만약 '상

---

47 Ibid., 20.

대주의'가 인간이 수행하는 판단의 양식에 관한 개념이고 따라서 그것이 우리가 그 어떤 대상에 대하여 판단을 행할 때 따라야 할 특정한 기준을 처방한 것이라고 한다면, 그것은 시걸이 말하고 있는 비판적 사고의 개념과 갈등을 일으킬 수밖에 없다. 왜냐하면, 시걸은 비판적 사고의 개념에 절대주의적인 의미를 부여하려고 하고 있으며, 이 절대주의적 의미는 판단의 주체에게 특정한 판단의 기준을 지니도록 요청하고 있기 때문이다.

어떤 의미에서 보면, 판단이라거나 평가라거나 하는 것 자체가 상대주의적 주장과는 어울리지 않는다고 보아야 한다. 예컨대, 갑이라는 사람이 을이라는 사람을 평가할 때 갑은 자신의 기준을 을에게 적용한다. 갑이 자신의 기준을 을에게 적용하는 이 과정을 부정하게 되면, 다시 말해 을이 갑의 기준을 무시하고 또한 그것이 허용된다고 하면, 갑이 을을 평가하는 일 자체가 무의미해지고 만다. 무언가를 평가한다는 말은 그 자체에 평가를 수행하는 쪽과 그 대상에 공통적인 기준이 적용된다는 점을 가정한다.

상대주의에 대한 시걸의 비판은 바로 이 점을 지적하고 있다. 시걸은 상대주의적 주장이 일종의 딜레마를 유발하는 것을 보임으로써 상대주의가 자기모순에 빠질 수밖에 없다고 주장한다. 갑이 다음과 같은 상대주의적 논제를 하나 제시한다고 하자. '좋은 이유와 나쁜 이유를 결정하는 일에는 옳다거나 그르다거나 하는 말이 있을 수 없다. 그와 같은 판단은 그저 단순한 의견에 불과하다.' 이와 같은 상대주의적 논제에 대해서 우리는 다음과 같이 반문할 수 있다. '그렇다면 방금 당신이 제기한 그 주장은 어떤가? 그 주장은 옳은 주장인가 아니면 그른 주장인가?' 그런데 이 질문에 대한 갑의 대답—자신의 주장이 '옳은' 주장이라거나 혹은 '그른' 주장이라는 대답—은 모두 애초 자신의 주장 자체를 부정하게 된다. 만일 갑이 자신의 주장이 '그른' 주장이라고 대답할 경우, 이는 명백히 자신의 주장이 틀린 것이라는 말이 될 것이고, 자신의 주장이 '옳은' 주장이라고 대답할 경우에는 이 대답 자체로 인하여 자신의 당초 주장—옳다거나 그르다거나 하는 말은 있을 수 없다는 주장—을 부인하게 되는 것이다.

그러나 필자가 보기에 상대주의에 대한 위와 같은 시걸의 비판은 '상대주의'에 대한 우리의 이해를 오히려 방해할 소지가 다분히 있다. 상대주의에 대한 논의에서 시걸은 상대주의가 마치 일체의 기준을 부정하는 것처럼 기술하고 있으나, 이는 상대주의에 대한 올바른 관점이 아니다. 시걸이 기술하고 있는 바에 따르면, 상대주의는 '이유를 정당화하는 데에 있어서 올바른 것이나 그른 것은 있을 수 없다'는 주장을 토대로 한다. 그러나 보는 사람에 따라서는 이 주장을 상대주의적 주장이 아니라 그 반대로 절대주의적 주장으로 받아들일 수 있다. 진정한 상대주의가 되려면 그것은 다음과 같은 형태로 진술되어야 한다. '이유를 정당화하는 데에는 수많은 다양한 형태의 옳음과 그름이 있을 수 있다. 이는 옳음과 그름에 관한 기준은 시대에 따라서, 장소에 따라서, 그리고 내용 영역에 따라서 다양할 수 있기 때문이다.' 요컨대, 상대주의는 일체의 판단 기준을 부정하는 이념이 아니라, 여러 다양한 판단 기준을 그 판단이 이루어지는 다양한 맥락 내에서 이해하고자 하는 노력이라는 것이다.

상대주의가 인간의 판단 행위와 관련된다는 말은 옳다. 그러나 상대주의적 관심의 대상으로서 인간의 판단 행위는 그 판단을 행하는 주체의 판단 행위, 그 자체와 구분되어야 한다. 한편으로 판단의 주체로서 내가 내리는 판단들과, 다른 한편으로 상대주의적 관점을 지니고 있는 내가 그 관점에서 바라보고 있는 이미 내려진 판단들은 완전히 별개이다. 물론, 내가 탐구하고자 하는 그 어떤 판단의 기준들을 토대로 판단을 내리는 일은 결코 불가능한 일이 아니며, 어찌 보면 상대주의적 관점을 지니고 연구를 수행하는 사람들에게 연구의 대상이 되는 사람들을 철저하게 이해하기 위해서 반드시 필요한 일이라고 할 수 있다. 그러나 그렇다고는 해도, 내 연구의 대상이 되는 판단의 기준들이라는 것들이 나 자신의 판단 기준들과 결코 동일한 것이 될 수 없는 이상, 다른 사람들의 기준에 의한 판단은 절대로 내 판단이 될 수 없다. 그러므로 다른 사람들의 판단을 이해하는 일은 그 사람들의 판단에 대하여 판단을 내리는 일과 별개의 것이다. 우리는 다른 사람의 판단을 당사자의 입장에서 충분히 이해할 수 있지만, 여전히 그의 판단에 대해서 이의를 제기할 수 있다. 이 관점은 결코 상대주의와 모순이 아니다.

상대주의가 예컨대 진리, 미(美), 훌륭함, 유머(humor) 등과 같은 것에 관하여 때와 장소에 상관없이, 모든 사람들에게 적용되는 기준의 존재를 인정하지 않는 것은 사실이다. 그리고 이런 시각은 이유의 타당성을 가늠하는 기준은 모든 시대, 모든 장소에서 동일하다고 하는 시걸의 시각과 결코 양립 가능하지 않은 것처럼 보인다. 여기서 관건은 양자 간의 이와 같은 양립 불가능한 관계를 어떻게 하면 해소할 수 있는가 하는 것이다. '좋은 이유'를 가늠하는 기준에 관한 시걸의 보편주의는 진정으로 상대주의적 아이디어와 양립할 수 없는 생각인가? 이 문제는 한편으로 상대주의를 어떻게 재해석하고, 다른 한편으로 그와 같이 재해석된 상대주의와의 관련 아래에서 합리성에 관한 시걸의 보편주의를 어떻게 명료화할 것인가 하는 문제와 맞물려 있다. 이 문제는 이 절의 말미에 가서 다문화주의에 대한 시걸의 비판을 논의할 때 함께 언급하도록 하겠다. 그 전에 우선은 상대주의에 대한 시걸의 생각에 대해서 계속 논의하도록 하겠다.

시걸이 상대주의적 주장의 등장을 경계하는 한 가지 맥락은 가령 다음의 예에서 볼 수 있는 것과 같이 동일한 주제 영역 내에서 상치(相馳)하는 주장들 간에 갈등이 발생하였을 경우이다.

> 갈릴레오는 목성에는 여러 개의 위성이 존재하며 이는 망원경으로 관측한 바에 따른 것이라고 주장했다. 그러나 그에 반대하는 사람들은 성서(聖書)와 아리스토텔레스를 근거로 들어 그런 위성은 존재하지 않는다고 생각했다. 갈릴레오와 그 반대자들은 목성에 위성이 존재한다거나 혹은 그렇지 않다는 주장에 대하여 어떤 것을 좋은 이유로 채택할 것인지에 대해 상반된 견해를 가지고 있었던 것이다.[48]

시걸에 따르면 위와 같은 경우에 상대주의적 주장이 성립될 가능성이 있다. 위의 예에서 볼 수 있는 바와 같이 어떤 것이 좋은 이유인가 하는 것은 사람에 따라서 혹은 관점에 따라서 달라진다고 생각될 수 있기 때문이다. 위의 경우에 망원경을 통한 관측은 갈릴레오로 하여금 목성에 위성이 존재한다고 주장하게끔 한 근거로 작용한 반면에, 아리스토텔레스의 저작은 그에 반대하는 사람들에게 목성에는 위성이 존재하지 않는다고 주장하도록 하는 근거를 제공하고 있다. "그 어떤 이유가 좋은 이유인가 그렇지 않은가 하는 것은 판단의 주체가 누구인가 하는 것에 달려 있다."[49] 그런데 아쉽게도 이 경우에 갈릴레오와 그 반대자 사이의 관계와 여기서 목격할 수

48 Ibid., 20.
49 Ibid., 19.

있는 상대주의가 어떻게 해소될 수 있는지에 대하여 시걸은 더 이상 깊게 논의를 진행하지 않는다. 그 대신에 시걸은 이 논쟁에서 볼 수 있는 것과 같이, "특정한 주장의 근거로 제시된 이유가 얼마나 타당한가, 그리고 그것이 얼마나 적절한가 하는 것을 평가하기가 대단히 어려운 경우"[50]들도 없지 않다는 점을 지적한다.

시걸의 반상대주의(反相對主義)적 시각은 그가 과학적 지식에 대한 쿤(Thomas Kuhn)의 관점을 비판하고 있는 대목에서도 드러난다. 시걸은 과학적 지식이 발전해 온 역사에 관한 쿤의 이해 방식을 상대주의적인 것으로 간주한다. 쿤과 같은 식으로 이해하게 되면, 과학적 지식이라는 것은 인식의 주체가 다른 패러다임들과 통약불가능(通約不可能)한 특정한 패러다임 내에서 '알고 있는 바'와 별반 다를 것이 없는 것이 되며, 결과적으로 우리는 서로 갈등하는 주장들을 객관적인 관점에서, 말하자면 '패러다임 중립적인' 관점에서 평가할 수 없게 된다. 시걸에 따르면, 쿤의 관점에서 보게 되면 과학자들은 결코 비판적인 담론에 참여할 수 없게 된다. 왜냐하면, 과학자들의 주장은 다른 패러다임과 결코 통약이 가능하지 않은 각자의 패러다임 내에서 제기되는 주장들이므로, 그것들 가운데 어느 것이 더 타당한 주장인지에 관한 비판적 논의는 원천적으로 불가능하게 되기 때문이다. 이 관점에서 보면, "그 어떤 주장에 대한 근거로 제시된 이유가 얼마나 타당한가 하는 것은 어떤 패러다임에서 그것을 평가하는가에 달려 있으며, 특정한 관점에서 보았을 때 합리적인 주장이 다른 관점에서 보면 터무니없이 비합리적으로 보이는 일이 허다하게 발생할 수 있다."[51]

50 Ibid., 20.

다문화주의(多文化主義 multiculturalism)를 논의하는 가운데 등장한 상대주의에 대한 시걸의 비판은 이보다 훨씬 신랄하다. 시걸에 따르면, 교육과 관련하여 논의되는 다문화주의적 관점은 종종 다음과 같은 인식론적 관점과 연결되곤 한다. 곧 "서로 다른 문화들은 예컨대 진리의 개념이라든가 정당화의 근거 등과 같은 것에 있어서 제 각기 고유한 인식론을 갖추고 있다. 그러므로 문화적 차이를 존중하는 일은 그와 같은 다양한 대안적 인식론들을 존중하는 것을 함께 의미한다."[52] 그러나 여기서 시걸은 그와 같은 다문화주의적 관점 자체가 가능하려면 지식에 관한 전통적인 개념을 먼저 받아들이지 않으면 안 된다고 주장한다. "교육하는 사람들로 하여금 다문화주의적 제안을 수용하도록 하는 일, 소외된 학생들과 그들의 문화를 존중하는 것을 하나의 교육적 당위로 여기도록 하는 일은 도덕이론이나 사회/정치이론에 있어서 '자유주의적' 관점이 요구하는 바와 결코 다르지 않다."[53]

그러나 여기에는 한 가지 난점이 개재되어 있다. 그것은 다름 아니라 여기서 시걸이 말한 바, 다문화주의는 '지식은 문화적으로 결정된다'거나 혹은 '지식은 상대적이다'는 관점과 결합되어 있다고 하는 말이 정확하게 무엇을 의미하는지가 그리 분명하지 않다는 점이다. 다시 말하면, 시걸은 여기서 분명하게 구분되어야 할 두 가지 명제, 곧 지식은 문화적으로 결정된다는 명제와 서로 다른 문화에는 서로 다른 인식론이 적용된다는 명제 사이를 명확하게 구분하지 않고 있다. 우리는 앞에서 '내용 중립적인 것'과 '내용 상관적인

51 Siegel, *Educating Reason*, 95.
52 Siegel, *Rationality Redeemed?*, 142.
53 Ibid., 144.

것'을 서로 구분하면서, 비록 내용은 각기의 분야에 따라서 서로 다를 수 있다고 하더라도 이 점이 각기의 분야에 따라 서로 다른 인식론이 적용되는 것은 아니라고 하였다. 지식에 관한 다문화주의적 관점을 논의하면서 시걸은 마치 다문화주의가 서로 다른 인식론의 존재를 상정하고 있고 따라서 각 문화영역에서는 다른 문화영역과는 다른 고유의 인식론을 지니고 있는 것처럼 말하고 있지만, '지식은 문화적으로 결정된다'는 다문화주의적 논제가 반드시 문화영역별로 상이한 인식론의 존재를 상정하고 있다고 보아야 하는지는 그리 명확하지 않다. 만약 '내용 중립적인 것'과 '내용 상관적인 것' 사이의 구분을 우리가 받아들인다면, 문화적으로 결정된 지식이라고 해서 다른 문화영역에서와는 다른 인식론을 가지고 있다고 볼 필요는 없다. 차이는 타당한 이유의 내용에 있을 뿐이며, 해당 이유를 타당한 것으로 정당화한 인식론 자체는 문화영역별로 다르지 않다는 것이다.

한슨이 든 예를 보면 이 점이 보다 분명해진다.

> 프랑스령 폴리네시아의 섬 라파(Rapa)에서 현장연구를 하고 있을 때의 일이다. 하루는 젊은 사람들 몇 명과 함께 타로(taro) 감자를 재배하기 위해 밭을 개간하고 있었다. 햇볕이 강한 날이라 무척 더웠고 우리는 땀을 비 오듯 흘리고 있었다. 미리 가지고 온 차가운 물병을 집어서 함께 일하던 원주민 청년들에게 먼저 한 모금 마시겠느냐고 권했다. 그들은 마시지 않겠다고 했다. 잠시 후에 내가 냉수를 마시는 것을 보고 그들 가운데 한 사람이 걱정스러운 눈길로 말했다. 탈이 나지 않으려면 지금 같은 때에 냉수를 마시면 안 된다는 것이다.[54]

54 Hanson, 3.

이 예에는 두 가지 종류의 합리적 판단이 등장한다. 하나는 서양의 의료 지식을 기반으로 한 한슨의 판단이고, 다른 하나는 원주민들의 토착 의료 지식을 기반으로 한 라파 청년의 판단이다. 전자의 처방에 따르면 우리 몸의 체온이 상승했을 때에는 체내 수분을 보충하기 위하여 물을 마셔야 한다. 체온이 상승했을 때에 물을 마셔야 한다는 이 처방은 그 자체로 전제와 결론으로 이루어진 한 가닥의 추론과정으로 이루어져 있다. 땀을 많이 흘린 후에 우리는 땀으로 배출된 수분을 체내에 보충하기 위해서 물을 마신다. 그렇다면, 매우 더운 날씨에 땀을 많이 흘렸을 때에는 차가운 물을 마셔서는 안 된다는 라파 원주민 청년의 판단은 이와는 다른 인식론에 의한 것인가? 물론 후자의 물을 마셔서는 안 된다는 결론이 전자의 결론과 완전히 반대이기는 하지만, 후자의 처방 또한 전제에서 결론에 이르는 일련의 추론의 과정을 따른 것이고 이는 전자의 처방 못지않게 합리적인 것이라고 보아야 한다. 전자가 서양 의료 지식 체계로부터 나온 것이라면, 후자는 체온과 건강 간의 상관관계에 대한 라파 원주민들의 전통적인 지식 체계로부터 나온 논리적인 결론이라는 것이다. 라파 원주민들은 날씨가 매우 더워서 땀을 많이 흘렸을 때 결코 물을 마시지 않는다. 라파 원주민들은 체온이 상승하여 땀을 많이 흘렸을 때 차가운 물을 마시면 물의 찬 기운이 뜨거워진 신체에 악영향을 미치게 되고 결과적으로 건강을 해치게 된다고 믿는다. 라파 원주민들의 이 처방 또한 서양 의료 지식에 의한 처방과 동일한 인식론에 의한 결론이고, 따라서 두 처방은 모두 합리적이다. 비록 두 가지 종류의 이유—수분의 보충과 체온의 균형 유지—는 상반되는 결론을 유도하였지만, 두 이유는 모두 타당한, 좋은 이유라고 할 수 있다. 두 이유 모두 각기의 신념 체계에 근거한 논리적 규칙에 따른 것이었기 때문이다. 그렇다면 다시, 이 두 신념 체계—물을 마셔야 한다는 믿음과 마시지 말아야 한다는 믿음—는 두 가지 상이한 인식론에 의한 것인가?

라파 원주민들의 신념 체계는 결국 오류이므로 비합리적인 것이라고 주장할 사람이 있을지 모르겠다. 그러나 이 사람의 주장을 우리는 받아들일 수 없다. 왜냐하면, 합리성 여부를 판단하는 일에 있어서 정당화 과정의 중요성을 강조한 시걸의 관점을 상기하면, 그 어떤 관점이 합리적인 것이냐 비합리적인 것이냐를 결정하는 기준은 그것이 참이냐 거짓이냐가 아니라 그것이 합리적으로 정당화된 것이냐 아니냐 하는 것이기 때문이다. 서양 의료 지식이 진짜로 참인가 그렇지 않은가 하는 문제는 여기서 우리의 관심사가 아니다. 설사 그것이 진짜로 참이라 하더라도 바로 그 점 때문에 서양 의료 지식에 근거한 판단을 합리적인 판단이라고 할 수는 없다. 합리성은 진리 여부와 상관없이 성립하므로, 라파 원주민들의 신념 체계가 서양의 경험적 연구 결과와 일치하지 않는다고 해서 비합리적인 것이라고 단정할 수 없다. 따라서 건강에 관한 라파 원주민들의 생각이 서구인들의 그것과 다르다고 해도 그것은 여전히 합리적일 수 있으며, 이는 그들의 판단이 서구인들의 판단과 동일한 인식론에 의해서 이루어졌기 때문이다.

라파 원주민 청년들의 판단과 서구의 지식인 한슨의 판단을 대비시켜 설명한 위의 예는 목성 위성의 존재 여부에 관한 갈릴레오와 그의 반대자들 간의 논쟁의 예와 매우 흡사하다. 후자의 예에서 비록 시걸은 더 이상의 논의를 진행하지 않았지만, 필자의 생각에 그 결론을 생각해 보는 것이 불가능하지 않다. 이 예의 결론을 생각하는 일은 다시 앞선 우리의 논의에서 보류했던 문제, 곧 합리성 개념에 관한 상대주의와 시걸의 보편주의 간의 대립을 해소하는 일과도 관련된다. 결론을 먼저 말하자면, 인식론적 상대주의는 시걸의 보편주의와 모순되지 않는다. 오히려 상대주의는 시걸의 보편주의 논제가 성공적으로 성립하기 위하여 반드시 필요한 요소로 작용한다. 상대주의가 보편적 판단 기준의 존재를 인정하지 않는다는 점은 사실이나, 이 점은 우리가 논의하고자 하는 상대주의의 부분적인 요소에 불과하다. 상대주의가 부정하려고 하는 점은 다양한 문화권에 두루 적용되는 합리적 기준의 존재 가능성이라기보다는, 특정한 신념 체계로부터 나온 기준을 다른 것의 우위에 두려고 하는 시도, 문화 영역들 간에 위계적인 순위를 매기려고 하는 시도이다.

상대주의의 일차적인 논점은 상이한 문화권의 신념 체계는 그 문화권 내의 기준으로 이해되어야 한다는 것이며, 이 관점은 결국 합리성에 대한 시걸의 보편주의적 관점이 지향하는 바와 양립불가능하지 않다. 한편으로, 상대주의가 가능하려면 우리가 다른 문화를 이해하는 일이 가능하다는 점, 곧 우리와 다른 문화권 사람들이 동일한 인식론을 공유하고 있다는 점이 인정되어야 한다. 상대수의는 우리가 다른 문화권에 속한 사람들과 공유하고 있는 합리성의 기준에 따라서 그들 문화를 이해하는 능력을 지니고 있음을 가정하지 않으면 성립할 수 없기 때문이다. 다른 한편으로, 그리고 보다 중요한 점은, 시걸의 보편주의는 이와 같은 상대주의적 관점에 의해 보완될 수 있다는 점이다. 앞선 논의에서 우리는 시걸의 보편주의는 종류가 다른 합리적 주장들 간에 발생하는 갈등을 해소하기에 역부족이라는 점을 지적한 바 있다. 그것이 비록 합리성의 형식적 개념을 제공하고 또 그렇게 함으로써 상이한 신념 체계를 이해하는 일을 가능하게 하기는 하였지만, 상이한 '내용 상관적인' 혹은 '맥락 의존적인' 합리성들 간에 갈등이 생길 때 그것을 중재하고 해소할 수 있는 근거를 제공하지 못하는 난점이 있다는 것이다. 시걸의 보편주의적 합리성 개념은 자신이 주장하고 있는 것처럼 '특수주의'(particularism)와 대립되지는 않을지 모르지만, 내용이 상이한 여러 특수한 신념 체계들 간에 충돌이 발생할 때 그것을 해결할 수 있는 능력을 갖고 있지 않다. 그와 같은 갈등, 충돌은 어떻게 해결될 수 있는가 하는 것은 별도의 논의가 필요한 문제이다.

합리성과 비논리적(non-logical)[55] 사고

1960년대 초에 에니스(Robert Ennis)가 처음으로 비판적 사고의 개념을 정의하였을 때 비판적 사고 개념은 전적으로 합리성의 논리적 측면과 연계되어 있었다는 점은 오늘날 이 주제와 관련하여 연구를 수행해 온 사람들이 대체적으로 받아들이고 있는 사항이다. 그러나 최근 들어 비판적 사고의 개념을 논의하는 사람들 가운데에는 그와 같이 비판적 사고를 합리성의 논리적 측면을 통해서만 설명하는 한정된 시각을 극복하려고 하는 사람들이 점차로 늘어나고 있다. 이하에서 논의하려고 하는 월터즈(Kerry Walters)도 이러한 흐름에 속해 있는 사람들 가운데 한 사람이다. 월터즈는 자신의 논문 속에서 기존 합리성의 개념을 대폭 확장하여 이른바 '창의적 사고'라는 개념으로 재정의하고 그것을 통하여 기존의 비판적 사고의 대안을 제

55 여기서 '비논리적'이라는 말은 영문 'non-logical'의 번역어이다. 이 장에서 '비논리적'이라는 말은 영문 'illogical'의 의미, 곧 '논리적인 것과 상반되는'이라는 뜻이 아니라, '논리적인 것과 관계가 없는'이라는 뜻으로 사용된다.

시한다.[56]

월터즈의 논문에서 가장 먼저 눈에 띄는 것은 두 가지 상이한 종류의 인간 정신 활동 간의 구분이다. 월터즈의 비판적 논의는 그 전체가 두 가지 형태의 사고, 곧 '논리적 사고'와 '비논리적 사고' 간의 구분, 혹은 월터즈의 용어로 하면 '정당화형 사고'(calculus of justification)와 '발견형 사고'(pattern of discovery) 간의 구분을 토대로 하여 이루어지고 있다. 재미있는 것은 월터즈가 전자의 사고 유형을 설명하고 있는 방식이다.

월터즈는 미국에서 오랜 기간 동안 방영된 공상과학 TV 드라마 '스타 트렉'(Star Trek)에 나오는 한 인물을 들어 논리적 사고 혹은 정당화형 사고의 전형을 설명하고 있다. 이 드라마의 주요 등장인물 가운데 한 사람인 스팍(Spock)은 벌칸(Vulcan) 행성 출신 아버지와 지구인 어머니 사이에서 태어난 반외계인이다. 벌칸인들이 특징적으로 그러하듯, 스팍은 매사를 처리하는 데 있어서 전혀 감정을 개입시키지 않고 오로지 이성(理性)과 논리에만 의존하는데, 월터즈는 스팍이라는 인물이 보이는 이러한 성격적 특성을 논리적 사고의 전형으로 설명한다. 다른 한편, 월터즈가 이른바 '비논리적 사고'라고 지칭하는 사고 유형은 이와 반대로 스팍이 그 유전적 속성 때문에 결코 발휘할 수 없는 사고 유형이다.

월터즈가 논리적 사고의 전형을 벌칸인들의 사고에서 찾고 있다는 점은 위에서 말한 바와 같다. 벌칸인들은 주변에서 일어나는 일에 대해서 판단할 때에 항상 증거에 입각하여 판단하려고 하고 그

56 Kerry S. Walters, "Critical Thinking, Rationality, and the Vulcanization of Students," in *Rethinking Reason: New Perspectives in Critical Thinking*, ed. Kerry S. Walters (Albany: State University of New York Press, 1994), 61–80.

증거를 토대로 해서 결론을 도출한다. 그들은 "그 어떤 주장이나 문제를 그 가장 단순한 요소들로 분석하고, 그 가운데 논제와 무관한 것들을 삭제하고, 비형식적인 오류들을 확인하고, 가설과 전제들 간의 논리적 연계를 추적하는 등의 일을 하는 데 있어서 컴퓨터와 같은 정확성"[57]을 지니고 있다. 반면에 그들은 "상상이나 통찰, 혹은 은유적인 사고"[58]에 매우 익숙하지 못하다. 그들은 결코 편견이나 음모나 감정적인 혼란 등에 사로잡히는 일이 없이 사고 과정에서나 평가를 하는 데 있어서 대단히 신중하고 정직하다. 그 반면에 그들은 이미 준비되어 있는 주장을 기계적으로 정당화하는 것 이외의 일에는 태생적으로 무능하다. 벌칸인들의 사고는 항상 기존의 것에 대한 반응일 뿐, 결코 새로운 것이나 혁신적인 것의 창조가 아닌 것이다.

그런데 여기서 한 가지 주목할 만한 점은 월터즈가 '좋은 사고'와 '합리성'을 서로 동의어로 간주하고 있다는 점이다. 월터즈는 자신이 생각하고 있는 하나의 이상적인 사고 유형을 제시하는 문장에서 이 두 용어를 별다른 설명 없이 섞어서 쓰고 있다. 월터즈는 한편으로는 스팍의 사고 유형에서 발견되는 문제점은 그가 벌칸인으로서 '좋은 사고,' 곧 '합리적 사고'의 절반밖에 발휘하지 못한다고 지적하면서, 다른 한편으로는 그 절반을 합리적 사고 자체와 동일시하기도 한다는 것이다. 어쨌거나, 월터즈의 주장에 따르면, 우리의 사고가 진정으로 합리적인 사고가 되기 위해서는 그 두 측면, 곧 벌칸인

---

57 Ibid., 57.

58 Ibid. 월터즈의 기본적인 논점들 중에 하나는 바로 이와 같은 정신 활동들을 논리성(logicality)과 분리하고 있다는 점인데, 필자는 이 점을 100% 납득할 수 없다. 이 부분에 관해서는 이 절 말미에서 다시 논의하도록 하겠다.

들의 장기(長技)와 함께 그들이 못하는 것, 혹은 사고의 논리적인 면과 비논리적인 면을 함께 갖추고 있지 않으면 안 된다. 합리성은 논리성과 비논리성(non-logicality)을 동시에 의미한다는 것이다.

기존의 비판적 사고의 개념이 비판의 대상이 되는 것도 바로 이 점 때문이다. 기존의 비판적 사고 모형을 옹호하는 사람들은 말하자면 벌칸인들과 동일한 오류를 범했다. 그들은 순수하게 논리적인 사고를 합리적 사고 그 자체와 동일시하거나, 혹은 달리 말하면, 합리적 사고를 오직 논리적 사고 모형에 의해서만 규정함으로써 결과적으로 사고의 비논리적 측면을 합리적 사고의 의미 바깥으로 제외시켜 버린 것이다. 여기서 월터즈가 '기존의 비판적 사고 이론가들'이라고 말하고 있는 사람들이 정말로 월터즈가 지적하고 있는 오류들을 범하고 있는지의 문제는 검토의 여지가 있지만, 그가 논의하고 있는 합리적 사고의 두 측면이 각각 어떻게 개념화되고 있으며, 사고의 '비논리적' 측면이라는 것은 무엇을 가리키는지 하는 것 등은 대단히 흥미로운 주제임에 틀림이 없어 보인다. 이하 논의는 이 주제들에 관한 것이다.

월터즈에 의하면 기존의 비판적 사고를 옹호하는 사람들이 범하고 있는 가장 큰 오류는 합리성을 규칙에 따라 진행되는 추론적 사고의 과정과 동일한 것으로 보고 있다는 점이다. 여기서 한 가지 오해하지 말아야 할 점은 월터즈가 비판하고 있는 것은 논리적 사고 그 자체가 아니라 논리적 사고를 합리적 사고의 전체로 보는 시각이라는 점이다. 월터즈는 줄곧 합리적 사고를 오로지 논리적인 사고, 분석적인 사고, 문제 해결을 지향하는 사고 등과 같은 인지 과정의 특성으로 규정하는 시각은 받아들일 수 없다고 주장한다. 독점은 항상 배타를 동반한다. 곧, 이 관점이 지닌 위험은 우리의 인지

작용 중에 논리적이지 않고 분석적이지 않으며 문제 해결과 연계되지 않는 부분은 제외된다는 점이다. 이 후자의 인지 활동들 또한 합리성의 중요한 측면들로 간주되어야 한다는 것이 월터즈 주장의 핵심이다. 이 후자의 활동들을 통해서 우리는 기존의 비판적 사고로 할 수 없었던 것들을 할 수 있게 된다. 순전히 논리적인 사고가 할 수 없는 것들은 어떤 것들인가?

위에서 언급하였듯이, 우리의 인지 활동에는 기존의 '논리적 사고 제일주의'가 다루지 못하는 부분이 대단히 중요한 요소들로 포함되어 있으며, 우리는 이 부분 또한 우리 교육활동의 중요한 요소로 포함시키지 않으면 안 된다는 것이 월터즈 주장의 토대를 이룬다. 예컨대 상상이라든지, 직감이라든지 하는 등의, 말하자면 '창의적 사고'라는 이름으로 한데 묶을 수 있는 인지 활동들이 여기에 포함된다.

월터즈에 의하면 논리적 사고는 창조적 사고를 촉진할 수 없다. 이유는 다음과 같다. 첫째, 논리적 사고가 취하고 있는 '증거주의적' 특성은 이미 주어진, 대단히 엄격한 증거 채택 과정과 정당화 과정을 필수로 요구하며, 그 결과, 경험적 기반이 다소 결여되어 있을 수밖에 없는 직감적 가정, 상상 등의 사고활동이 지닌 중요성을 간과할 수 있다. 둘째, 앞서 언급한 것처럼 논리적 사고가 그 어떤 것에 대한 반응으로서 이루어지는 특성을 지니고 있다는 점은 다시 논리적 사고는 단지 기존의 주장과 문제를 검사하는 일만 할 수 있을 뿐이며, 따라서 그와 같은 기존의 주장이나 문제를 정당화하거나 그것들에서 오류를 발견하는 일에는 능숙한 반면에, 그것들 이외의 것에 대한 실험적 시도는 회피하게 하는 특성을 지닌다. 요컨대 월터즈가 '정당화형 사고'라고 지칭하고 있는 논리적 유형의 사고는 이미 주어진 진술을 평가할 수는 있으되, 새로운 것을 발견하거나 고안해 내거나 창조해 낼 수는 없다는 것이다. "논리적으로 사고하는 능력이 학생을 '합리적 전통'으로 입문시키는 일뿐만 아니라 학문적인 글들을 이해하도록 하는 데에 불가결한 요소임에는 틀림이 없지만, 그것만으로 충분한 것은 결코 아니다."[59] 그렇다면 이 외에 무엇이 더 필요하다는 말인가?

합리성은 논리적 사고가 비논리적 사고에 의해 보완될 때에 비로소 획득될 수 있다. 논리적 추론, 비판적 분석, 문제 해결 등이 좋은 사고를 하는 데에 기초가 된다는 점은 부정할 수 없지만, 거기에는 상상과 직감 등과 같은 인지 활동이 반드시 첨가되어야 한다. '합리적인 태도'는 분석적/비판적인 태도와 창조적인 태도를 함께 의미한다. 둘 중에 어느 하나만을 강조하는 것은 결코 좋은 가르침이 될 수 없다. 중요한 것은 이 두 가지 사고 유형은 서로 양립불가능한 것이 아니라는 점, 서로 배타적인 것이 아니라는 점이다. 다시 말하면, 두 사고 유형은 함께 가르치고 배울 수 있다는 것이다. '좋은 사고' 교육은 학생들에게 "분석만이 아니라 상상하는 법도 가르치고, 정당화와 함께 창조성도 가르치고, 문제를 해결하는 것만이 아니라 문제를 구성하는 것까지 함께"[60] 가르치는 교육을 가리킨다.

상상(imagination)과 직감(intuition)은 월터즈가 특히 강조하는 두 가지 비논리적 사고 유형이다. 상상의 가장 두드러진 특성은 대상을 그것의 요소들을 분석함으로써가 아니라 그것이 표현하는 바의 전체를 포착함으로써 인식한다는 점에 있을 것이다. 상상을 행하는 주

59 Ibid., 69.
60 Ibid., 70.

체는 대상의 포괄성에 더 집중하며, 따라서 종종 그것의 세부적인 면에 대한 주의를 소홀히 하기도 한다. 윌터즈에 따르면 상상은, 비트겐슈타인(L. Wittgenstein)의 용어로, 대상을 '보이는 대로 보는 것'(seeing-that)이 아니라 '그 어떤 것으로 보는 것'(seeing-as)이다. 상상은 대상을 기존과 다른 방식으로, 완전히 새로운 관점에서 보는 것으로서, "지금까지는 너무나 당연시되어서 우리가 미처 꼼꼼하게 살펴보지 못했던 측면들에 초점을 두어" 사물을 보는 것이다. 그것은 "사물이 표현하고 있는 바를 '보이는 그대로 보는 것'을 잠시 유보하고 기존의 관습적인 혹은 명백해 보이는 방식을 넘어서서 그것을 '그 어떤 (다른) 것으로 보는 것'으로 나아가는 것을 가리킨다."[61]

그러나 이 대목에서 우리가 특별히 주의를 기울여야 할 점은 상상은 우리가 인식하는 대상의 기존 양태를 넘어설 것을 요구하지만, 그렇다고 해서 완전히 무(無)에서 시작하지는 않는다는 점이다. 상상은 언제나 기존의 그 어떤 맥락 안에서, 이미 성립되어 있는 지식과 관습적인 지각을 배경으로 하여 이루어진다. 상상을 통하여 이루어진 구조물은 "우리에게 주어진 현실을 완전히 부인하고 아무것도 없는 것으로부터 무언가 새로운 것을 창조해 내는 것이 아니라, 기존에 인식해 오던 대상들을 통상적이지 않은 관점으로 보게 함으로써 그것들이 지닌 새로운 가능성들을 탐색하도록 한다."[62] 상상이 분석적 사고와 다른 점은 이미 성립되어 있는 지식을 필요로 하되, 상상을 통해서 생산해 내는 이미지들은 사전에 정해져 있는 순차적인 단계와 규칙에 따른 사고과정의 결과물이 아니라는 점이다.

61 Ibid., 71.
62 Ibid.

직감은 "의식적인 숙고(熟考)나 논리적 추리 없이 자연스럽게 이루어지는 지각"[63]을 의미한다. 그다지 설득력이 있어 보이지는 않으나, 월터즈는 직감이라는 것은, 비록 종종 특정한 맥락 내에서 특정한 문제에 관하여 심도 있게 생각하는 일을 필요로 하기는 하지만, 예기치 않은 상태에서 미리 의식적으로 준비하지 않은 가운데 발생한다. 물론 어느 정도의 축적된 지식은 필요하겠지만—왜냐하면 사고라는 것이 아무것도 없는 데서 불쑥 생기는 것은 결코 아니기 때문에—직감이 이루어질 때에는 갑자기 포괄적인 형태로 이루어진다. 그것은 어느 한 부분이 이루어지고 난 다음에 다른 부분이 연결되는 식으로 단계적으로 이루어지는 것이 아니라 모든 부분이 한꺼번에, 동시에 이루어지는 사고 형태이다. 규칙에 따라 순차적으로 이루어지는 과정이 아니라는 점에서 상상과 유사하지만, 전혀 무의도적이고 비계획적이라는 점에서 직감은 상상과 근본적으로 다르다. 말하자면 직감은 '그냥' 일어나는 것이다. 직감은 심지어 그것을 경험하는 당사자조차도 그것이 왜 일어났는지를 설명할 수 없는 그런 것이다.

월터즈의 입장에서 보면 '비판적인' 태도에는 생산력이 결여되어 있다. 비판적인 태도는 순수히 논리적인 사고과정을 가리키는 말이고, 따라서 이미 주어진 그 어떤 지식 체계를 분석할 수 있을 뿐이다.[64] 현재의 지식 체계에 새로운 것을 덧보태고 그 적용 범위를 확

63 Ibid., 73.

64 맥펙(John McPeck)의 생각도 이와 유사하다. "논리를 가르치는 일에 있어서 가장 심각한 문제는… 그것을 행하는 당사자로 하여금 그 어떤 문제에 관하여 대안을 구성해 내고 스스로 가능한 해결책을 생각해 내도록 하지 못한다는 점에 있다.… 논리는 주어진 논제나 주장을 정당화하도록 하기는 하지만, 새로운 논제나 주장을 발견하도록 돕지는 못한다." John McPeck, *Critical Thinking and Education* (Oxford: Martin Robertson, 1981), 16.

장하는 등의 일은 비논리적 사고, 혹은 월터즈 자신의 용어로 '발견형 사고'의 영역에 속한다. 월터즈에 의하면 비논리적 사고 혹은 창의적 사고에는 네 가지 기능적 특징이 있다. 첫째, 창의적 사고는 비형식주의적(non-formalistic)이다. 그것은 귀납이라든지 연역이라든지 하는 절차적 규칙을 따르지 않는다. 둘째, 창의적 사고는 그것이 이루어지는 과정이나 그 대상이 투명하지 않고 불투명하다. 셋째, 창의적 사고의 과정은 비순차적이다. 창의적 사고는 일관되고 사전에 성립된 추리의 연쇄를 따르지 않는다. 창의적 사고의 과정은 이미 알려진 것으로부터 아직 알려지지 않은 것으로의 일련의 도약이다. 마지막으로 창의적 사고는 그 과정이나 그것의 산출물에 있어서 불확정적이다.

이런 여러 가지 특징들에도 불구하고 상상과 직감은 아무것도 없는 데에서 생기는 것이 아니다. 상상과 직감은 그것들이 이루어지는 맥락의 영향을 받으며 그것 안에서 이루어진다. 월터즈는 비논리적 사고의 이런 특징을 두고 '증거주의적'인(evidentialistic) 것은 아니지만 '증거와의 관련하에서 이루어지는'(evidential) 형태의 사고라고 설명하고 있다. 비논리적 사고는 항상 그 어떤 맥락 안에서, 이미 주어진 특정한 지식 혹은 자료를 바탕으로 하여 이루어진다는 것이다. 또한 그와 같은 사고를 통해서 만들어진 생산물은 논리적 기초 위에서 평가되겠지만, 그런 생산물을 만들어 낸 사고의 과정은 '증거주의'의 엄격한 규칙을 따르지 않는다. 논리적 사고는 단지 이미 주어진 것에 대하여 반응할 수 있을 뿐이므로 새로운 것을 생산하지 못하는 것에 비해서, 비논리적 사고는 새로운 지식을 생산해 내는 활력을 지니고 있다. 요컨대, 비논리적 사고는, 가령 합리성을 순수하게 논리적인 사고에만 연결 짓는 등의 관점에서 볼 수 있듯이 도외시해야 할 사고 유형이 아니다. 오히려 그것은 기존의 논리적 사고와 병행해서 그 중요성이 그에 못지않게 부각되어야 할 사고 유형이다. 논리적 사고가 아니면 다룰 수 없는 그런 영역이 있다고 하면, 그와 마찬가지로 비논리적 사고가 아니면 다룰 수 없는 영역이 있다. 논리적 사고의 임무가 이미 존재하는 지식을 비판하는 것이라면, 비논리적 사고의 임무는 새로운 지식을 창조하는 것이다.

대체로 지금까지의 논의가 월터즈가 자신의 논문에서 주장하는 바라고 할 수 있다. 아래에서는, 월터즈의 말마따나 비록 그 어떤 새로운 것도 창조해 낼 수 없을지 모르나, 그의 주장을 비판적으로 분석해 보겠다.

첫 번째로 지적할 점은 인간의 정신 활동을 보는 월터즈의 이원론적 시각이다. 월터즈에 따르면, 사람들의 사고는 기본적으로 두 가지 다른 방식으로, 곧 논리적인 방식과 비논리적인 방식으로 이루어진다. 논리적인 사고는 이를테면 귀납법이나 연역법과 같은 일련의 규칙에 따라서 진행되는 사고를 가리킨다. 논리적으로 사고한다는 말은 바로 그와 같은 사고의 규칙에 따라 사고한다는 말과 같다. 그러나 비논리적 사고는 그와 같은 규칙을 따르는 사고가 아니다. 비논리적 사고는 이를테면 그 어떤 '비논리적' 사고의 규칙 같은 것이 있어서 그것을 따르는 사고를 가리키는 것이 아니다. 월터즈는 창조적 사고가 따라야 할 그 어떤 대안적인 규칙에 대해서는 언급하지 않고 있다. 이것으로 보면 월터즈에게 있어서 비논리적 사고는 그 어떤 규칙도 따르지 않는 사고에 해당한다고 해야 할 것이다. 요컨대, 월터즈의 이원론적 시각은 인간의 사고를 두 유형으로 구분하고, 하나를 규칙에 따르는 사고, 다른 하나를 규칙을 따르지 않는 사고로 설명하고 있다.

필자가 여기서 주목하고자 하는 것은 그 어떤 규칙도 따르지 않는, 후자의 '사고' 유형이다. 과연 우리는 그와 같은 정신 활동을 '사고'라고 지칭할 수 있는가? 월터즈에 따르면, 가령 상상과 함께 비논리적 사고의 전형으로 간주되고 있는 직감은 의도하거나 의식하지 않은 상태에서, 우연히 일어난다. 직감을 경험한 당사자조차 그것이 어떻게 이루어졌는지를 알 수 없다. 적어도 이 점에 관해서 월터즈의 주장은 일관성을 유지하고 있는 것 같다. 사고의 주체로서 우리는 직감이 왜 일어났는지도 알 수 없으며, 따라서 언제 그것이 다시 일어날지도 알 수 없다. 직감이 일어난 이유를 알 수 없으므로, 우리는 그것을 다시 경험하기 위해서 어떤 준비를 해야 할지도 알 수 없다. 그렇다면 이와 같은 정신적 현상을 '사고'라고 할 수 있는가? 그 어떤 정신적 활동을 '사고'라고 할 수 있으려면, 그것이 얼마 동안은 지속되어야 한다. 직감은 하나의 과정인가, 아니면 우리 두뇌 속에서 순간적으로 발생하는 그 어떤 것인가? 우리는 매일 다양한 형태의 정신 활동을 경험하면서 살고 있고, 직감이라는 것도 그것들 가운데 하나라는 것은 의심할 여지없는 사실이다. 그것이 어떻게 이루어지는지를 논리적인 방식으로 설명하는 것이 불가능하다고는 해도, 그 어떤 다른 방식으로라도 그것을 설명할 수 있어야 한다. 월터즈 자신이 쓰고 있는 '유형'(pattern)이라는 말을 쓰자면, 우리가 그것을 인식하려면 그것은 그 어떤 일관된 '유형'을 유지하고 있지 않으면 안 된다. 그렇지 않으면 그것을 '직감'이라는 명칭으로 부르는 것조차 불가능할지 모른다. 이 점에 관해서는 이 절의 끝머리에 가서 다시 언급하기로 하겠다.

필자가 보기에 대상을 새로운 관점에서 보는 일의 중요성을 재조명하려는 월터즈의 시도는 여러 번 반복해서 강조해도 지나치지 않을 만큼 의미 있는 일이라 할 수 있다. 앞에서 잠깐 지나가는 길에 언급한 비트겐쉬타인의 구분, 곧 사물을 '보이는 그대로 보는 것'(seeing-that)과 '그 어떤 다른 것으로 보는 것'(seeing-as) 간의 구분은 좀 더 자세히 다루어 볼 필요가 있는 부분이지만, 그것을 별도로 하더라도 사물을 '새로운 관점에서 보는 것'과 상상 간의 관계는 그리 분명하게 다가오지 않는 것 같다. 양자의 관계는 필연적인 관계인가? 월터즈는 우리가 사물을 기존의 방식으로 보는 것을 뛰어넘으려면 상상을 하여야 한다고 주장한다. 그러나 세계를 기존의 방식과는 다른 새로운 방식으로 바라보기 위해서 우리가 기존에 해오던 논리적인 사고를 하루아침에 폐기하여야 한다는 주장은 참으로 생뚱맞게 들린다. 그와 같은 혁신적인 목적을 달성하는 데에는 상상만이 유일한 선택일 수밖에 없는가? 사물을 새롭게 보기 위해서는 진정 비논리적 사고를 통할 수밖에 없는가?

우리를 더욱 불편하게 만드는 점은, 그와 같은 월터즈의 주장이 비판적 사고를 '사물을 새롭게 보는 일에는 무기력한 사고'로 간주하게 된다는 점이다. 다시 말하면, 우리가 월터즈의 관점을 받아들이게 되면, 비판적 사고로는 그 어떤 새로운 것도 창조해 낼 수 없다는 주장에 동의하여야 한다는 것이다. 월터즈의 이원론적 관점에 의하면 '비판적 사고'는 창의적 사고의 반대편에 서 있기 때문이다. 이제 비판적 사고로는 사물을 새로운 관점으로 보는 것이 결코 가능하지 않다는 주장을 우리는 받아들일 수 있는가?

그러나 필자가 보기에, 여기서 월터즈가 제안하고자 하는 점은 바로 비판적 사고가 지향하고 있는 이상과 다르지 않다. '사물을 그 어떤 다른 것으로 보는 것'은 비판적 사고를 대체하는 다른 사고 유형으로 성취하여야 할 이상이 아니라, 비판적 사고 그 자체를 재해석하고 발전시킴으로써 성취하여야 할 이상이라는 것이다. '비판적 사고'는 그저 경직된, 순수하게 논리적인 규칙에 따르는 사고의 한계를 극복하지 못한 채로 무기력하게 방치되어 있어야 하는, 따라서 그 어떤 대안적인 유형의 사고로 대체되어야 할 그런 개념이 아니라, 창의성의 이념까지 포함하는 보다 포괄적인 아이디어로 재해석되어야 할 개념이다.

상상에 관한 월터즈의 관점과 관련하여 또 하나 제기될 수 있는 질문은 '상상'이라는 용어 그 자체의 일반적 용법에 관한 것이다. 그 질문은, '상상은 월터즈의 말대로 논리적 사고가 전혀 개입되지 않는 사고인가' 하는 것이다. 논리적으로 사고하는 동안 우리는 그 무언가에 대해서 상상을 행하는 것이 불가능한가? 상상력이 풍부한 사람에게 창의력도 풍부하다는 말은 사실인 것 같다. 그러나 가령 일련의 전제들로부터 결론을 논리적으로 추리해 내는 일이라든지, 여러 유사한 사건들로부터 일련의 일반적인 법칙을 귀납적으로 도출해 내는 일이라든지, 원리를 다양한 실제적인 경우에 적용하는 일 등의 경우에는 어떠한가? 이와 같은 논리적 활동에 상상의 요소는 전혀 개입되지 않는가? 예컨대 동일한 범주에 해당하는 여러 특수한 경우들로부터 하나의 일반적 개념을 도출해 내는 일은 상상력이 없이도 가능한가? 창의성을 발휘한다거나 상상력을 동원하는 일에 논리적 추리, 귀납, 연역, 일반화 등과 같은 논리적 정신 활동을 굳이 배제해야만 할 필요는 어디에 있는가?

월터즈의 논의에서 또 한 가지 짚고 넘어가야 할 부분은 합리성 개념과 '좋은 사고'(good thinking)에 관한 그의 관점이다. 앞서 언급하였듯이, 인간의 여러 다양한 정신적 경험들 중에는 인식과 관련된 것들이기는 하지만 논리적 사고의 범주에 들어맞지 않는 것들이 많다고 보는 시각은 틀린 시각이 아닌 것 같다. 그러나 인간이 일상적으로 경험하는 그러한 모든 정신 활동을 빠짐없이 학교 교육과정 속에 포함하여야 하는가 말아야 하는가 하는 것은 별도의 문제이다. 월터즈가 '좋은 사고'로 분류하고 있는 것은 교사가 교육현장에서 학생들에게 가르쳐야 하는, 교육적으로 가치 있는 것으로 간주되는 사고 유형이라고 할 수 있다. 문제는 이 대목에서 월터즈는 별다른 정당화의 과정이 없이 '좋은 사고'를 합리적인 사고와 동일한 것으로 간주하고 있다는 점이다. 필자가 보기에, 합리적인 사고는 그것이 보이는 독특하고 명료한 성격으로 인하여 다른 유형의 사고들과 구분되는 한 가지 사고 형태일 뿐이다. 물론 이것 또한 하나의 '좋은 사고'일 수 있지만, 그렇다고 해서 그것이 '좋은 사고' 전체를 대표한다고 보는 것은 지나치다. 합리적 사고의 범주 속에는 들지 않지만, 그러나 여전히 '좋은 사고'로 간주될 수 있는 다른 많은 유형의 사고들이 있다. 예술적인 혹은 심미적인 사고는 그 한 가지 예가 될 수 있다. 혹은 도덕적 사고도, 그것을 합리성과 다른 것이라고 한다면, 또 다른 예가 될 수 있다. 오늘날 시인들은 한 편의 시를 쓸 때 합리적으로 사고하는가? 혹은 합리적이지는 않지만 좋은 것으로 분류될 수 있는 상황도 많다. 합리적으로 사고하는 사람들에게 '좋은 사고'를 수행하고 있다는 말은 대부분의 경우에 옳지만, 그렇다고 해서 양자를 완전히 동일시하는 것은 옳지 않다. 합리성으로 할 수 있는 일도 많지만 합리성으로 할 수 없는 일도 그에 못지않게 많다고 보는 것이 올바른 시각이라는 것이다.

철학적인 문제를 교육적인 관점에서 바라볼 때, 우리는 종종 그 문제의 교육적인 함의가 무엇인지를 따져 물어야 할 때에 이르게 되고, 많은 경우에 그 질문들은 그것을 어떻게 가르칠 것인지, 혹은 그것은 가르침의 내용이 될 수 있는지 하는 질문으로 수렴된다. 이 절에서 지금까지 논의하였던 문제도 예외가 아니다. 비논리적 사고가 인간 정신 활동의 한 중요한 부분이고, 특히 그것은 지식을 창조하는 일과 관련해서 결코 간과해서는 안 될 부분이라는 점은 부인할 수 없으되, 그에 못지않게 그것은 가르칠 수 있는 것인가, 만약 가르칠 수 있는 것이라면 어떻게 가르칠 것인가 하는 것 또한 피할 수 없는 질문이 된다. 창의적 사고에 관한 월터즈의 논의 속에서, 직감은 당사자가 의식하지 못하는 중에, 그것이 왜 일어나는지 당사자도 알지 못하는 중에, 우연히 일어나는 지각이었다. 이에 대해 우리가 즉각 제기할 수 있는 질문은, 그렇다면 우리는 그러한 성격의 사고를 어떻게 가르칠 것인가 하는 것이다. 도대체 학생들에게 어떻게 하면 부지불식간에 일어나는 사고를 가르칠 것인가? 언제, 어떻게 이루어지는지를 모르는 사고를 우리는 어떻게 가르칠 것인가? 월터즈의 비논리적 사고가 교육적으로 의미 있는 이념이 되기 위해서는 이와 같은 질문들이 종국적으로 해결되지 않으면 안 된다.

지금까지의 논의를 요약하면 다음과 같다. 지금까지 살펴본 월터즈의 주장들은 비판적 사고의 개념을 보다 포괄적인 관점에서 재구성하려는 일련의 논의 흐름에 속하는 것으로 볼 수 있으며, 그렇게 이해하는 한 교육적으로 충분한 논의의 가치가 있다. 그의 주장들은 비판적 사고를 순수하게 논리적인 사고에 의해서 배타적으로 규정하는 시도들에 대하여 주의를 환기시키고, 보다 유연하고 넓은 관점에서 그것을 재개념화할 것을 제안한다. 월터즈가 보기에 비판적 사고의 의미를 논리적 사고의 의미를 토대로 하여 좁게 규정하는 관점은 학생들의 창의적 태도를 기르는 데에 전혀 도움이 되지 않는다. 이러한 위험성은 결국에는 극복되어야 하겠지만, 일단은 비판적 사고를 '창의적 사고'와 개념적으로 구분할 필요가 있다는 것이 월터즈의 관점이다. 따라서 이제 비판적인 사고는 사고의 논리적인 측면에만 관여하는 것이고, 그것에 더하여 필수적인 또 하나의 요소, 곧 창의성을 기르기 위해서 우리는 창의적 사고에 집중하여야 할 필요가 있다.

창의적 사고로 분류될 수 있는 사고 유형에는 여러 가지가 있을 수 있지만, 월터즈는 특히 상상과 직감이라는 두 사고 유형에 주목한다. 이 두 유형의 사고가 비판적 사고와 근본적으로 다른 점은 이 두 유형의 사고는 비논리적인 사고라는 점이다. 상상과 직감은 귀납이라든지 연역이라든지 하는 등의 논리적 규칙을 따르지 않는다. 논리적인 규칙은 창의적인 사고를 방해하므로 창의적인 능력을 발전시키기 위해서 학생들은 그러한 규칙들을 피해야 한다. 지금까지 있어 온 비판적 사고 이론들은 이 점을 잘 보지 못했으며, 그 결과 그들이 추구해 온 합리성 개념 또한 사고의 창의적 측면을 반영하지 못했다. '좋은 사고'의 기준으로서의 합리성은 사고의 논리적인 측면과 비논리적인 측면을 포괄한다.

필자가 보기에, 전통적인 의미에서의 '비판적인 사고' 못지않게 창의적인 사고 혹은 구성적(構成的)인 사고에도 관심을 기울여야 할 필요가 있다는 월터즈의 주장은 충분히 의미 있는 주장이다. 그의 주장은 또한 합리성의 개념도 보다 포괄적인 방식으로 해석될 필요가 있으며 그 점에서 교육적 이념으로서의 이성(理性)을 새로 생각해 볼 필요가 있다는 점을 함의하고 있다. 그러나 다른 한편으로 그의 주장에는 두어 가지 점에서 재고의 여지가 없는 것도 아니다. 하나는 그의 주장은 논리적 사고를 비판적 사고와 연결 짓고 비논리적 사고는 창의적 사고와 연결 짓는, 일종의 이분법적인 관점을 포함하고 있다는 점이다. 비록 월터즈 자신은 두 사고 유형이 서로 보완적인 관계를 맺고 있다고 말하고 있지만, 그의 주장은 논리적인 사고는 필연적으로 비창의적(非創意的)이며 창의적인 사고는 필연적으로 비논리적인 사고라는 결론, 따라서 학생의 마음속에 이 두 가지는 별개로 발달되어야 하는 두 가지 상이한 사고 유형이라는 결론을 피할 수 없다. 그러나 이 결론은 그가 의도했건 의도하지 않았건 간에 그리 납득하기 쉬운 관점이 아니다. 논리적인 태도로는 창의성을 개발할 수 없다는 주장은 일면 타당한 주장으로 간주될 수 있을지 모르지만, 그렇다고 해도 창의적인 태도가 비논리적인 사고를 통해서 길러질 수 있다는 주장은 자연스러운 주장으로 받아들이기 힘든 주장이다. 비판적 태도를 그와 같이 편협하게 해석하는 주장에는 동의할 수 없다는 것이다.

다른 하나는 이른바 '발견형 사고'(pattern of discovery)의 교육적 의미에 관한 것이다. 월터즈의 주장에서 염려되는 점은 비논리적인 사고에 관한 그의 다소 사치스런 진술들로부터 우리는 어떤 실천적인 의미를 얻어 낼 수 있는가 하는 점이다. '발견형 사고'라는 것이 월터즈의 말대로 그 어떤 규칙도 따르지 않는 그런 종류의 사고라면, 우리는 이런 유형의 사고를 학생들에게 어떻게 가르칠 것인가? 교사나 학생이나 그것이 어떻게 이루어지는지도 모르는 것을 서로 간에 어떻게 가르치고 배울 것인가? 여기서 관건은 그런 유형의 사고가 이루어진다는 사실을 뒷받침하는 혹은 그것을 반증하는 과학적 증거를 제시할 수 있는가 없는가 하는 것이 아니다. 관건은 그런 유형의 사고를 우리는 어떻게 가르칠 수 있는가 하는 것이다. 교육은 실천적인 활동이며 교육학은 실천적인 지식 체계이다.

맺음말

애초에 이 장을 이 책의 한 부분으로 삽입하려 했을 때 필자가 의도했던 것은 비판적 사고 이론가들이 사용해 온 합리성의 개념과 하버마스의 의사소통적 합리성 간에 그 어떤 유의미한 관계가 있을 수 있지 않은가 하는 기대에서였다. 아닌 게 아니라, 비판적 사고에 관한 지금까지의 논의를 따라 온 독자라면 이 장에서의 모든 논의가 대체 의사소통적 합리성과 무슨 관계가 있는가 하는 의구심을 제기하는 것이 전혀 어색하지 않을 것 같다. 필자 스스로 이 장의 논의를 되돌아보면, 비록 합리성 개념 그 자체에 관한 필자 자신의 관점은 충분히 노출시켰다고 할 수 있으나, 그렇다고 해도 애초에 가지고 있었던 필자의 의도는 그리 성공적으로 실현된 것 같지 않다. 이런 실망스러운 결론의 한 이유는, 특히 지금까지의 논의가 주로 북미 지역에서 진행되어 온 문헌들에 국한된 경우에, 비판적 사고에 관한 이론과 그 개념을 둘러싼 논쟁들이 1960년대부터 이루어지기 시작한 에니스의 연구 업적에서부터 촉발되었다는 점에 있다고 할 수 있다. 앞 장 끝머리에서도 잠시 언급한 바 있듯이, 에니스의 연구를 중심으로 하여 전개된 비판적 사고 이론들은 대개가 분석철학의 전통 내에서 이루어졌다. 그 점에서 지금까지 이 장 전체를 통해서 논의해 온 바들을 의사소통적 합리성의 의미를 탐색해 온 기존의 문맥 속에서 재정리하는 일이 필요하다.

맨 먼저 검토해 볼 문제는 합리성과 '비판적인 태도'는 개념상 어떻게 관련되는가 하는 것이다. 비판적 사고는 개념상 합리성과 관련되어 있다고 보는 것이 오늘날의 대체적인 추세이고, 이 장에서 비판적 사고를 다룬 논의도 양자 간의 그러한 내적 관계를 상정하고 있다. 그러나 한편에서 보면 여전히, 그것은 정말 그러한가 하는 질문을 제기할 수 있는 여지가 남아 있다. '비판적인 태도'라는 말은 통상 그 어떤 행위의 양식이나 행동의 특징을 가리키는 말로 쓰이고 있으나, '합리성'이라는 말과는 달리 그 어떤 행위나 사고의 실질적인 내용을 가리키는 말이 아니다. 합리성의 의미는, 비록 그것을 정의하는 방식이 시대와 장소에 따라 달라질 수 있다는 점은 사실이나, 일종의 절대적인 방식으로 정의된다. 그러나 '비판적인' 이라는 말의 의미는 이와 달리 상대적으로 성립한다. 한 사람이 동시에 합리적이고도 무비판적인 경우는 논리적으로 불가능하지 않다. 예컨대, 그의 주위에서 일어나고 있는 일들이 모두 합리적일 경우에 극도로 합리적인 사람이라면 그 일들에 대해서 전혀 비판적인 태도를 취할 필요가 없어진다. 물론 현실적으로 보면 보통은 합리적인 사람이 비판적인 경우가 많으며, 이는 합리적인 사람은 합리성이라는 내면화된 기준을 통해서 주변 사물을 '비판적으로' 바라보기 때문이다. 그러나 비판적인 태도가 반드시 합리적인 사람의 속성이 되어야만 할 필요는 없다. 이를테면, 주변의 일들이 모두 급진적으로 이루어질 때에 보수적인 사람은 그것들에 대해서 비판적인 태도를 취할 수 있다. 따라서 우리는 다음과 같은 두 가지 점에서 이 논의를 발전시킬 수 있다.

첫째, 비판적 사고와 관련된 논쟁들 가운데 많은 것들, 특히 '비판적 사고'라는 개념을 정의하는 일과 관련된 논의들은 '비판적인 것'과 '합리적인 것' 간의 이와 같은 애매한 관계에서 비롯된 것들이라고 할 수 있다. 기존의 비판적 사고 이론들은 '비판적인 것' 혹은 '비판적인 태도'의 개념 그 자체를 상세히 정의하기 전에 그것을 합리성의 개념 속에 다소 방만하게 위치시킴으로써 논의를 이어왔다.

합리성이 비판적인 태도와 정확하게 어떻게 관련되는지에 대한 질문들이 끊임없이 제기되어 온 것도 이 이유 때문이다. 맥펙의 저작에서 우리는 이 두 개념 간의 차이를 확실하게 목격할 수 있다. 맥펙과 같이 비판적 사고의 개념 그 자체에 관심을 두고 그 의미를 규정하려고 노력해 온 사람들에게 합리성의 개념은 시걸의 논의에서와 달리 그다지 중요한 개념으로 간주되지 않는 것이 당연했을 것이다. 간단히 말하면, 맥펙과 시걸 사이의 논쟁과 같은 이론적 대립들은 비판적인 사고의 의미를 어떤 방향으로 규정하여야 할 것인가에 대한 대립이라고 할 수 있다. 맥펙은 그것을 '비판적인 것'의 개념 그 자체로부터 규정하려고 한 반면에, 시걸은 그것을 합리성의 개념을 토대로 규정하려고 한 것이다.

둘째, 여전히 대단히 분쟁의 여지가 많은 문제이기는 하지만, 시걸이 비판적 사고 논의에 끌어들인 '기질적 요소'의 개념적 필요성 문제도 결국은 비판적인 사고와 합리성 간의 애매한 관련성에 기인한다. 비판적 사고의 기질적인 요소에 대한 논의는 비판적 사고 개념에 대한 에니스의 최초 정의가 전적으로 합리적 문제 해결의 기능적인 요소만을 고려하고 그들 기능들을 활용하고자 하는 행위자의 의지 요소는 고려하지 않았다는 인식에서 시작된 것이었다. 기능적 측면과 기질적 측면을 구분하는 관점은, 따라서, 에니스가 애당초 비판적 사고의 의미를 규정지을 때 그것을 합리적 사고의 기능들을 토대로 했었다는 주장과 함께 간다. 기질적인 요소를 고려해야 할 필요가 있는 것은 비판적 사고 개념에 대한 에니스의 설명이 오직 기능 요소들로만 구성되어 있기 때문이다. 그리고 이 필요가 부각되는 것은 합리적 사고의 개념 또한 하나의 행위 개념으로서의 '비판적인 것'의 맥락 속에서 그 의미가 규정되어야 하기 때문이다. 비판적 사고를 '비판적 정신'(critical spirit)의 개념으로 재개념화한 시걸의 노력은 이 점에서 에니스의 최초 개념보다 비판적 사고의 의미를 이해하는 데 훨씬 더 포괄적인 맥락을 제공한다.

그러나 그렇다고는 해도 여전히 '비판적 사고 기능들을 단지 소유하고만 있는 행위자'들에게 실지로 비판적 사고를 수행하도록 하기 위해서는 기질 요소를 도입해야 할 필요가 있다는 시걸의 관점에는 전적으로 동의할 수 없다. 이 관점은 비판적 사고나 합리성을 너무 단순하게 보는 경향이 있다. 비판적 사고 능력이 있음에도 불구하고 실지로 비판적으로 사고하지 않는 사람은 비판적 사고의 기질이 부족하기 때문이라는 식이다. 그러나 행위자가 비판적 사고를 행하지 않는 이유—비판적 사고 능력이 있음이 명백하다고 할 때—는 대단히 다양할 수 있으며, 기질이 부족하다는 이유는 단지 그것들 중에 하나의 이유에 불과하다. 한 개인을 두고 합리적인 사람이라고 할 때, 우리는 그가 주어진 상황에서 합리적으로 행하는 것이 최선의 선택이라고 판단될 때 주저 없이 그렇게 행위할 의지가 있는 사람이라는 점도 함께 가정한다. 문제는 그 상황에서 행위자가 어떤 이유를 최선의 이유로 판단하는가 하는 것이지, 행위자에게 합리적 행위의 기질이 있는가 없는가 하는 것이 아니다. 앞에서 이루어진 베버와 하버마스에 대한 논의가 이와 같은 결론을 뒷받침하는 유의미한 증거들을 다수 제공했다고 믿는다. 요컨대, 기질 요소에 대한 지금까지의 논쟁들은 비판적 사고 이론가들의 명백히 '합리주의적'인 경향에도 불구하고 비판적 사고와 합리성 간의 이와 같은 치밀하지 못한 연결에서 비롯된 것들이다.

또 한 가지 지적하고 싶은 것은 시걸의 관점에서 발견되는 보편주의의 아이디어이다. 시걸의 논의에서 보편주의는 그의 '보편적 인식론'을 토대로 하고 있다. 비록 내용 영역은 서로 다르다고 하더라도 그들 내용 영역들에서 타당한 이유를 추론하는 형식은 모두 동일하다는 관점이 시걸의 보편주의의 아이디어의 핵심이다. 시걸의 비판적 사고 개념과 하버마스의 의사소통적 합리성 개념 간에 공통점이 있다면 바로 이 보편주의의 아이디어라고 할 수 있을 것이다. 시걸의 보편주의적 관점과 마찬가지로, 하버마스 또한 비록 그것이 역사나 사회적 삶이 지니는 복잡한 맥락을 넘어서 추상적으로 이해되어서는 안 된다고 하더라도 합리성은 말하자면 '맥락초월적'인 방식으로 작용한다고 보고 있다. 그러나 필자가 보기에 그와 같이 합리성의 성격을 보편주의적으로 규정하는 일이 상대주의와 대치된다고 하는 시걸의 입장은 타당하지 않다. 앞서 한슨의 문화상대주의적 관점을 논의하면서 살펴보았듯이, 보편주의를 반드시 상대주의와 충돌하는 것으로 파악할 필요는 없다. 오히려 그와 반대로, 합리성의 보편주의적 아이디어를 일관되게 견지하기 위해서는 상대주의적 입장을 채택할 필요가 있다. 그렇지 않으면 다른 문화를 우리 문화와 마찬가지로 합리적인 것으로 볼 수 없게 된다. 상대주의는 시걸이 주장하는 것처럼 좋은 이유를 성립시키는 일과 관련하여 올바른 것과 그른 것의 구분을 철폐하자는 입장이 아니다. 그것은 여러 다양한 입장들 가운데 어느 하나가 다른 것들을 배타적으로 지배하는 일 없이 그것들 간에 균형을 유지하기 위하여 우리가 반드시 갖추지 않으면 안 될 덕목이다. 이 입장은 하버마스의 의사소통적 합리성이 토대로 하고 있는 기본적인 아이디어라고 할 수 있다.

1996년 미국교육철학회 연차대회에서 엔드리스(Ben Endres)는 하버마스가 말한 '탈중심화'(脫中心化 decentering) 개념에 주목하고 그것을 콜버그가 말한 '도덕성의 후인습단계'(後因習段階 post-conventional) 개념과 연결한다.[65] 탈중심화—혹은 관심의 분산—는 말 그대로 '자기 중심을 넘어서는 것,' '자기 중심적으로 생각하던 태도가 타인에 대한 배려를 중요한 요소로 간주하는 태도로 변화하는 것'을 의미한다. 탈중심성은 행위 주체로 하여금 타인의 필요와 관심을 고려하기 위하여 개인적인 필요와 사회적 규준을 초월하는 태도를 갖도록 한다. '탈중심화'는 하버마스의 의사소통적 행위 이론에서 가장 중요한 개념 중에 하나라고 할 수 있는데, 그의 담론윤리학이 작동하게 하는 것도 바로 이 개념이다. 행위자가 탈중심화된 태도를 갖출 수 있다는 점을 상정하지 않는다면, 의사소통적 행위와 생활세계의 전체 구조는 성립할 수 없다. 여기서 엔드리스가 주목하고 있는 점은 하버마스가 기술하고 있는 '탈중심화' 혹은 '가설적인 태도'(hypothetical attitude)의 개념은 거의 대부분의 비판적 사고 이론가들이 언급하고 있는 것과 동일한 성격을 지니고 있는 개념이라는 점이다. 요컨대, 비판적 사고가 행위자에게 주어진 상황에서 공평무사한 관심을 갖도록 요구하고 자신의 사사로운 필요를 보류하도록 요구하며, 자기 생각이 지닌 장점과 단점을 동일한 정도로 평가할 줄 아는 태도를 요구하는 것이라면, 이는 보편주의적 합리성을 개념화할 때에 하버마스가 주목한 바로 그 태도와 다른 것이 아니라는 점이다. 엔드리스가 그 결론에서 언급하고 있듯이, 결국 하버마스는 "이성을 개념화하는 일에 있어서, 일반성—혹은 보편성—에 대한 논쟁에 관하여 비판적 사고 이론가

65 Ben Endres, "Habermas and Critical Thinking," in *Philosophy of Education 1996,* ed. Frank Margonis (Urbana: Philosophyy of Education Society, 1997), 168–77.

들이 취했던 것과는 그 방향에 있어서만 다른 관점을 취했던"[66] 것 뿐이다.

66 Ibid., 172.

제7장

결 론

* * *

지금까지 이 책에서 진행된 논의들의 애초 출발점이 되었던 문제는 언뜻 보아 서로 모순관계에 있는 듯한 두 가지 명제였다. 그것은 첫째 합리성은 교육적 개념으로 간주되기에는 너무 한정된 개념이라는 명제와 둘째, 그러나 교육은 합리성을 결코 포기할 수 없다는 명제였다. 합리성 개념이 지닌 한계에 대해서는 여러 다양한 관점에서 광범위한 접근들이 이루어져 왔으나, 필자가 이 책에서 다룬 것은 그것의 도구성, 곧 '목적합리성'의 측면이었다. 합리성의 도구적 측면이 지니는 가장 본질적인 문제는 사람들이 발휘하는 합리적 노력을 오직 방법론적으로 고정된 일련의 규칙들에 의해서 규정되는 효율성을 추구하는 획일화된 형태로 환원하고, 그렇게 함으로써 교육적인 관점에서 보아 충분히, 아니 더 가치 있을 수 있는 다른 이유의 가능성을 원천적으로 배제한다는 데에 있다. 합리성을 이와 같은 방식으로 이해하는 관점은 자본주의적 경제와 관료주의적 행정 체제의 지배 현상을 통해서 근대 사회를 분석한 베버(Max Weber)의 사회이론으로부터 시작되었다는 것이 이 책에서 취한 관점이었다. 이 책의 전반부에서 드러내고자 한 것은, 다소 간접적인 방식이기는 했지만, 특히 도덕적인 관점에서 보았을 때 이 개념이 지니는 교육적 한계에 관한 내용들이었다. 교육에 관심을 둔 사람이라면 가치에 관한 질문을 회피할 수 없다. 그러나 도구적 합리성은 가치에 관한 질문들에 대하여 실질적인 통찰을 제공하지 못한다. 따라서 그와 같은 '교육적 한계'에도 불구하고 여전히 합리성 개념으로부터 교육적 함의를 이끌어 내고자 하는 사람은 베버가 남긴 족적을 철저히 검토하는 일과 함께 도구적 합리성이 지닌 그와 같은 한계를 극복하는 일의 가능성을 탐구하지 않으면 안 된다.

베버의 합리성 개념을 이해하는 데 하나의 걸림돌로 작용하고 있는 요소는 베버 자신이, 한편으로 자신의 과학적 연구 과정에서 요구되는 방법론적 정직성과 다른 한편으로 자신의 연구 전체를 통해서 여전히 단념할 수 없었던 규범적 전망 간에 발생하는 딜레마를 성공적으로 해소하지 못했다는 점이다. 비록 그는 자신의 연구 내내 합리성의 개념 속에 붙박여 있는 유토피아적 가정(假定)의 유혹으로부터 스스로를 지키려고 부단히 노력하였지만, 그럼에도 불구하고 그의 저작 곳곳에 사회과학자로서의 노력들 사이사이로 합리성의 규범적 측면에 대한 동경이 엿보이고 있음을 알 수 있다. 베버의 저작에 등장하는 합리성의 의미가 문맥에 따라서 달라지기도 하고 그들 상이한 의미들 간에 긴장이 존재하고 있는 이유가 바로 여기에 있는 것이다. 하버마스를 포함하여 베버 해설가들은 근대 사회의 합리화에 관한 베버의 논제가 결국에 노출시킬 수밖에 없었던 이 긴장을 일종의 '패러독스'로 표현하고 있다.

패러독스라는 것은 한편으로는 우리에게 갈등하는 두 입장 사이에서 곤혹과 상실감을 안겨 주지만, 다른 한편으로는 항상 새로운 접근에 대한 가능성을 그 자체 속에 지니고 있기도 하다. 근대 서양 사회의 합리화 과정에 대한 베버의 논제 속에 들어 있는 패러독스는 사람들에게 보다 풍부한 해방의 기회를 제공하여야 할 합리화 과정이 결국에는 이와 정반대의 결과를 초래하게 된다는 점에 있다. 이를 이론적으로 목격하는 일은 그 자체가 대단히 고통스러운 경험이 될 수 있는데, 그것은 그 패러독스가 근대적 이성의 개념 자체 속에 이미 내재해 있기 때문이라는 사실을 파악하는 일이 되기 때문이다. 근대 사회의 병폐(病弊)는 원래는 그러한 병폐를 제거해 줄 수 있을 것으로 기대되었던 바로 그 이상(理想)이 확장된 결과로 초래된 것이라는 점은 얼른 받아들이기 힘든 이론적 분석 결과이다. 보다 더한 것은 합리적 경제와 행정 체제가 발전된 사회에서는 그와 같은 합리화 과정 자체가 스스로를 통제하게 되고, 그 결과로 이제는 그 주인이 되었어야 할 사람들의 노력으로 통제할 수 있는 것은 거의 없다는 사실을 발견하게 되는 일이다. 합리성은 인간의 해방을 촉진하는 일을 이제 더 이상 할 수 없게 되었다는 것이다. 유일한 대안은 전근대(前近代 pre-modernity)로 돌아가거나, 그게 아니라면 이른바 '철의 감옥'(iron cage) 속에서 현재의 고통스러운 삶을 연명해 나가거나, 둘 중에 하나일 수밖에 없다. 그러나 문제는 과연 이와 같은 패러독스가 진짜 패러독스로 인식되고 실현되는 것이 유일한 우리의 선택 아닌 선택일 뿐인가 하는 점이다.

패러독스는 이것인지 저것인지의 선택을 힘들게 한다는 점에서 우리에게 곤혹감을 안겨 주기도 하지만, 그 자체 속에 이미 그러한 난점의 해소책을 지니고 있기도 하다. 그리고 많은 경우에 그러한 해소책은 기존의 문제를 새로운 각도에서 조망함으로써 얻을 수 있다. 하버마스에 따르면, 베버 행위 이론에 대한 비판은 베버의 저작 속에서 발견되는 그의 주장들을 꼼꼼히 따라가면 얻을 수 있는 것이로되, 이 일에는 일종의 패러다임의 변화가 필요하다. 다시 말하면, 사회합리화의 패러독스는 이미 그 자체 속에 그 패러독스의 해소책을 갖고 있지만, 이 해소책은 사회합리화를 다루는 새로운 패러다임을 필요로 한다는 것이다.

베버가 합리화의 패러독스의 어두운 면에 사로잡혀 있었다면, 하버마스는 똑같은 것에서 밝은 면을 본다. 하버마스의 새 접근법은 베버가 의존하고 있었던 관점 전체의 전환을 의미한다. 하버마스의 주장에 따르면, 베버는 합리화 과정을 오로지 그것의 제도적인 수준에서만 분석했다. '목적합리성' 의 개념, 곧 사회합리화 과정을 분석할 때 베버가 사용하였던 개념은 하버마스에 따르면 합리성의 한 측면에 불과하다. 이 개념이 20세기 비판이론가들의 마음을 여전히 지배하고 있는 가장 큰 이유는 이들이 사용하는 분석의 틀이 여전히 이른바 '의식의 철학'(philosophy of consciousness)을 넘어서지 못하고 있거나 혹은 주관 중심의 이성 개념을 극복하지 못하고 있다는 데에 있다. 하버마스가 보기에 이와 같은 관점이 극복되지 않는 한 합리성은 새로운 형태를 띨 수 없다. 목적합리성이 아직도 자본주의 경제와 근대 관료주의적 행정 체제에서 제 기능을 발휘하고 있다는 점은 사실이다. 그러나 합리적 행위는 이러한 것들로 설명될 수 없는 또 다른 특징을 지니고 있으며, 이 특징은 그것을 의사소통적 행위라는 틀로 분석할 때 비로소 파악될 수 있다. 요컨대, 인간의 합리적 행위는 주어진 목적을 달성하기 위한 행위로서만이 아니라 의사소통적 행위로서 파악되어야 한다는 것이다.

한 가지 주목할 만한 점은 베버에 있어서 합리적 행위 유형 전부가 목적합리적인 행위로 환원되던 것과 달리, 하버마스는 이와 같은 식의 '전부 아니면 전무'의 접근을 고집하지 않는다. 우리는 목적합리적인 행위 체제를 전적으로 폐지할 수도 없거니와 그럴 필요도 없다. 문제가 되는 것은 제도화된 형태의 목적합리성 그 자체가 아니라, 다른 유형의 행위 규칙에 의해서 운영되어야 할 여타의 삶의 영역들까지 그것의 통제를 받는 것, 말하자면 목적합리성에 의한 전반적인 삶의 식민지화라 할 수 있다. 하버마스의 용어를 써서 표현하면, 우리는 '체제 통합'의 면과 '사회적 통합'의 면, 혹은 '시스템'과 '생활세계' 간에 균형을 유지할 필요가 있다는 것이다. 목적합리적 행위는 현대 자본주의와 행정 시스템이 작동하도록 하는데 반드시 필요한 행위 유형이다. 중요한 것은 이 유형의 행위가 그 역할 범위를 초과하여 사람들의 생활세계 전반을 지배하는 일이 없도록 하는 것이다. 생활세계에서 이루어지는 사람들 간의 행위—의사소통적 행위—는 다른 형태의 합리성, 곧 의사소통적 합리성에 따라서 이루어지는 행위이기 때문이다.

하버마스는 객관적인 세계, 규범적인 세계, 주관적인 세계를 구조적으로 구분하지만, 그의 논의 안에서 생활세계는 사람들 간에 의사소통적 상호작용이 이루어지는 세계 전체를 지칭한다. 생활세계에서 이루어지는 사람들 간의 언설들은 그것에 참여하는 사람들 모두가 서로 간에 간주관적으로 공유하고 있는 세계에 관한 언설들이라는 점에서 합리적인 평가의 대상이 될 수 있다. 과학적으로 증명된 지식 체계 위에 성립된 객관적 세계가 합리적 평가의 대상이 된다는 점은 명백하다. 과학적 지식이라는 것도 따지고 보면 참된 실재에 관한 것이라기보다는 과학자들 간의 교섭에 의해서 창안된 것에 불과하다는 이른바 구성주의적 관점을 감안한다 하더라도, 그것은 여전히 합리적인 평가의 대상이 될 수 있다. 규범적 세계, 곧 우리의 행동을 규제하는 형식적, 비형식적 규칙의 체계들도 합리적 대화의 내용이 될 수 있다. 규범적 세계 또한 의사소통에 참여하는 사람들 간에 간주관적으로 공유되고 있는 세계이기 때문이다. 하버마스는 심지어 간주관성(間主觀性 intersubjectivity)의 아이디어는 사람들의 주관적 세계가 언설화되었을 때 그것에도 적용될 수 있다고 주장한다. 말하자면 모든 것은 합리적 대화의 내용이 될 수 있다는 것이다. 사람들 각자의 마음속에서 일어나는 일들도 그것을 말로 표현하였을 때에는 간주관적으로 인식될 수 있고 비판받을 수 있게 된다. 만약 우리가 이와 같은 점들을 인정하지 않으면 그 어느 누구든 자신의 주관적 생각을 다른 사람에게 말로 전달하는 것이 불가능하게 될 것이다.

생활세계는 우리가 그것에 대해서 말을 할 때 무언가를 의미하고자 한다는 점에서 합리적 대화의 내용이 될 수 있다. 하버마스에 따르면, 무언가를 의미하려고 하는 행위는 하나의 논증 행위, 곧 타당성을 주장하는 행위로 이해되어야 한다. 대화가 진행되는 중에 말하는 사람이 듣는 사람에게 그 어떤 의미를 전달하기 위해서 하는 모든 언설(言說)들은 그 어떤 것에 대한 타당성을 제기하는 언설들이다. 나와 공유하고 있는 생활세계의 한 특정 부분에 대해서 누군가에게 말을 할 때 나는 내가 말하고 있는 것이 타당하다는 주장을 함께 하고 있는 셈이 된다. 이는 내 대화의 상대가 내가 말하는 내용을 이해할 것이라는 점을 내가 알고 있기 때문이다. 대부분의 경우에는 이와 같이 말하는 사람이 자기가 하고 있는 말에 대해서 타당성을 함께 주장하고 있다는 점이 표면적으로 인식될 필요는 없을지 모른다. 대화하는 쌍방 간에 서로가 각각의 주장이 타당하다는 점을 주장하고 있다는 점은 너무 상식적인 사실이기 때문에 보통은 그것이 문제화되지 않는다. 그런데 말하는 쪽에서의 타당성 주장이 듣는 사람 쪽에 의해서 도전을 받을 경우, 그리고 그러한 도전이 발생한 이후에 오로지 현재 내용이 되고 있는 대화 주제에 관해서 보다 타당한 주장을 펼치는 일에 대화 당사자들의 관심이 집중될 경우, 이 두 사람의 대화는 '담론'(談論 discourse)의 수준으로 옮겨 가게 된다. 담론의 과정에서 대화자 쌍방이 제기한 주장들은 오직 현재 문제시되고 있는 맥락 내에서 어느 쪽이 보다 타당한 이유에 의해서 성립될 수 있는가 하는 이유들에 의해서만 평가되게 된다. 담론 상황은 오로지 보다 나은 주장에 의해서 해소될 수 있는 상황을 가리킨다. 의사소통적 행위는 바로 이와 같은 요소들에 의해서 형성되는 상호작용을 의미한다.

그러나 명백히, 인간들 사이에서 이루어지는 모든 의사소통이 이런 형태로 이루어지는 것은 아니다. 의사소통적 행위와 다른 방식으로 이루어지는 상호작용의 두 가지 전형적인 경우가 다음과 같은 경우이다. 첫째는 말하는 쪽의 주장이 주장 그 자체의 타당성에 의해서 받아들여지는 것이 아니라, 주장과 별 상관이 없는 다른 요소들의 작용에 의해서 받아들여지는 경우이다. 듣는 사람들에게 공포감을 조성하거나 그들의 절박함을 이용하거나, 그 어떤 초자연적인 힘에 의지하려는 욕구를 활용하거나, 혹은 그들의 지적 불완전함을 이용하여 특정한 내용을 믿도록 하는 것이 이 경우에 해당한다. 의사소통적 합리성의 기준에 따르면 이와 같은 행위들은 모두가 비합리적 행위가 된다. 그런 방법이 얼마나 효과적인가에 상관없이, 우리가 의사소통적 합리성을 토대로 한 환경을 조성하고자 한다면 그런 방법은 피하는 것이 마땅하다.

둘째는 말하는 쪽이 특정한 이기적인 목적을 달성하기 위하여 듣는 사람의 신뢰를 악용하는 경우, 곧 말하는 내용에 대한 상호 간의 공통적인 이해가 결여된 경우이다. 대표적으로 상대방을 속이는 행위가 이에 해당한다. 말하는 사람은 그 어떤 내용에 대해서 말하면서 듣는 사람이 그것을 믿도록 한다. 말하는 사람은 듣는 사람이 자신의 말을 믿도록 유도하지만 자신이 말하는 바는 진실이 아니다. 이 경우, 말하는 사람의 의도가 성공할지 실패할지는 듣는 사람의 반응에 따라서 결정된다. 듣는 사람이 말하는 사람의 위장된 타당성 주장을 그 이면의 의도를 간파하지 못하고 믿어버리게 되면 말하는 사람의 의도는 성공할 것이요, 그렇지 않고 듣는 사람 쪽에서 말하는 사람의 타당성 주장을 의심하고 문제를 제기하는 경우 말하는 사람의 의도는 실패하게 될 것이다. 듣는 사람이 이와 같이 반응할 경우, 말하는 사람은 자신의 원래 의도가 상대방을 속이는 데에 있었으므로 듣는 쪽에서 제기한 요청을 의사소통적인 방식으로 받아들이지 않을 것이다. 말하는 쪽에서는 단순히 그 자리를 회피하거나 아니면 좀 더 양심적인 사람이라면 듣는 사람에게 자신의 애초 의도를 고백할 것이다. 그러나 이와 달리 다른 수단을 동원하여 계속해서 자신의 주장을 상대방이 받아들이도록 한다면 이 경우는 속임수의 수준을 넘어서서 첫 번째 경우와 다를 바 없이 된다.

하버마스는 위와 같은 행위를 가리켜 '전략적 행위'(strategic action)라고 지칭한다. 언어적으로 매개된 상호작용의 맥락에서 전략적 행위는 오스틴(J. L. Austin)의 용어를 써서 표현하면, 담화 행위(speech acts)를 통하여 듣는 사람에게 혹은 주변 상황 전체에 그 어떤 '발화에 의한'(perlocutionary) 효과를 일으키기 위한 목적으로 수행되는 행위를 가리킨다. 의사소통적 행위와 관련하여 전략적 행위의 주된 특징을 말한다면 그것은 사람들의 담화 행위—한 쪽에서 말을 하고 상대방이 그것을 이해하는 행위—를 도구화하여 그 담화 행위에 명시적으로 표현되어 있지 않은 그 어떤 다른 목적을 달성하고자 수행되는 행위라 할 수 있다. 여기서 한 가지 흥미로운 점은 전략적인 행위 그 자체는, 물론 그것은 명백히 의사소통적 행위로 분류되지는 않지만, 반드시 '나쁜' 행위로 간주될 필요가 없다는 점이다. 하버마스는 결코 전략적 행위 자체를 바람직하지 못한 행위라거나 피하여야 할 행위라고 주장한 적이 없다. 심지어 다른 사람을 속이는 행위를 반드시 '나쁜' 행위로 파악하여야 하는가의 문제는 아직은 종결되지 않은 질문으로 남아 있다. 그리고 이 문제는 우리의 논의가 '교육적인 것'의 개념을 다루는 데까지 가면 훨씬 더 복잡해진다.

4장에서 필자는 의사소통적 합리성의 기준을 충족시키지 못하는 언어적 상호작용은 교육적이지 않다고 주장하였다. 교사와 학생 간의 언어적 상호작용이 교육적인 것이 되려면, 반드시 의사소통적 합리성의 기준을 충족시켜야 한다는 것이다. 그렇다면 이 주장은 전략적 행위라고 해서 모두 나쁜 행위인 것은 아니라는 앞 문단에서의 주장과 어떻게 관련되는가? 전략적인 행위 중에서도 교육적인 행위로 분류될 수 있는 것이 있다는 말인가? 여기에는 적어도 두 가지 사항이 고려될 필요가 있다. 첫째는 전략적인 행위라고 할 때 그 '전략적'이라는 말의 의미가 명료화될 필요가 있다는 점이다. 우리는 일단 전략적 행위이건 의사소통적 행위이건, 양자 모두가 그 어떤 결과의 산출을 의도하고 수행되는 목적론적 행위라는 점에 주의하여야 한다. 양자 간의 차이는 의사소통적 행위가 대화자 쌍방 간의 이해에 도달하는 것을 목적으로 하는 반면에, 전략적 행위는 대화 참여자들 간의 상호 이해를 일차적 관심사로 삼지 않는다는 점에 있다. 물론 경우에 따라서 대화자 쌍방 간에 상호 이해가 이루어져서 말하는 사람 쪽이 자신이 의도하고 있는 바를 훨씬 더 효과적으로 달성하는 데 도움이 되는 경우도 있을 수 있겠다. 그러나 그런 경우에라도 대화 쌍방 간의 상호 이해는 말하는 사람 쪽에 오직 우연적으로 의미가 있을 뿐이다. 말하는 사람이 대화를 시작한 것은 듣는 사람과의 언어적 상호작용을 수단으로 활용하여 그 어떤 다른 목적을 달성하려 했기 때문이다. 말하는 사람 편에서는 자기가 의도한 목적을 달성하는 데 도움이 되는 한에서만 상호 간의 이해를 추구할 뿐이며, 이 점에서 그의 행위는 결코 의사소통적 행위로 간주될 수 없다.

그런데 다른 한편에서 생각해 보면, 적지 않은 경우에 일련의 행위를 통하여 달성하고자 하는 목적이 또 다른 목적을 달성하기 위한 수단이 되기도 한다. 그러므로 의사소통적 행위—상호 간의 이해를 지향하는 행위—가 그 어떤 주제에 대해서 대화자 쌍방 간에 상호 이해를 이룬 후에 다른 목적을 위한 수단으로 활용될 가능성은 얼마든지 있다. 이 경우에 의사소통적 행위는 전략적 행위의 부분이라고 해야 하는가? 결국에 또 다른 목적을 달성하기 위한 수단이 된다고 하더라도, 대화자 쌍방이 그 상황에서 일차적으로 상호 간의 이해를 이루는 것을 목적으로 하였다면 그 점에 한해서 그들의 행위는 의사소통적 행위로 간주될 수 있다. 전략적 행위와 의사소통적 행위 간의 구분은 사실적 구분이 아니라 개념적 구분이다.

둘째로 고려해야 할 사항은 의사소통적 행위의 목적과 관련하여 '교육의 목적'을 말할 때 그 의미는 어떻게 규정되는가 하는 점이다. 우리가 교육적 활동을 통해서 달성하고자 하는 것은 상호 간의 이해 이외에 다른 그 어떤 것인가? 가령, 수학을 가르치고 배우는 교실 상황에서 교사와 학생들이 추구하는 목적은 무엇인가? 이 질문은 다음과 같은 형식으로 진술될 때 훨씬 더 복잡해진다. 곧, '학교 교육과정은 목적인가 아니면 수단인가?' 수학을 가르치는 일차적인 목적은 가장 적절한 방법으로 학생들이 수학이라는 교과내용을 이해할 수 있도록 하는 것이다. 다시 말하면, 수학—혹은 보다 일반적으로는 학교 교과—을 가르치고 배우는 활동은 수학이라는 교과지식을 내용으로 하여 교사와 학생 사이에 이루어지는 대화가 항상 지금 가르치고 배우는 지식에 관한 상호 이해를 목적으로 한다는 점에서 의사소통적 합리성의 기준을 만족시키는 방식으로 이루어져야 한다는 것이다. 학교에서 가르치고 배우는 교과는 그 자체로 교사와 학생의 생활세계 전체에 해당하며 그것을 가르치고 배울 목적으로 조직해 놓은 것이다. 가르치고 배우는 활동이 의사소통적 행위의 기준을 만족시켜야 한다는 말은 교과의 형태로 조직되어 있는 지식을 가장 잘 이해하는 것 외에 그 어떤 다른 목적도 여기에 개입되어서는 안 된다는 말을 의미한다. 이 점에서 교사와 학생 간의 관계는 오직 해당하는 교과에 대한 지식의 깊이와 넓이의 차이에서 발생하는 관계이며 그 밖에 그 어떤 무관한 요소도 작용하여서는 안 된다.

교과에 대한 상호 이해에 도달하는 이러한 과정을 그 어떤 다른 목적을 위한 수단으로 간주하는 일은 전혀 이상한 일이 아니다. 학교에서 경영 과목을 배우는 일을 졸업 후에 돈 많은 사업가가 되기 위한 수단으로 삼는 것은 대단히 일반적인 일이며, 이차방정식을 배우는 일을 미적분을 배우기 위한 수단으로 삼기도 한다. 그러나 돈 많은 사업가가 되거나 미적분을 배우기 위해서 경영이나 이차방정식을 배우는 것과 도박판에서 돈을 따기 위해서 상대방을 속이는 것은 개념적으로 다른 일이다. 경영을 배우거나[1] 이차방정식을 배우는 일은 부자가 되거나 미적분을 배우는 데에 필요조건이 된다. 전자와 후자의 관련은 우연적인 혹은 사실적인 관련이 아니다. 양자 간의 관련이 비록 수단–목적의 관계와 동일한 구조를 가지고 있는 것은 사실이지만, 교과지식을 배우는 과정에서 이루어지는 의사소통적 행위의 특성은 이 경우에도 변질되지 않는다. 그러나 도박판에서 돈을 따기 위해서 상대방을 속이는 행위는 철두철미 전략적인 행위라는 점에서 이들과 다르다고 보아야 한다.

이 모든 논의의 종착점은 결국 교육 활동은 그것이 참으로 교육적인 활동이 되기 위해서는 의사소통적 행위가 따라야 하는 것과 동일한 규칙과 조건을 만족시켜야 한다는 점을 주장하는 데에 있다. 교육 활동은 결코, 그것을 통하여 그 어떤 다른 목적을 성취하기 위한 전략적 활동이어서는 안 된다는 것이다. 물론 이 주장은 (교육 활동이 아닌) 학교 활동이 현실적인 상황에서 전략적인 행위의 형태로 이루어질 수 있다는 점을 부정하는 것이 아니다. '학교' 라는 말은 하나의 제도적인 용어로서 그 자체 규범적인 조건을 만족시킬 필요는 없다고 보아야 한다. 말하자면 학교에서 이루어지는 모든 활동들이 교육적인 활동은 아니라는 것이다. '학교' 는 특정한 물리적 공간을 지칭하는 집합적 개념으로서, 이 속에서는 모든 종류의 사회적 행위가 이루어진다. 정치적인 활동뿐만 아니라 경제적인 활동, 종

1 이 경우는 경영을 배우는 일과 부자가 되는 것이 논리적으로 관련된다고 가정한 경우이다. 물론 현실적으로 부자가 되는 방법에는 경영을 배우는 것 외에 수만 가지가 있을 수 있다.

교적인 활동을 포함하여 여러 가지 종류의 활동들이 이루어질 수 있다. 그러나 우리가 주의하여야 할 점은 이러한 점을 충분히 고려한다 할지라도 교사와 학생 간의 교육적 관계가 의사소통적 합리성의 기준을 토대로 성립되어야 한다는 점의 중요성이 훼손되어서는 안 된다는 점이다. 교사와 학생 간의 상호작용에는 예컨대 정치적 요소나 종교적 요소 등, 수많은 요소들이 작용할 수 있지만, 그와 같이 교육과 무관한 요인들이 의사소통적 합리성의 기준을 압도하는 경우가 결코 발생하여서는 안 된다. 달리 말하면, 우리는 항상 그들 다양한 형태의 활동들을 의사소통적 합리성의 기준에 의해 규제할 수 있어야 하며, 양자를 혼동하거나 심지어는 후자를 전자로 환원하는 일이 일어나서는 안 된다는 것이다.

대체로 지금까지 말한 것이 이 책 전체에서 다루려고 했던 내용의 줄거리라고 할 수 있다. 의사소통적 합리성은, 우리가 교육적 담론을 진행하는 데 있어서 철학적 관점을 포기하지 않는 한, 규범적 개념으로서의 교육을 개념화하는 데에 반드시 필요한 비판적 토대로 작용한다는 점, 의사소통적 합리성은 교실 내 구성원들의 활동 양태와 그들 간의 상호 관계를 비판적으로 바라볼 수 있는 안목을 제공한다는 점이 이 책 전체 내용의 요지라 할 수 있다.

하버마스의 비판이론에 대한 영(Robert Young)의 논의가 지니는 의미도 동일한 맥락에서 성립될 수 있다. 그가 시도한 '이상적인 교육적 담화 상황'(ideal pedagogical speech situation)의 합리적 재구성은 전통적인 방식으로 이루어지는 교실수업을 의사소통적 행위 이론의 틀 속에서 재고찰하는 비판적 관점을 제공하고 있다. 영의 시각에서 보았을 때 전통적인 교실 수업에서 이루어지는 의사소통, 특히 통상 '주입식' 교과교육이라고 지칭되는 수업방식은 훨씬 더 명백한 근거를 통해 비판할 수 있다. 다시 말하면, 영의 '이상적인 교육적 담화 상황'의 개념 속에 통합되어 있는 의사소통적 행위의 개념은 교실 내에서 이루어지는 활동들을 비판적으로 바라보기 위한 규범적인 관점을 제공한다는 것이다. 의사소통적 행위 개념은 교실 내에서 발생하는 활동들을 사실적으로 기술하기 위하여 고안된 개념이 아니다. 그것이 하나의 '이상적인' 개념이라는 점은 우리의 비판적인 관점은 규범적인 것과 기술적(記述的)인 것 사이의 구분을 통해서 성립할 수 있다는 점을 말해 준다. '이상적인 교육적 담화 상황'은 사실과 상반되는 개념이지만, 그것이 없다면 교실 상황을 교육적인 안목으로 들여다보는 일은 불가능하게 된다.

하버마스에 대한 헤슬렙(Robert Heslep)의 비판, 특히 의사소통적 행위 이론에 대한 그의 오해는 바로 이 구분을 고려하지 않은 것에 기인한다. 하버마스의 의사소통적 행위 개념은 교실 상황에서 우리가 흔히 볼 수 있는 일상적인 의사소통을 설명할 수 없는 것이므로 수용할 수 없다는 헤슬렙의 비판은 의사소통적 행위 개념을 교실 활동을 설명하는 데 필요한 분석적인 도구로 해석하려는 의도를 토대로 하고 있다. 헤슬렙의 이런 의도는 그 처음부터 의사소통적 행위 개념의 비판적 성격을 도외시하는 것이라고 보아야 한다. 헤슬렙의 가장 큰 오류는 의사소통적 행위를 의사소통 일반과 동일시하고 그 결과, 이 양자 사이에 마땅히 존재하여야 할 의미상의 차이를 의사소통적 행위 개념이 지니는 기술적(記述的) 기능의 불충분함으로 해석하였다는 점이다. 헤슬렙이 보기에 의사소통적 행위 개념은 교실 상황에서 이루어지는 의사소통 활동들을 설명하기에 불충분한 개념이다. 왜냐하면, 이 개념으로는 교사와 학생 간에 발생하는 '합리성과 무관한'(non-rationalistic) 의사소통들을 파악할 수 없기 때문이다. 그러나 헤슬렙의 이와 같은 비판은 의사소통적 행위 개념이 특징적으로 갖고 있는 비판적 측면을 충분히 고려하지 않은 결과로 나온 것이다. 의사소통적 행위 개념을 기술적(記述的)인 용어로 잘못 이해한 것이다. 이 점은 헤슬렙이 설명하고 있는 '합리성과 무관한' 의사소통들을 검토하면 곧 분명해진다.

한 성직자가 성서 한 구절을 학생들에게 가르치고 있다고 가정하자. 이 구절은 종교적인 관점에서 보아 진리인 것으로 주장된 진술들로 구성되어 있다. 헤슬렙에 의하면, 하버마스의 의사소통적 행위 이론에는 이 경우에 성직자와 학생들 간에 이루어지고 있는 의사소통을 설명할 길이 없다. 성직자와 학생들이 의사소통의 소재로 삼고 있는 성서의 텍스트는 기독교적 진리를 담고 있기는 하나 합리성과는 무관한 내용이고, 반면에 하버마스의 이론은 오직 '합리적' 의사소통만을 설명할 수 있는 이론이기 때문이다. 헤슬렙이 보기에 성서적인 진리는 이성으로는 설명할 수 없는 것이므로 합리성과는 무관한 것이며, 그러나 이 상황에 참여하고 있는 사람들은 그것을 내용으로 하여 틀림없이 가르치고 배우는 활동을 수행하고 있다. 이들의 활동은 이성에 의해서가 아니라 믿음에 의해서 이루어지고 있는 것이다. 이 우주가 신에 의해서 엿새 만에 창조되었다는 것은 이성으로는 설명하기 불가능하지만, 그럼에도 불구하고 참여자들은 자신들의 믿음으로 가르치고 배울 수 있다. 하버마스에 대한 헤슬렙의 비판은 대충 이와 같은 식이다. 그러나 여기서의 문제는 그와 같은 방식으로 이루어진다고 하는 '가르침'과 '배움'이라는 것은 어떤 것인가 하는 것이다.

사람들 간의 의사소통은 기본적으로 두 가지 다른 방식으로 이루어진다. 하나는 전략적인 방식이요 다른 하나는 의사소통적인 방식이다. 위의 상황은 일차적으로 특정의 종교적 지식을 한 무리의 학생들에게 전달하는 것을 목적으로 성립된 상황이다. 따라서 통상적으로 이 상황에서 성직자는 자기가 가르치는 내용을 학생들이 받아들일 것을 기대한다. 학생들의 지적인 능력을 어느 정도는 필요로 하겠으나, 그 정도는 현재 전달하고자 하는 종교적인 진술에 대해서 지나치게 심각한 의심을 제기하지 않는 정도로 제한된다. 두 집단 간의 관계는 일차적으로 종교적인 지식을 전달하고 그것을 내면화하는 목적에서 성립된 관계이므로, 그 지식을 '이해'하는 과정은 단지 도구적으로, 곧 학생들이 그 지식을 받아들이는 데 필요한 정도만큼만 유의미하다. 그러나 대부분의 경우에, 그와 같은 종교적인 지식은 합리적으로 정당화될 수 없는 것이므로, 성직자와 학생들 간의 상호작용은 오직 합리적 정당화 과정을 필요로 하지 않는 수준까지만 유지된다. 만약 그 지식에 대하여 학생들 편에서 제기한 질문이 오직 합리적인 방식으로 접근해야만 해결될 질문이라면, 그 지점에서 그 성직자와 학생들 간의 언어적 상호작용은 중지된다. 어떤 의미에서 보면 종교적인 지식을 가르치고 배우는 과정에 믿음이 필요한 것은 그 지식이 결코 합리적으로 정당화될 수 없는 것이기 때문일지도 모른다.

위의 과정은 전형적으로 하나의 전략적인 행위 양식에 해당하지만, 헤슬렙의 관점에서는 그것도 가르치고 배우는 과정으로 간주될 수 있는 듯하다. 그러나 필자가 보기에 그와 같은 활동, 그 과정에서 이루어진 의사소통은 결코 '교육적'인 것이라고 보기 힘들다. '교육적'인 것을 판단케 하는 기준은 단지 두 집단 간에 의사소통이 이루어졌느냐 그렇지 않느냐 하는 것이 아니다. 문제는 그들 간에 어떤 형태의 의사소통이 이루어졌느냐 하는 것이다. 전략적인 행위는 그 자체의 허약함과 우연성 때문에 언제든지 중지될 준비가 되어 있는 행위이다. 전략적인 행위의 목적은 이 경우에 학생들로 하여금 한 토막의 성서적인 진술을 믿도록 하는 것이므로, 언제든 이 목적을 실현하는 것이 도전을 받게 된다면 두 집단 간의 관계는 그것으로 종료되거나, 아니면 보다 심한 경우 강요된 내면화가 일어나게 된다. 위교(僞教 indoctrination)[2]는 이와 같은 의사소통의 가장 대표적인 경우이다.

그러나 이렇게 말하는 것이 종교적인 진리를 표현하고 있는 진술들, 혹은 헤슬렙이 분류한 다른 '합리성과 무관한' 내용들이 교육적인 활동의 주제가 될 수 있다는 것을 부정하는 것은 아니다. 다시 말하자면, 그와 같은 내용들도 충분히 의사소통적 합리성의 기준을 만족시키는 방식으로 가르치고 배울 수 있다는 것이다. 관건은 그 어떤 지식의 실질적인 내용을 받아들이거나 부정하거나의 문제가 아니다. 의사소통적 합리성은 그 어떤 지식을 받아들여야 할지 부정하여야 할지를 판가름하는 기준이 아니다. 중요한 것은 그 지식을 어떻게 다루어야 할 것인가 하는 것이다. 위의 경우에, 물론 현실적으로 그런 경우는 있기 힘들겠지만, 만약 그 성직자가 자신이 가르치는 지식이 반증(反證)될 가능성이 있다는 점을 인정할 수는 없겠는가? 학생들은 자기들이 배우고 있는 지식에 대하여 그것을 정당화하거나 반증할 만한 이유를 탐색할 기회를 충분히 가졌는가? 다시 말하면, 이 경우 중요한 것은 대화에 참여하는 두 집단 간에 어떤 방식으로 대화가 이루어졌는가 하는 것이다.

---

2 indoctrination은 '교화'(教化)라고 번역되는 경우도 있으나, 그 의미가 너무 중립적이다.

기독교 성직자—혹은 이교도 교사—가 학생들에게 이 우주는 신에 의해서 엿새 만에 창조되었다는 성서 구절을 가르치고 있다고 하자. 한 학생이 그 교사에게 지금 배우고 있는 내용을 진리로 받아들여야 할 이유를 제시하라고 요청했다고 하자. 만약 교사의 일차적인 관심이 이 학생으로 하여금 성서 구절을 충분히 이해하게끔, 그것을 정당화하는 합리적 근거를 제시하는 데에 있다고 하면, 그는 틀림없이 우주 창조에 관한 그 진술을 왜 진리로서 믿어야 하는지의 이유를 제시하고자 노력할 것이다. 교사가 제시한 이유에도 불구하고 만약 학생이 계속해서 의심을 품고 교사의 노력을 받아들이지 않는다면, 그리고 학생의 그러한 반응이 단순히 미성숙한 청소년의 치기 어린 동기나 변덕에서 비롯된 것이 아니라 참으로 학생 자신의 지적 정직과 합리적인 판단에 따른 것이라면, 교사는 일관된 태도로 계속해서 보다 나는 이유를 들어 그 학생에게 확신을 주기 위해서 노력할 것이다. 앞선 논의에서 언급하였듯이, 이와 같은 의사소통적 행위의 교환 과정을 하버마스는 '담론'(discourse)이라는 개념으로 칭하고 있다. 이상적으로는, 그와 같은 담론 과정은 어느 한 편이 다른 편의 주장을 그 주장 자체의 합당성 때문에 받아들였을 때 종결된다. 그게 아니라면 대화 쌍방이 결국에 그 진술의 진리성 여부에 대한 합의에 도달하지 못한 채, 다만 각자의 세계관에 차이가 있다는 점만을 확인한 채로 대화가 끝날 가능성도 있다. 의사소통적 합리성은 오직 대화의 과정에 대해서만 말을 해 줄 뿐이다. 의사소통적 합리성은 그 대화의 최종 결론이 어떤 방향으로 날지에 대해서는 말해 주지 않으며, 그 점에서 '위교'(indoctrination)와는 상반된 성격을 지닌다. 교육적 활동은 결말이 개방되어 있는 활동이다.

하버마스는 규범적인 세계—행위의 규범과 규칙들로 이루어진 세계—를 대상으로 한 의사소통적 행위를 가리켜 '실천적 담론'이라고 지칭한다. 실천적 담론은 참여자들이 서로 상대방이 제기한 '타당성 주장'을 의사소통적 합리성을 토대로 하여, 곧 하버마스의 용어로 '도덕적 관점'을 토대로 하여 비판하는 과정을 가리킨다. 5장에서 필자는 도덕성에 관한 하버마스의 관점을 실천적 지식으로서의 도덕성에 관한 왈라스(James Wallace)의 관점과 연결지었다. 이 둘의 연결이 함의하는 바는 도덕성도 다른 지식과 동일한 방식으로 다루어질 수 있다는 점이다. 도덕적인 행위는 의사소통적 행위의 형태로 수행될 수 있고 또한 수행되어야 하며, 학교에서 도덕성을 가르치고 배우는 일은 그 이외의 지식을 가르치고 배우는 일과 크게 다를 필요가 없다는 것이다. 이 점은 나아가 의사소통적 합리성은 도덕교육에서 만족시켜야 할 조건으로서도 작용할 수 있다는 점을 말해 준다. 콜버그(Lawrence Kohlberg)의 도덕성에 대한 인지주의적 접근에 대한 하버마스의 논의 또한 이 맥락에서 이해될 수 있다.

여기서 한 가지 주의해야 할 것이 있다면 도덕적 관점, 곧 의사소통적 합리성에 따라 행위를 계획하는 관점은 우리가 일상적인 생활에서 이루어지는 유일한 형태의 실천적 추론은 아니라는 점이다. '나는 어떻게 행위하여야 할 것인가' 혹은 '나는 무엇을 하여야 할 것인가' 하는 질문은 이 외에도 실용적 담론이나 윤리적 담론에서도 결정될 수 있으며, 따라서 이들 다른 형태의 실천적 추론들도 학교교육과정에서 결코 도외시되어서는 안 된다. 중요한 것은 그렇다고는 해도 이들 다양한 형태의 실천적 담론들을, 실용적인 것이든 윤리적인 것이든, 어느 하나로 환원해서는 안 된다는 점이다. 신아리스토텔레주의적 관점을 공리주의와 마찬가지로 지나치게 협소한 관점으로 파악하는 이유가 바로 여기에 있다.

사람들이 합리성에 대해 의심 어린 눈초리를 보내는 이유들 중에 특히 최근 들어 지적되고 있는 한 가지 큰 이유는 합리성이 전통적으로 사람들의 정서적인 면을 그리 긍정적으로 고려하지 않았다는 점일 것이다. 전통적으로 합리성은 교육적인 맥락에서 정서적인 요인들이 지니는 의미와 가치들과 단절되어 논의되어 온 것이 사실이다. 합리성과 정서적인 요소들 간의 이와 같은 '불편한' 관계를 의사소통적 합리성 개념이 어떻게 해소해 줄 수 있을지에 대해서는 아직 확신이 없다. 의사소통적 합리성은 정서적인 요소들에 대하여 전통적인 개념으로서의 합리성 혹은 이성이 보여 왔던 냉담함을 여전히 지니고 있는가? 아니면 그것은 무언가 새로운 접근법에 대한 여지를 제공하고 있는가? 한 가지 명백한 사실은 우리 마음의 정서적인 면, 보다 넓게는 심미적인 면이 사람들의 생활세계에서 차지하는 의미를 하버마스는 결코 무시하지 않는다는 점이다. 교육적인 논의에서 정서적인 면이 차지하는 중요성을 충분히 파악하기 위해서는 분명하게 밝혀야 할 문제들이 산적해 있지만, 우선 가능한 일은 그것을 의사소통적 합리성을 기준으로 진행되는 담론의 영역 속에 포함하는 것이다. 만약 '정서적인 교육'이라고 지칭되는 것이 있을 수 있다면 그것은, 특정한 대상에 대해서 특정한 방식으로 느끼는 법을 가르치고 배우는 과정이 아니라, 정서를 의사소통적 행위의 맥락 속에서 가르치고 배우는 과정이 되어야 할 것이다.

하버마스에 대한 헤슬렙의 주장을 논의하는 자리에서 간접적으로 지적한 바 있지만, 사실 하버마스의 의사소통적 행위 이론은 필자가 지금까지 이 책에서 다룬 것보다 훨씬 광범위한 맥락에서 출발한 이론이다. 의사소통적 합리성 개념은 베버와 실존주의 철학자들로부터 시작하여 오늘날의 포스트모더니스트들에 이르는 계몽주의적 합리성에 대한 비판적 논의의 흐름을 충분히 인식하고 그 흐름에 다시 비판적으로 대응하기 위해 개념화된 것이라고 할 수 있다. 하버마스가 보기에 합리성과 관련된 계몽주의적 노력들은 아직 종결되지 않은 프로젝트로 남아 있고 이 점에서 그것은, 그 의미와 가능성이 이제는 완전히 소진되어 단지 그것의 물화(物化)된 흔적들만이 남아 있는 그런 것이 아니라, 여전히 실현되어야 할 그 무엇으로 이해되어야 한다.[3] 의사소통적 합리성을 완전히 이해하기 위해서는 그것을 이와 같은 비판이론의 역사적 문맥 속에서 검토해야 할 것이지만, 이 일은 현재 필자의 능력 한계를 넘는 일이다.

그 구조와 포괄성에서의 탁월성에도 불구하고 하버마스의 의사소통적 행위 이론은 교육철학자들에게는 그리 매력적인 이론으로 간주되지 않는 것 같다. 모르긴 해도 이는 계몽주의 시대와 그 시대에 추구된 이념들에 대한—그 근거가 그리 분명하지는 않지만—교육철학자들의 광범위한 불신 때문인 것 같다. 그러나 지금까지 교육철학자들에게 그리 큰 매력을 던져 주지는 못했다고 하더라도 하버마스의 의사소통적 행위 이론은 하나의 교육철학 이론으로 가장 쉽게, 그리고 가장 체계적으로 해석될 수 있는 흔치 않은 이론들 가운데 하나이다.

3 이 주제와 관련된 하버마스의 논의는 *The Philosophical Discourse of Modernity*, trans. Frederick G. Lawrence (Cambridge: The MIT Press, 1987)에서 찾아볼 수 있다.

| 참고문헌 |

＊＊＊

Arendt, Hannah. *The Human Condition*. Chicago: The University of Chicago Press, 1989.

Benhabib, Seyla. *Critique, Norm, and Utopia: A Study of the Foundations of Critical Theory*. New York: Columbia University Press, 1986.

______. *Situating the Self*. New York: Routledge, 1992.

Bernstein, Richard J. Introduction to *Habermas and Modernity*. Edited by Richard J. Bernstein. Cambridge: The MIT Press, 1985.

______. "The Rage Against Reason." In *Construction and Constraint: The Shaping of Scientific Rationality*, edited by Ernan McMullin. Notre Dame: University of Notre Dame Press, 1988.

______. *The New Constellation: The Ethical-Political Horizons of Modernity/Postmodernity*. Cambridge: The MIT Press. 1992.

Bernstein, J. M. *Recovering Ethical Life: Jürgen Habermas and the future of Critical Theory*. New York: Routledge, 1995.

Biesta, Gert J. J. "Education/Communication: The Two Faces of

Communicative Pedagogy." In *Philosophy of Education 1995*, edited by Alven Neiman. Urbana: Philosophy of Education Society, 1996.

Biesta, Gert J. J., and Geert Jan J. M. Stams. "Critical Thinking and the Question of Critique: Some Lessons from Deconstruction." *Studies in Philosophy and Education* 20, no. 1 (2001): 57–74.

Brubaker, Rogers. *The Limits of Rationality: An Essay on the Social and Moral Thought of Max Weber*. London: George Allen & Unwin, 1984.

Burbules, Nicholas C. "A Theory of Power in Education." *Educational Theory* 36, no. 2 (1986): 95–114.

______. "Rethinking Rationality: On Learning to be Reasonable." In *Philosophy of Education 1993*, edited by Audrey Thompson. Urbana: Philosophy of Education Society, 1994.

______. "Teaching and the Tragic Sense of Education." In *Teaching and It's Predicaments*, edited by Nicholas C. Burbules and David Hansen. Boulder: Westview Press, 1997.

Burbules, Nicholas C., and Rupert Berk. "Critical Thinking and Critical Pedagogy: Relations, Differences, and Limits." In *Critical Theories in Education*, edited by Thomas S. Popkewitz and Lynn Fendler. New York: Routledge, 1999.

Carr, David. "Moral Formation, Cultural Attachment or Social Control: What's the Point of Values Education?" *Educational Theory* 50, no. 1 (2000): 49–62.

Collingwood, R.G. *The Idea of History*. Revised Edition. Oxford: Clarendon Press, 1993.

Cooke, Maeve. *Language and Reason: A Study of Habermas's Pragmatics*. Cambridge: The MIT Press, 1997.

Cronin, Ciaran. "Translator's Introduction." In Jürgen Habermas, *Justification and Application: Remarks on Discourse Ethics*, translated by Ciaron Cronin. Cambridge: The MIT Press, 1993.

Ellett, Frederic S. Jr., and David P. Ericson. "Yes… But Is It a Naturalism?" In *Philosophy of Education 1998*, edited by Steven Tozer. Urbana: Philosophy of Education Society, 1999.

Endres, Ben. "Habermas and Critical Thinking." In *Philosophy of Education 1996*, edited by Frank Margonis. Urbana: Philosophy of Education Society, 1997.

Ennis, Robert H. "A Concept of Critical Thinking." *Harvard Educational Review* 32, no. 1 (1962): 81–111.

______. "A Conception of Rational Thinking." In *Philosophy of Education 1979*, edited by J. R. Coombs. Bloomington: Philosophy of Education Society, 1980.

Foley, Richard. "Some Different Conceptions of Rationality." In *Construction and Constraint: The Shaping of Scientific Rationality*, edited by Ernan McMullin. Notre Dame: University of Notre Dame Press, 1988.

Foucault, Michel. *Discipline and Punish: The Birth of the Prison*. New York: Vintage Books, 1995.

Gellner, Ernest. *Reason and Culture*. Cambridge: Blackwell, 1992.

Habermas, Jürgen. *Knowledge and Human Interests*. Translated by Jeremy J. Shapiro. Boston: Beacon Press, 1971.

______. *Communication and the Evolution of Society*. Translated by Thomas McCarthy. Boston: Beacon Press, 1979.

______. *The Theory of Communicative Action: Reason and the Rationalization of Society*. Translated by Thomas McCarthy. 2 vols. Vol. 1. Boston: Beacon Press, 1984.

______. *The Theory of Communicative Action: Lifeworld and System: A Critique of Functionalist Reason*. Translated by Thomas McCarthy. 2 vols. Vol. 2. Boston: Beacon Press, 1989.

______. *The Philosophical Discourse of Modernity*. Translated by Frederick G. Lawrence. Cambridge: The MIT Press, 1987.

______. *The New Conservatism: Cultural Criticism and the Historians' Debate*. Translated by Shierry Weber Nicholsen. Edited by Shierry Weber Nicholsen. Cambridge: The MIT Press, 1989.

______. *Moral Consciousness and Communicative Action*. Translated by Christian Lenhardt and Shierry Weber Nicholsen. Cambridge: The MIT Press, 1990.

______. *Postmetaphysical Thinking: Philosophical Essays*. Translated by William Mark Hohengarten. Cambridge: The MIT Press, 1992.

______. *Justification and Application: Remarks on Discourse Ethics*. Translated by Ciaran Cronin. Cambridge: The MIT Press, 1993.

Hagen, Charles T. "Rationality in Plato's *Republic*." *Philosophy Research Archives* XI (1986): 610–34.

Hanson, F. Allan. *Meaning in Culture*. London: Routledge & Kegan Paul Ltd., 1975.

Held, David. *Introduction to Critical Theory*. Berkeley: University of California Press, 1980.

Heslep, Robert D. "Habermas on Communication in Teaching." *Educational Theory* 51, no. 2 (2001): 191–207.

Kalberg, Stephan. "Max Weber's Types of Rationality: Cornerstones for the Analysis of Rationalization Processes in History." *American Journal of Sociology* 85, no. 5 (1980): 1145–79.

Kant, Immanuel. *Grounding for the Metaphysics of Morals*. In *Immanuel Kant's Ethical Philosophy*, translated by James W. Ellington. Hackett Publishing Company, 1984

Kohli, Wendy. *Critical Conversations in Philosophy of Education*. New York: Routledge, 1995.

MacIntyre, Alasdair. *After Virtue*. 2nd ed. Notre Dame: University of

Notre Dame Press, 1984.

______. *Whose Justice? Which Rationality?* Notre Dame: University of Notre Dame Press, 1988.

Marshall, James D. "The Mode of Information and Education: Insights on Critical Theory from Michel Foucault." In *Critical Theories in Education*, edited by Thomas S. Popkewitz and Lynn Fendler. New York: Routledge, 1999.

McCarthy, Thomas. *The Critical Theory of Jürgen Habermas*. Cambridge: The MIT Press, 1978.

______. "Reflections on Rationalization in the *Theory of Communicative Action*." In *Habermas and Modernity*, edited by Richard J. Bernstein. Cambridge: The MIT Press, 1985

McPeck, John E. *Critical Thinking and Education*. Oxford: Martin Robertson, 1981.

______. "Critical Thinking and the 'Trivial Pursuit' Theory of Knowledge." In *Rethinking Reason: New Perspectives in Critical Thinking*, edited by Kerry S. Walters. Albany: State University of New York Press, 1994.

Noddings, Nel. "Response to Ennis." In *Philosophy of Education 1979*, edited by Jerrold R. Coombs. Normal, IL: The Philosophy of Education Society, 1980.

Passerin d' Entrèves, Maurizio, and Seyla Benhabib, eds. *Habermas and the Unfinished Project of Modernity: Critical Essays on The Philosophical Discourse of Modernity*. Cambridge: The MIT Press, 1997.

Paul, R. W. "Teaching Critical Thinking in the Strong Sense: A Focus on Self-Deception, World Views, and a Dialectical Mode of Analysis." *Informal Logic Newsletter* 4, no. 2 (1982): 2-7.

______. "Critical Thinking: Fundamental to Education for a Free

Society." *Educational Leadership* September (1984): 4–14.

Popkewitz, Thomas S., and Lynn Fendler, eds. *Critical Theory in Education*. New York: Routledge, 1999.

Rasmussen, David M. "The Enlightenment Project: After Virtue." *Philosophy and Social Criticism* 9, no. 3/4 (1982): 381–394.

______. *Reading Habermas*. Cambridge: Basil Blackwell, 1990.

Rehg, William. *Insight and Solidarity: A Study in the Discourse Ethics of Jürgen Habermas*. Berkeley: University of California Press, 1994.

Roth, Guenther, and Wolfgang Schluchter. *Max Weber's Vision of History: Ethics and Methods*. Berkeley: University of California Press, 1979.

Scheffler, Israel. *Reason and Teaching*. Indianapolice: Hackett Publishing Company, 1983.

Siegel, Harvey. *Educating Reason: Rationality, Critical Thinking and Education*. New York: Routledge, 1988.

______. *Rationality Redeemed?* New York: Routledge, 1997.

______. "What Is Naturalism?" In *Philosophy of Education 1998*, edited by Steven Tozer. Urbana: Philosophy of Education Society, 1999.

______. "What (Good) Are Thinking Dispositions?" *Educational Theory* 49, no. 2 (1999):

Smith, Stacy. "Charter Schools, Voluntary Associations or Political Communities?" In *Philosophy of Education 1998*, edited by Steven Tozer. Urbana: Philosophy of Education Society, 1999.

Thayer–Bacon, Barbara J. *Transforming Critical Thinking: Thinking Constructively*. New York: Teachers College Press, 2000.

Wallace, James D. *Ethical Norms, Particular Cases*. Ithaca: Cornell University Press, 1996.

Walters, Kerry S. "Critical Thinking, Rationality, and the Vulcanization of Students." In *Rethinking Reason: New Perspectives in Critical*

Thinking, edited by Kerry S. Walters. Albany: State University of New York Press, 1994.

Weber, Max. *The Protestant Ethic and the Spirit of Capitalism*. Translated by Talcott Parsons. New York: Routledge, 1930.

______. *From Max Weber: Essays in Sociology*. Translated by H. H. Gerth and C. Wright Mills. New York: Oxford University Press, 1946.

Wellmer, Albrecht. *Critical Theory of Society*. Translated by John Cumming. New York: Herder and Herder, 1971.

______. "Reason, Utopia, and the *Dialectic of Enlightenment*." In *Habermas and Modernity*, edited by Richard J. Bernstein. Cambridge: The MIT Press, 1985

Wilson, J. "Indoctrination and Rationality." In *Concepts of Indoctrination*, edited by I. A. Snook. London: Routledge and Kegan Paul, 1972.

Wittgenstein, Ludwig. *Philosophical Investigation*. 3rd ed. Englewood Cliffs: Prentice-Hall Inc., 1958

Young, Robert E. *A Critical Theory of Education: Habermas and Our Children's Future*. New York: Teachers College Press, 1990.

찾아보기

인명

내용

저자소개

한기철

서울대학교 교육학과
서울대학교 교육학과 대학원 (교육학석사)
美 일리노이주립대학교 대학원 (Ph.D.)
서울대학교 교육연구소 선임연구원
現 경인교육대학교 교육학과 전임강사

gchlhan@gmail.com
http://edulogue.net/hg

하버마스와 교육

2000년 7월 4일 1판 1쇄 인쇄
2008년 7월 11일 1판 1쇄 발행

지은이 | 한기철
펴낸이 | 김진환
펴낸곳 | 학지사
주 소 | 121-837 서울특별시 마포구 서교동 352-29 마인드월드빌딩 5층
대표전화 | 02) 326-1500 팩스 | 02) 324-2345
홈페이지 | http://www.hakjisa.co.kr
등 록 | 1992년 2월 19일 제2-1329호

ISBN 978-89-5891-667-3 93370

정가 14,000원